改正相続法と家庭裁判所の実務

片岡 武　　管野眞一　[著]

日本加除出版株式会社

は　し　が　き

　相続法制の見直しに関する「民法及び家事事件手続法の一部を改正する法律」が，平成30年7月6日に成立し，同月13日に公布され，原則として令和元年7月1日から施行された。

　法改正に伴い実務の運用が変容した部分については，東京家庭裁判所家事第5部編著「東京家庭裁判所家事第5部（遺産分割部）における相続法改正を踏まえた新たな実務運用」（家庭の法と裁判号外）が発刊されたところであるが，「実務運用」において扱われたテーマは遺産分割の分野に限られ，また，改正に伴う実務運用についての論述が中心であった。

　そこで，今般，改正の対象となった遺言，遺留分を含む全分野について解説を加えるとともに，『家庭裁判所における遺産分割・遺留分の実務（第3版）』（平成29年11月刊）の編集方針を踏襲し，執筆者のこれまでの実務経験を踏まえて改正により創設された制度の意義，条文解釈，争点，視点などを整理したいと考えて本書を発刊した。

　本書の作成に当たっては，次の点を考慮した。

　(1)　第1編の「改正法の立法趣旨と概要」においては，改正法において新たに創設等された各制度の立法趣旨を総括的にまとめることで，改正趣旨の概要の理解を図り，第2編の「遺産分割に関する改正」においては，相続法改正に係る概説書の解説順序とは異なり，改正点を相続の開始を起点として時系列に沿って整理することにより，遺産分割手続の流れと改正法の要点を関連付けるように論述した。

　すなわち，第2編第1の「相続開始直後の手続」においては，①遺産分割前における預貯金の払戻し制度，②配偶者短期居住権を，第2編第2の「遺産の分割の手続」においては，③分割する財産の選択（一部分割），④遺産の分割前に遺産に属する財産を処分した場合の遺

産の範囲，⑤遺産分割前における預貯金の仮分割制度，⑥配偶者居住権，⑦持戻し免除の意思表示の推定を，そして，第2編第3の「遺産の分割に関連する手続」においては，⑧特別寄与料をそれぞれ取り上げ，解説を加えた。

　各章のはじめには，段階的進行モデルと各章で取り上げている論点の時間的な関係について概観図を設けた。これにより，各改正の遺産分割手続の流れの中での位置付けが意識できるよう工夫を図った。

　(2)　第3編の「遺言と遺留分に関する改正」においては，第3編第1の「遺言・遺言執行に関する手続」において，特定財産承継遺言，相続分の指定等の遺言による分割方法に関する改正を中心的に取り上げ，各遺言により法定相続分を超える特定財産を取得した相続人（受益相続人）と第三者の関係，各遺言が遺留分を超える内容であった場合の効果，金銭債権・債務の承継について，改正法の内容を説明した。他方，遺言の利用促進に係る自筆証書遺言の方式緩和，遺言書保管法，遺言執行者の権限等については，家庭裁判所の実務に関連する部分に限っての解説にとどめた。

　また，第3編第2の「遺留分に関する手続」においては，遺留分の制度が物権的請求から債権的請求に制度の設計が変更され，それに伴い，遺留分侵害額請求権の行使，期限の許与が設けられ，また遺留分の算定方法等も見直されたことから，改正法の趣旨と内容につき説明を加えた。

　(3)　その他，預貯金の払戻しの有無等が争われる場合における調停の運用方法，遺産の範囲確認請求及び遺留分侵害額請求の各請求原因，遺留分侵害額請求調停についても検討を加えた。

　なお，本書執筆に当たっては，民法（相続関係）等の改正に関する中間試案，中間試案後に追加された民法（相続関係）等の改正に関する試案（追加試案），民法及び家事事件手続法の一部を改正する法律案要綱等を検討した上で，執筆者のこれまでの実務経験を踏まえて改

正法の実務運用等を作成したものであるが，その際，立法担当者の堂薗幹一郎・野口宣大編著『一問一答 新しい相続法 —— 平成30年民法等（相続法）改正，遺言書保管法の解説』（商事法務），堂薗幹一郎・神吉康二編著『概説 改正相続法—平成30年民法等改正，遺言書保管法制定—』（きんざい），京都大学潮見佳男教授の『詳解相続法』（弘文堂），立命館大学二宮周平教授の『家族法（第5版）』（新世社），佐々木茂美・潮見佳男監修『債権法改正と家庭裁判所の実務』（日本加除出版）から，改正点に関する視点など多くのことを教えていただき，設例形式も参考にさせていただいた。

　今回の刊行に当たっては，業務繁忙のなか，以前，東京家庭裁判所家事第5部において共に事件処理に当たった秋枝和子さん（さいたま家庭裁判所家事訟廷管理官），船橋寿之さん（水戸家庭裁判所事務局会計課長），清水朋子さん（東京家庭裁判所立川支部家事訟廷副管理官）の3名の方々に校正等をお願いした。また『実践調停 遺産分割事件』の共著者である細井仁さん（静岡家庭裁判所家事部次席書記官）からも実務の運用につきご教示をいただいた。この紙面を借りて御礼を申し上げます。

　最後に，本書完成に至るまで文献調査，表作成など多大なる尽力をいただいた日本加除出版の渡邊宏美さん，櫻沢知広さんをはじめとする編集部の皆さんに厚くお礼申し上げます。

令和元年9月

片　岡　　　武

管　野　眞　一

凡　　例

文中に掲げる法令・裁判例・文献等については次の略記とする。

〔法　令〕

家 事 法	家事事件手続法
家事規則	家事事件手続規則
借地借家	借地借家法
不　登	不動産登記法
改 正 法	民法及び家事事件手続法の一部を改正する法律（平成30年法律第72号）
改正前民	平成30年法律第72号・第73号による改正前の民法
民	平成29年法律第44号ないし平成30年法律第72号・第73号による改正後の民法
民　執	民事執行法
民　訴	民事訴訟法
民 訴 規	民事訴訟規則
民 訴 費	民事訴訟費用等に関する法律

〔裁判例〕

最二小判平成 3 年 4 月19日民集45巻 4 号477頁
　→　最高裁判所第二小法廷判決平成 3 年 4 月19日最高裁判所民事判例集45巻 4 号477頁

大阪高決昭和59年 4 月11日家月37巻 2 号147頁
　→　大阪高等裁判所決定昭和59年 4 月11日家庭裁判月報37巻 2 号147頁

家　月	家庭裁判月報
家　判	家庭の法と裁判
金　法	金融法務事情
高　民	高等裁判所民事判例集
集　民	最高裁判所裁判集民事
判　時	判例時報
判　タ	判例タイムズ
民　月	民事月報
民　集	最高裁判所民事判例集

〔文 献〕

佐々木・潮見	佐々木茂美・潮見佳男監修『債権法改正と家庭裁判所の実務』（日本加除出版，2019）
潮見	潮見佳男『詳解 相続法』（弘文堂，2018）
二宮	二宮周平『家族法（第5版）』（新世社，2019）
『一問一答』	堂薗幹一郎・野口宣大編著『一問一答 新しい相続法 —— 平成30年民法等（相続法）改正，遺言保管法の解説』（商事法務，2019）
『概説』	堂薗幹一郎・神吉康二編著『概説 改正相続法 —— 平成30年民法等改正，遺言書保管法制定』（きんざい，2019）
『実務運用』	東京家庭裁判所家事第5部編著『東京家庭裁判所家事第5部（遺産分割部）における相続法改正を踏まえた新たな実務運用（家庭の法と裁判号外）』（日本加除出版，2019）
『諸問題』	司法研修所編『遺産分割事件の処理をめぐる諸問題』（法曹会，1994）
『新版 注釈民法(27)』	谷口知平・久貴忠彦編『新版 注釈民法(27)相続(2)』（有斐閣，1989）
『新版 注釈民法(28)』	中川善之助・加藤永一編『新版 注釈民法(28)相続(3)（補訂版）』（有斐閣，2002）
『第3版 遺産分割』	片岡武・管野眞一編著『第3版 家庭裁判所における遺産分割・遺留分の実務』（日本加除出版，2017）
「追加試案補足説明」	中間試案後に追加された民法（相続関係）等の改正に関する試案（追加試案）の補足説明
「部会資料」	法制審議会民法（相続関係）部会説明

〔その他〕

　本書で引用されている裁判例につき，登場する人名等を便宜アルファベットで振り直す等の取扱いをしている。

目　次

第2編　遺産分割に関する改正

第1　相続開始直後の手続

第2　遺産の分割の手続

第3章　分割する財産の選択（一部分割）————— *64*

第3 遺産の分割に関連する手続

第8章 特別寄与料 ———————————————— *161*

◆本章で取り扱う制度と段階的進行モデルとの時間的関係 *161*

第3編　遺言と遺留分に関する改正

第1　遺言・遺言執行に関する手続

第9章　自筆証書遺言の方式緩和 ————————————— *184*

第1編
改正法の立法趣旨と概要

第 **1** 　改正法の制定経緯

1 　法改正の契機

　相続法制の見直しに関する「民法及び家事事件手続法の一部を改正する法律」（平成30年法律第72号。以下，「改正法」という。）が，平成30年7月6日に成立し，同月13日に公布された。

　法改正の契機は，平成25年9月4日の最高裁判所大法廷決定（民集67巻6号1320頁）により，嫡出でない子の相続分を嫡出子の2分の1としていた当時の民法の規定が法の下の平等を定める憲法14条1項に違反するとの判断が示されたことにあり，この規定を削除する内容の法律案を策定する過程において，婚外子の相続分増加に伴い，婚姻夫婦と未成熟子からなる法律婚に対する保護が求められることとなり，配偶者保護の観点から，相続法制を見直す必要があるのではないかという問題が提起されたことにあった。

　これらの状況を踏まえ，法務省では，平成26年1月に相続法制検討ワーキングチームが設置され，相続法制の見直しに関する調査と審議を行い，諮問を受けた法制審議会においても，社会の少子高齢化が進展するなど，社会経済情勢に大きな変化が見られ，このような高齢化の進展に伴い，相続の場面において，相続開始時における配偶者の年齢も相対的に高くなり，配偶者の生活の保護を図る必要性が高まっているとの観点から，相続法制の一部を見直す必要があると指摘した。

　法制審議会においては，配偶者の相続分の増加の適否が論議されたほか，民法（相続関係）等の改正に関する中間試案における可分債権の遺産分割における取扱いにおいては，預貯金債権等の可分債権を遺産分割の対象に含める方向で検討を行っていた。しかし，配偶者の相続分を増加させる点については社会的な納得が得られないことから見送りとなり，また，可分債権の遺産分割性については，被相続人の預貯金債権が相続の開始により当然に分割されるか否かが争点となった事案につき，平成

28年12月19日の最高裁判所大法廷決定（民集70巻8号2121頁。以下「平成28年決定」という。）により，判断が示されたことから，規定の対象外とされた。

　このような経過を受け，中間試案後に追加された民法（相続関係）等の改正に関する試案（追加試案），民法（相続関係）等の改正に関する要綱案が取りまとめられ，改正法が成立に至ったものである。

2 改正の内容

　法制審議会においては，改正法の主な内容としては，次の6項目に整理し，検討された。

第1　配偶者の居住権を保護するための方策

　　1　配偶者の居住権を短期的に保護するための方策
　　2　配偶者の居住権を長期的に保護するための方策

第2　遺産分割に関する見直し等

　　1　配偶者保護のための方策（持戻し免除の意思表示の推定規定）
　　2　遺産分割前における預貯金の払戻し制度等の創設・要件明確化
　　3　一部分割
　　4　遺産の分割前に遺産に属する財産を処分した場合の遺産の範囲

第3　遺言制度に関する見直し

　　1　自筆証書遺言の方式緩和
　　2　自筆証書遺言に係る遺言書の保管制度の創設
　　3　遺贈の担保責任等
　　4　遺言執行者の権限の明確化等

第4　遺留分制度に関する見直し

　　1　遺留分減殺請求権の効力及び法的性質の見直し
　　2　遺留分の算定方法の見直し

3　改正法の立法趣旨等の解説

　本書は，前記法制審議会において検討された項目の論点整理を踏まえた上で，改正点を相続の開始を起点として時系列に沿って整理することにした。これにより，遺産分割手続の流れと改正法の要点を関連付けて説明できるとの考えに基づく。以下，遺産分割手続の流れに沿って改正法において新たに創設等された各制度の立法趣旨と概要について解説を加える。

第2 改正法の立法趣旨と概要（要約）

1 遺産分割前における預貯金の払戻し制度

（遺産の分割前における預貯金債権の行使）

第909条の2　各共同相続人は，遺産に属する預貯金債権のうち相続開始の時の債権額の3分の1に第900条及び第901条の規定により算定した当該共同相続人の相続分を乗じた額（標準的な当面の必要生計費，平均的な葬式の費用の額その他の事情を勘案して預貯金債権の債務者ごとに法務省令で定める額を限度とする。）については，単独でその権利を行使することができる。この場合において，当該権利の行使をした預貯金債権については，当該共同相続人が遺産の一部の分割によりこれを取得したものとみなす。

民法第909条の2に規定する法務省令で定める額を定める省令（平成30年法務省令第29号）

民法第909条の2に規定する法務省令で定める額は，150万円とする。

(1)　改正前民法下における実務運用

相続法改正前の民法（以下「改正前民法」という。）下での実務においては，金銭債権は相続開始と同時に当然に相続分に応じて分割されるという過去の最高裁判決（最一小判昭和29年4月8日民集8巻4号819頁，最三小判平成16年4月20日家月56巻10号48頁）を踏まえ，預貯金については，相続人間で分割対象に含めるとの合意があって初めて分割対象とすることができるとし，審判においては，合意がなければ分割の対象としないと解釈し，実務もそのように運用していた。

(2)　問題点

前記実務運用には，特別受益が認められるにもかかわらず，当該特別

受益を得た当事者が預貯金につき相続分に応じて取得することを企図し，預貯金を遺産分割の対象に含めることに同意しないがために，相続人間の実質的公平を図ることができずに審判せざるを得ない事例も少なからず存在した。また，寄与分による相続人間の実質的公平は，金銭をはじめ，金銭債権を遺産分割の対象に含めることによって図られるとの指摘を受けていたところであった。

(3)　判例変更

① **平成28年決定**

　　平成28年決定は，「共同相続された普通預金債権，通常貯金債権及び定期貯金債権は，いずれも，相続開始と同時に当然に相続分に応じて分割されることはなく，遺産分割の対象となるものと解するのが相当である。」と判示し，判例を変更した。

② **実務運用の変更**

　　従前は，各共同相続人は自己に帰属した債権を単独で行使することができたところ，平成28年決定後は，遺産分割までの間は，共同相続人全員の同意を得なければ権利行使をすることができないこととなった。

③ **判例変更後の問題点**

　　共同相続人において相続債務の弁済をする必要がある，あるいは，被相続人から扶養を受けていた共同相続人の当面の生活費を支出する必要があるなどの事情により，被相続人が有していた預貯金を遺産分割前に払い戻す必要がある場合に支障を来すこととなった。

(4)　改正の趣旨と制度の概要

　改正法では，共同相続人の各種の資金需要に迅速に対応することを可能とするため，各共同相続人が，遺産分割前に，裁判所の判断を経ることなく，一定の範囲で遺産に含まれる預貯金債権を行使することができる制度を設けることとした（民909条の2）。

(5)　施行日

　民法909条の2の規定は，令和元年7月1日から施行されている。同規定は，同日前に開始した相続に関し，同日以後に預貯金債権が行使さ

れるときにも，適用することとされている（附則 5 条 1 項）。

【債権法との関連】

　民法909条の 2 は，令和元年 7 月 1 日から施行され，他方，民法の一部を改正する法律（改正債権法。平成29年法律第44号）は，令和 2 年4 月 1 日に施行されるところ，改正後の民法466条の 5 は，預金口座又は貯金口座に係る預金又は貯金に係る債権を「預貯金債権」と定義づけたことから，附則 5 条 2 項は，令和元年 7 月 1 日から同 2 年 4 月1 日の前日までの間における909条の 2 の規定の適用については，同条中の「預貯金債権のうち」とあるのを「預貯金債権（預金口座又は貯金口座に係る預金又は貯金に係る債権をいう。以下同じ。）」と定義づけて，その整合を図った。

2　配偶者短期居住権

（配偶者短期居住権）

第1037条　配偶者は，被相続人の財産に属した建物に相続開始の時に無償で居住していた場合には，次の各号に掲げる区分に応じてそれぞれ当該各号に定める日までの間，その居住していた建物（以下この節において「居住建物」という。）の所有権を相続又は遺贈により取得した者（以下この節において「居住建物取得者」という。）に対し，居住建物について無償で使用する権利（居住建物の一部のみを無償で使用していた場合にあっては，その部分について無償で使用する権利。以下この節において「配偶者短期居住権」という。）を有する。ただし，配偶者が，相続開始の時において居住建物に係る配偶者居住権を取得したとき，又は第891条の規定に該当し若しくは廃除によってその相続権を失ったときは，この限りでない。

一　居住建物について配偶者を含む共同相続人間で遺産の分割をすべき場合　遺産の分割により居住建物の帰属が確定した日又は相

> 続開始の時から6箇月を経過する日のいずれか遅い日
> 二　前号に掲げる場合以外の場合　第3項の申入れの日から6箇月を経過する日
> 2　（略）
> 3　居住建物取得者は，第1項第1号に掲げる場合を除くほか，いつでも配偶者短期居住権の消滅の申入れをすることができる。

(1)　制度創設の趣旨

①　問題の背景

　被相続人が死亡した場合でも，配偶者は，それまで居住してきた建物に引き続き居住することを希望するのが通常であり，特に，配偶者が高齢者である場合には，住み慣れた居住建物を離れて新たな生活を立ち上げることは精神的にも肉体的にも大きな負担となると考えられる。そこで，高齢社会の進展に伴い，配偶者の居住権を保護する必要性は高い。

　もっとも，相続に伴う配偶者の居住権の保護に関しては，配偶者が被相続人の占有補助者として居住建物に居住できると考えられる。しかし，被相続人が死亡すると，被相続人の占有補助者としての資格を失うことになり，結局，配偶者の居住権を保護することはできない。

②　判　例

　判例（最三小判平成8年12月17日民集50巻10号2778頁）は，相続人の一人が相続開始時に被相続人所有の建物に居住していた場合には，特段の事情のない限り，被相続人とその相続人との間で，相続開始時を始期とし，遺産分割時を終期とする使用貸借契約が成立していたものと推認されると判示した。

　確かに，この要件に該当する限り，配偶者は，遺産分割が終了するまでの間，短期的な居住権が確保される。

③　問題点

　この判例法理によっても，第三者に居住建物が遺贈されてしまっ

た場合や，被相続人が反対の意思を表示した場合には使用貸借が推認されず，配偶者の居住権は保護されない事態が生じる。

(2) 意 義

被相続人が居住建物を遺贈した場合や，反対の意思を表示した場合であっても，最低6か月間は配偶者の居住権を保護するため配偶者短期居住権という新たな権利（民1037条から1041条）を創設した（『一問一答』34頁）。配偶者短期居住権は，一方の配偶者死亡後の生存配偶者が居住建物を無償で使用することができる権利である。

(3) 施行日

配偶者短期居住権に関する規定は，令和2年4月1日から施行され，同日前に開始した相続については，なお従前の例によることとされている（附則2条）。

3 分割する財産の選択（一部分割）

（遺産の分割の協議又は審判等）

第907条　共同相続人は，次条の規定により被相続人が遺言で禁じた場合を除き，いつでも，その協議で，遺産の全部又は一部の分割をすることができる。

2　遺産の分割について，共同相続人間に協議が調わないとき，又は協議をすることができないときは，各共同相続人は，その全部又は一部の分割を家庭裁判所に請求することができる。ただし，遺産の一部を分割することにより他の共同相続人の利益を害するおそれがある場合におけるその一部の分割については，この限りでない。

3　前項本文の場合において特別の事由があるときは，家庭裁判所は，期間を定めて，遺産の全部又は一部について，その分割を禁ずることができる。

---

(1) 改正前民法下における実務運用

　遺産分割においては，遺産の全部について一回的解決を図るのが望ましい。しかし，遺産性や評価方法，特別受益，寄与分などの争いがあり，これらの解決を待つのでは，最終的な遺産分割の結論が出るまでに相当の時間がかかる事案もある。

　そこで，遺産分割事件を早期に解決するために，まず，争いのない遺産について先行して一部分割を行うことが有益な場合があり，また，改正前民法下における実務においても，一定の要件の下で一部分割を行っていた。

　しかし，法文上，一部分割が許容されているか否かは必ずしも明確ではなかった。

(2) 改正法の趣旨

　改正法は，民法907条1項と同2項の文言につき，遺産の「全部又は一部」の文言を入れて，申立ての段階で遺産の一部を分割することもできると改め，一部分割が可能であることを明示した（『概説』68頁）。

(3) 施行日

　一部分割に関する規定は，令和元年7月1日から施行されている。同日前に開始した相続については，なお従前の例によることとされ，同日前にされた相続について新法の適用はないとされている（附則2条）。

4 遺産の分割前に遺産に属する財産を処分した場合の遺産の範囲

> （遺産の分割前に遺産に属する財産が処分された場合の遺産の範囲）
> 第906条の2　遺産の分割前に遺産に属する財産が処分された場合であっても，共同相続人は，その全員の同意により，当該処分された財産が遺産の分割時に遺産として存在するものとみなすことができる。
> 2　前項の規定にかかわらず，共同相続人の一人又は数人により同項の財産が処分されたときは，当該共同相続人については，同項の同

意を得ることを要しない。

(1) 改正前民法下における実務運用

改正前民法下では，共同相続人が遺産分割前にその共有持分を処分した場合においてどのような処理をすべきかについて，明文の規定はなく，また，これに言及した判例もなかった。

かかるところ，実務においては，遺産分割は遺産分割の時に存在する財産を共同相続人間で分配する手続であるという考え方に従い，共同相続人の一人が遺産分割の前に遺産の一部を処分した場合には，原則として，その時点で実際に存在する財産を基準に遺産分割を行い，当該処分によって当該共同相続人が得た利益は遺産分割においては特段考慮しないという取扱いをしていた。

他方で，判例（最一小判昭和54年2月22日集民126号129頁），裁判例（高松高判平成11年1月8日家月51巻7号44頁，福岡高那覇支判平成13年4月26日判時1764号76頁）及び実務においては，遺産分割時には存在しない財産であっても，共同相続人の全員がこれを遺産分割の対象に含める旨の合意をした場合には，例外的にこれを遺産分割の対象とする取扱いをしていた。

(2) 問題点

前記取扱いは，共同相続人の全員がこれを遺産分割の対象に含める旨の合意をした場合であるから，合意がない場合には，原則に戻り，遺産分割の対象とすることはできないことになり，当該処分をした者の最終的な取得額が，当該処分をしなかった場合と比べると大きくなり，その反面，他の共同相続人の遺産分割における取得額が小さくなるという計算上の不公平が生じ得るという問題が指摘された。

(3) 改正法の趣旨

民法906条の2は，遺産分割前に遺産に属する特定の財産を共同相続人の一人が処分した場合に，処分をしなかった場合と比べて利得をすることがないようにするため，遺産分割においてこれを調整することを容易にする規定を設けた。

民法906条の2第1項は，共同相続人全員の同意によって遺産分割前

に処分された財産についても遺産分割の対象財産にすることを認めることとした上で，同条2項で，一部の共同相続人が遺産分割前に当該処分をした場合には，当該処分をした当該共同相続人の同意を得ることを要しないとし，当該処分を行ったのが共同相続人の一人である場合には，遺産分割時に当該処分をした財産を遺産に含めることについて他の共同相続人の同意さえあれば，これを遺産分割の対象として含めることができるものと規定した（『一問一答』94頁参照）。

(4)　施行日

　民法906条の2の規定は，令和元年7月1日から施行されている。同日前に開始した相続については，なお従前の例によることとされている（附則2条）。

5　遺産分割前における預貯金の仮分割制度

　（遺産の分割の審判事件を本案とする保全処分）
家事事件手続法第200条　（略）
　2　（略）
　3　前項に規定するもののほか，家庭裁判所は，遺産の分割の審判又は調停の申立てがあった場合において，相続財産に属する債務の弁済，相続人の生活費の支弁その他の事情により遺産に属する預貯金債権（民法第466条の5第1項に規定する預貯金債権をいう。以下この項において同じ。）を当該申立てをした者又は相手方が行使する必要があると認めるときは，その申立てにより，遺産に属する特定の預貯金債権の全部又は一部をその者に仮に取得させることができる。ただし，他の共同相続人の利益を害するときは，この限りでない。
　4　（略）

⑴　**判例変更**

　平成28年決定は，従前の判例を変更し，預貯金債権が遺産分割の対象に含まれるとの判断を示したことから，同決定後は，遺産分割までの間は，共同相続人全員の同意を得なければ権利行使をすることができないこととなった。そのため，補足意見においても，共同相続人において被相続人が有していた預貯金を遺産分割前に払い戻す必要があるにもかかわらず，共同相続人全員の同意を得ることができない場合に不都合が生ずるのではないかとの指摘があり，仮分割の仮処分（家事法200条2項）等の活用が指摘されていた。

　かかる指摘を受け，東京家庭裁判所家事第5部では，家事事件手続法200条2項の規定に基づく預貯金債権の仮分割の仮処分に関する運用がなされた（片岡武ほか「相続預貯金の遺産分割に関する家裁実務—最大決平28.12.19を受けて—」金法2065号21-27頁）。

⑵　**改正の趣旨と制度の概要**

　①　**預貯金の払戻し制度**

　　　改正法は，預貯金の払戻し制度（民909条の2）を設けたが，同制度は，遺産分割前であるにもかかわらず，裁判所の判断を経ずに当然に預貯金の払戻しを認める制度であるため，相続人間の公平な遺産分割の実現を図るために限度額が定められた。

　②　**仮分割仮処分制度の活用の限界**

　　　預貯金の払戻し制度の限度額を超える比較的大口の資金需要がある場合においては，家事事件手続法200条2項の仮分割の仮処分を活用することも考えられるが，同項は，共同相続人の「急迫の危険を防止するため必要がある」場合と規定しており，資金需要に柔軟に対応することは困難であると考えられる。

　③　**改正法の規定**

　　　改正法では，前記払戻し制度に加え，預貯金債権の仮分割の仮処分について，家事事件手続法200条2項の要件を緩和することとし，相続開始後の資金需要に柔軟に対応することができるようにした（家事法200条3項，『一問一答』69頁，『概説』52頁）。

(3) 施行日

　家事事件手続法200条3項の規定は，令和元年7月1日から施行され
ている。

> 【債権法改正後の民法との関係】
>
> 　令和元年7月1日から令和2年4月1日の前日までの間における家
> 事事件手続法200条3項の適用については，同項中「民法第466条の5
> 第1項に規定する預貯金債権」とあるのは，「預金口座又は貯金口座
> に係る預金又は貯金に係る債権」とする（附則11条2項）とされている。

6　配偶者居住権

> （配偶者居住権）
>
> 第1028条　被相続人の配偶者（以下この章において単に「配偶者」と
> 　いう。）は，被相続人の財産に属した建物に相続開始の時に居住し
> 　ていた場合において，次の各号のいずれかに該当するときは，その
> 　居住していた建物（以下この節において「居住建物」という。）の
> 　全部について無償で使用及び収益をする権利（以下この章において
> 　「配偶者居住権」という。）を取得する。ただし，被相続人が相続開
> 　始の時に居住建物を配偶者以外の者と共有していた場合にあっては，
> 　この限りでない。
> 　一　遺産の分割によって配偶者居住権を取得するものとされたとき。
> 　二　配偶者居住権が遺贈の目的とされたとき。
> 　2　（以下略）

(1) 制度創設の趣旨

① 問題の背景

　　　高齢社会の進展と平均寿命の伸長により，相続開始時点での配偶
　　者相続人の年齢が従前に比べて相対的に高くなっており，このよう

な高齢の配偶者は，住み慣れた居住環境での生活を継続するために居住権を確保しつつ，その後の生活資金としてそれ以外の財産についても一定程度確保したいという希望を有する場合が多い。

② 改正前民法下における実務運用

実務においては，配偶者が従前居住していた建物に住み続けたいという意向を示した場合には，配偶者がその建物の所有権を取得するか，又は，その建物の所有権を取得した他の相続人との間で，使用貸借契約，賃貸借契約等を締結する等の調整を行ってきた。

また，居住を希望する配偶者の意向を受け，配偶者の生存中は建物の遺産分割を行わず，死亡後に併せて遺産分割を行うものとした事案，建物を共有とした上で配偶者に生存中の使用貸借を認めた事案もあった。

③ 問題点

建物の評価額が高額となる場合には，配偶者がそれ以外の財産を十分に取得することができなくなるおそれもあるし，他方，賃貸借契約等の締結という方策も，居住建物の所有権を取得した者が賃貸借契約の締結に応ずることが前提となるために，契約が成立しなければ，配偶者の居住権は確保されないことになる。また，二次相続における一括解決を求める当事者や共有分割とした上での使用貸借契約の締結に難色を示す当事者もいるため，調整が難しい面がある。

(2) **制度の概要**

改正法は，配偶者に居住建物の使用収益権限のみを認め，処分権限のない権利を創設することによって，遺産分割の際に，配偶者が居住建物の所有権を取得する場合よりも低廉な価額で居住権を確保することができるようにすることを目的とする配偶者居住権（民1028条1項）を創設した。

すなわち，配偶者居住権の価額は居住建物の所有権を取得するよりも低廉なため，遺産分割や遺贈等により配偶者居住権を取得しても更にそれ以外の遺産である金融資産等を取得しやすくなる。

また，婚姻期間20年以上を経過した後になされた遺贈等による場合は，

当該遺贈につき持戻し免除の意思表示があったものと推定され（民1028条3項，903条4項準用），この場合には，遺産分割における配偶者の具体的相続分から配偶者居住権の取得額を控除する必要がないものとされる。

(3) 施行日

配偶者居住権に関する規定は，令和2年4月1日から施行される。同日前に開始した相続については，なお従前の例によることとされ，同日前にされた遺贈について改正法の適用はないとされる（附則10条）。

7 持戻し免除の意思表示の推定

> （特別受益者の相続分）
>
> 第903条 （略）
>
> 4 婚姻期間が20年以上の夫婦の一方である被相続人が，他の一方に対し，その居住の用に供する建物又はその敷地について遺贈又は贈与をしたときは，当該被相続人は，その遺贈又は贈与について第1項の規定を適用しない旨の意思を表示したものと推定する。

(1) 実務運用

夫婦の一方が他方に対して居住用不動産の贈与又は遺贈（以下「贈与等」という。）をした場合には，遺産分割においては，原則として特別受益として取り扱われ，その居住用不動産の価額を既に取得したものとして具体的相続分が計算されることになるため，配偶者の遺産分割における取得額がその財産の価額分減少することになる。この結論は，相続法改正により変わるものではない。

改正前民法下でも，実務においては，婚姻期間の長い老齢の夫婦の一方が他方に対して居住用不動産の贈与等をする場合には，通常それまでの長年の貢献に報いるとともに，その老後の生活を保障する趣旨で行われたと認定して，持戻し免除の意思を推定し，遺産分割における配偶者の具体的相続分を算定するに当たり，その財産の価額を控除して遺産分

割における取得額を減少させることはしない運用もあった。

(2) 裁判例

　裁判例においても，居住用不動産の持分を配偶者である妻に生前贈与した事案につき，長年にわたる妻としての貢献に報い，その老後の生活の安定を図るために生前贈与をしたものとし，妻には他に老後の生活を支えるに足る資産も住居もないことが認められるとして，妻への贈与については，被相続人には暗黙のうちに持戻し免除の意思表示をしたものと解するのが相当であると判示したもの（東京高決平成8年8月26日家月49巻4号52頁）がある。

(3) 改正法の意義

　民法903条4項は，これらの点を考慮し，婚姻期間が20年以上の夫婦の一方が他の一方に対して居住用不動産の贈与等をした場合については，持戻し免除の意思表示があったものと推定する規定を設け，同条1項の取扱いの原則と例外を逆転させ，これにより相続における配偶者の取得額を事実上増やすことを可能とした。

(4) 施行日

　持戻し免除の意思表示の推定に関する規定は，令和元年7月1日から施行され（附則2条），施行日前にされた遺贈又は贈与については，適用されない（附則4条）。

8　特別寄与料

〔特別の寄与〕

第1050条　被相続人に対して無償で療養看護その他の労務の提供をしたことにより被相続人の財産の維持又は増加について特別の寄与をした被相続人の親族（相続人，相続の放棄をした者及び第891条の規定に該当し又は廃除によってその相続権を失った者を除く。以下この条において「特別寄与者」という。）は，相続の開始後，相続人に対し，特別寄与者の寄与に応じた額の金銭（以下この条にお

いて「特別寄与料」という。）の支払を請求することができる。

2 前項の規定による特別寄与料の支払について，当事者間に協議が調わないとき，又は協議をすることができないときは，特別寄与者は，家庭裁判所に対して協議に代わる処分を請求することができる。ただし，特別寄与者が相続の開始及び相続人を知った時から6箇月を経過したとき，又は相続開始の時から1年を経過したときは，この限りでない。

3 前項本文の場合には，家庭裁判所は，寄与の時期，方法及び程度，相続財産の額その他一切の事情を考慮して，特別寄与料の額を定める。

4 特別寄与料の額は，被相続人が相続開始の時において有した財産の価額から遺贈の価額を控除した残額を超えることができない。

5 相続人が数人ある場合には，各相続人は，特別寄与料の額に第900条から第902条までの規定により算定した当該相続人の相続分を乗じた額を負担する。

(1) 問題の背景

被相続人に対して療養看護等の貢献をした者が相続財産から分配を受けることを認める制度としては寄与分の制度があるが，寄与分は，相続人にのみ認められているため，例えば，相続人の妻が，被相続人（夫の父）の療養看護に努め，被相続人の財産の維持又は増加に寄与した場合であっても，遺産分割手続において，相続人でない妻が寄与分を主張したり，あるいは何らかの財産の分配を請求したりすることはできないという問題が生じていた。

(2) 実 務

裁判例（東京家審平成12年3月8日家月52巻8号35頁，東京高決平成22年9月13日家月63巻6号82頁等）は，前記問題に対して，夫の寄与分の中で妻の寄与行為を考慮することで解決を図っていた。

なお，前記平成22年東京高決は，前記平成12年東京家審が相続人以外の者を相続人の履行補助者とみるかどうか等の法律構成を明確にしてい

なかったところ，相続人の「履行補助者として相続財産の維持に貢献したものと評価でき」るものと判示した。

しかし，推定相続人である夫が被相続人よりも先に死亡した場合には，上記裁判例の相続人の履行補助者とみる考え方によっても，相続人が存在しないため，妻の寄与行為を考慮することができず，不公平な結果となっていた。

(3)　相続人以外の者の貢献を考慮するための法的手段の検討

相続人以外の者の貢献を考慮するための法的手段として，①特別縁故者の制度（民958条の３），②準委任契約に基づく費用償還請求（民656条，650条１項準用），③事務管理に基づく費用償還請求（民702条１項），④不当利得返還請求（民703条，704条）が考えられる。

しかし，特別縁故者の制度は，相続人が存在する場合には用いることができないし，その他の請求のいずれについても，その成立が認められない場合や，成立するとしてもその証明が困難な場合があり得る等の問題がある（『一問一答』176頁）。

(4)　制度創設の意義

改正法は，相続人ではない者（相続人の配偶者等）が被相続人の療養看護に努めるなどの貢献を行った場合に，前記のような貢献をした者に対して，一定の財産を分け与えることが被相続人の推定的意思に合致する場合も多いと考えられることから，相続人ではない被相続人の親族が，相続人に対して，その貢献に応じた額の金銭（特別寄与料）の支払を請求することができるとする特別寄与料の制度（民1050条）を新設し，前記貢献をした者が遺産の分配を受けることができないという不公平を解消させることとした。

(5)　施行日

特別寄与料に関する規定は，令和元年７月１日から施行されており，施行日前に開始した相続については，改正前の民法が適用される（附則２条）。

9　自筆証書遺言の方式緩和（自書によらない財産目録の添付）

（自筆証書遺言）

第968条　自筆証書によって遺言をするには，遺言者が，その全文，日付及び氏名を自書し，これに印を押さなければならない。

2　前項の規定にかかわらず，自筆証書にこれと一体のものとして相続財産（第997条第1項に規定する場合における同項に規定する権利を含む。）の全部又は一部の目録を添付する場合には，その目録については，自書することを要しない。この場合において，遺言者は，その目録の毎葉（自書によらない記載がその両面にある場合にあっては，その両面）に署名し，印を押さなければならない。

3　自筆証書（前項の目録を含む。）中の加除その他の変更は，遺言者が，その場所を指示し，これを変更した旨を付記して特にこれに署名し，かつ，その変更の場所に印を押さなければ，その効力を生じない。

---

(1)　問題点

　改正前民法下では，遺言者は，遺言書の全文を自分で書かなければならないものとされていた。しかし，遺言者が多数の不動産や預貯金口座を有している場合，地番，地積，金融機関名，口座番号等につき自書を求めることは負担が重く，また，実務においても，記載ミスにより，財産が特定できないため効力が認められない遺言書も散見された。このことから，改正前の厳格な方式は，遺言者の負担となり，自筆証書遺言の利用が阻害されているとの指摘を受けていた。

(2)　改正の趣旨

　民法968条2項は，自筆証書遺言に相続財産等の目録を添付する場合には，その目録については自書を要しないとし，パソコン等を用いて作成すること，代書，不動産の全部事項証明書や預貯金通帳のコピーを目録として使用することも許されるものとして，自筆証書遺言の方式を緩

和することにした。

(3) **施行日**

　自筆証書遺言の方式の緩和に関する前記規定は，平成31年1月13日に施行されている（附則1条ただし書）。施行日以前になされた遺言については，従前の例による（附則6条）。したがって，施行日以前になされた遺言については，仮に相続開始が施行日以後であっても改正前民法が適用される（『一問一答』201頁）。

10 自筆証書遺言に係る遺言書の保管制度の創設

〈法務局における遺言書の保管等に関する法律〉

（遺言書保管所）

第2条　遺言書の保管に関する事務は，法務大臣の指定する法務局が，遺言書保管所としてつかさどる。

2　（略）

（遺言書の保管の申請）

第4条　遺言者は，遺言書保管官に対し，遺言書の保管の申請をすることができる。

2　前項の遺言書は，法務省令で定める様式に従って作成した無封のものでなければならない。

3　第1項の申請は，遺言者の住所地若しくは本籍地又は遺言者が所有する不動産の所在地を管轄する遺言書保管所（遺言者の作成した他の遺言書が現に遺言書保管所に保管されている場合にあっては，当該他の遺言書が保管されている遺言書保管所）の遺言書保管官に対してしなければならない。

4　第1項の申請をしようとする遺言者は，法務省令で定めるところにより，遺言書に添えて，次に掲げる事項を記載した申請書を遺言書保管官に提出しなければならない。

一　遺言書に記載されている作成の年月日

二 遺言者の氏名，出生の年月日，住所及び本籍（外国人にあっては，国籍）

三 遺言書に次に掲げる者の記載があるときは，その氏名又は名称及び住所

イ 受遺者

ロ 民法第1006条第1項の規定により指定された遺言執行者

四 前三号に掲げるもののほか，法務省令で定める事項

5 前項の申請書には，同項第2号に掲げる事項を証明する書類その他法務省令で定める書類を添付しなければならない。

6 遺言者が第1項の申請をするときは，遺言書保管所に自ら出頭して行わなければならない。

（遺言書の検認の適用除外）

第11条 民法1004条1項の規定は，遺言書保管所に保管されている遺言書については，適用しない。

(1) 改正の趣旨

自筆証書遺言は，遺言者にとって手軽かつ自由度の高い制度であるが，遺言者死亡後に，遺言書の真正や遺言内容をめぐっての紛争が生じるリスク等を軽減するものとして，法務局における遺言書の保管及びその画像情報等の記録や，保管の申請の際に遺言書保管官が行う自筆証書遺言の方式に関する遺言書の外形的な確認等を行う制度を創設した（『一問一答』208頁以下参照）。

(2) 意 義

法務局における遺言書の保管等に関する法律（以下，「遺言書保管法」という。）は，法務局において自筆証書遺言に係る遺言書を保管する制度を創設したが，同法により遺言書保管所に保管されている遺言書については，検認は不要とされた（遺言書保管法11条）。

民法1004条1項により，検認が求められるのは，検認時における遺言書の状態を確認し，その証拠を保全すること等にあるところ，遺言書保管所に保管される遺言書は，遺言書保管官が保管することになるから，

保管開始後に偽造，変造等のおそれがなく，保管が確実であるからである（『一問一答』223頁）。

⑶ 施行日

遺言書保管法は，平成30年7月13日に成立し，令和2年7月10日から施行される。

11 特定財産承継遺言

（特定財産に関する遺言の執行）

第1014条 （略）

2 遺産の分割の方法の指定として遺産に属する特定の財産を共同相続人の一人又は数人に承継させる旨の遺言（以下「特定財産承継遺言」という。）があったときは，遺言執行者は，当該共同相続人が第899条の2第1項に規定する対抗要件を備えるために必要な行為をすることができる。

3 （以降略）

⑴ 特定財産承継遺言の定義づけの経緯

① 改正前民法下における解釈

遺言実務（公正証書遺言の実務）では，これまで，「特定の遺産を，特定の相続人に，相続させる」旨の遺言が奨励されてきた経緯があり，このような遺言の法的意味をめぐって議論がなされた。

判例は，「相続させる」旨の遺言につき，遺言書の記載から，その趣旨が遺贈であることが明らかであるか又は遺贈と解すべき特段の事情がない限り，遺贈と解すべきではなく，遺産の分割の方法を定めた遺言であり，特段の事情のない限り，何らの行為を要せずして，被相続人の死亡の時（遺言の効力の生じた時）に直ちに当該遺産が当該相続人に相続により承継されるものと解すべきであると判示した。

　　　前記判示によれば，「相続させる」旨の遺言は，遺産分割方法の指定がされたと解すべきものと遺贈と解すべきものの2つに分かれることになる。

② 改正法の解釈

　　改正法は，遺産の分割の方法の指定として特定の財産を共同相続人の一人又は数人に承継させる旨の遺言と解すべきものにつき，「特定財産承継遺言」と定義づけた（民1014条2項）。

　　なお，特定財産の場合には，「相続させる」，「承継させる」のいずれの文言でも法的効果は同じである（二宮・462頁）。

　　他方，財産の一定割合ないし全てを取得させる趣旨の遺言は，相続分の指定と扱われる。

　　※　本書においては，特に説明のない限り，「『相続させる』旨の遺言」と「特定財産承継遺言」については同義語として使用する。

(2)　特定財産承継遺言と第三者に対する対抗要件としての登記の関係

（共同相続における権利の承継の対抗要件）

第899条の2　相続による権利の承継は，遺産の分割によるものかどうかにかかわらず，次条及び第901条の規定により算定した相続分を超える部分については，登記，登録その他の対抗要件を備えなければ，第三者に対抗することができない。

2　（略）

---

① 改正前民法下における解釈

　　改正前民法下では，特定の相続人は，登記なくして「相続させる」旨の遺言による物権変動を第三者に対抗することができると解されていた（最二小判平成14年6月10日判時1791号59頁，最二小判平成5年7月19日判時1525号61頁）が，問題点も多かった。

② 改正法の規定

　　改正法は，相続を原因とする権利変動について，これによって利益を受ける相続人は，登記等の対抗要件を備えなければ法定相続分

を超える権利の取得を第三者に主張することはできないと規定した（民899条の2）。そして，民法899条の2の「相続による権利の承継」には，遺産分割によるもののほか，特定財産承継遺言や相続分の指定によるものが含まれる。

③　施行日

権利の承継の対抗要件に関する規定は，令和元年7月1日から施行される。同日前に開始した相続については，なお従前の例による。

(3)　特定財産承継遺言による債権承継

（共同相続における権利の承継の対抗要件）

第899条の2　（略）

2　前項の権利が債権である場合において，次条及び第901条の規定により算定した相続分を超えて当該債権を承継した共同相続人が当該債権に係る遺言の内容（遺産の分割により当該債権を承継した場合にあっては，当該債権に係る遺産の分割の内容）を明らかにして債務者にその承継の通知をしたときは，共同相続人の全員が債務者に通知をしたものとみなして，同項の規定を適用する。

---

①　改正の趣旨

特定財産承継遺言により法定相続分を超える債権の承継がされた場合，受益相続人は民法467条に規定する(ア)譲渡人に相当する共同相続人全員の債務者に対する通知，(イ)債務者の承諾により対抗要件を具備することができる。

しかし，被相続人は既に死亡しており，相続人もどのような状況の下で遺言がされたかを認識していない場合が多く，受益相続人以外の相続人に債務者に対する通知を期待することは困難である場合が多い。また，受益相続人以外の相続人は対抗要件の具備に協力すべき義務を負わないから，対抗要件の具備について受益相続人以外の相続人の協力が得られない場合に備えて，別の手段を設けておく必要があると考えられる。

② 改正の内容

　　改正法は，特定財産承継遺言により法定相続分を超える債権の承継がされた場合には，民法467条に規定する方法（前記(ｱ)(ｲ)）のほか，当該債権を承継する相続人（受益相続人）の債務者に対する通知((ｳ)）により対抗要件を具備することを認め（民899条の2第2項），受益相続人の債務者に対する通知としては，通知の際，遺言の内容又は遺産分割の内容を明らかにすることを要求した。

③ 施行日

　　なお，前記規定は，相続により債権を承継した受益相続人の便宜のために，受益相続人による単独での通知を認めるものであることから，施行日（令和元年7月1日）前に開始した相続に関して遺産分割により債権の承継がされ，その承継の通知が施行日以後にされる場合については，民法899条の2が適用される（附則3条）。

(4) 特定財産承継遺言と遺言執行者の職務

> （特定財産に関する遺言の執行）
>
> 第1014条　（略）
>
> 2　遺産の分割の方法の指定として遺産に属する特定の財産を共同相続人の一人又は数人に承継させる旨の遺言（以下「特定財産承継遺言」という。）があったときは，遺言執行者は，当該共同相続人が第899条の2第1項に規定する対抗要件を備えるために必要な行為をすることができる。
>
> 3　前項の財産が預貯金債権である場合には，遺言執行者は，同項に規定する行為のほか，その預金又は貯金の払戻しの請求及びその預金又は貯金に係る契約の解約の申入れをすることができる。ただし，解約の申入れについては，その預貯金債権の全部が特定財産承継遺言の目的である場合に限る。
>
> 4　前2項の規定にかかわらず，被相続人が遺言で別段の意思を表示したときは，その意思に従う。

① 改正前民法下における解釈

　　改正前民法下においては，特定財産承継遺言がなされた場合につき，判例（最一小判平成11年12月16日民集53巻9号1989頁）は，不動産登記法上，権利を承継した相続人が単独で登記申請をすることができるから，当該不動産が被相続人名義である限り，遺言執行者の職務は顕在化せず，遺言執行者は登記手続をすべき権利も義務も有しないと判示していた。

② 改正の趣旨

　　改正法では，特定財産承継遺言がされた場合についても取引の安全等を図る観点から，遺贈や遺産分割と同様に対抗要件主義を導入し，法定相続分を超える権利の承継については，対抗要件の具備なくして第三者に権利の取得を対抗することができないこととし（民899条の2），遺言執行者において，遺言の内容を実現するためにも，速やかに対抗要件の具備をさせる必要が高まった。

③ 内　容

　　民法1014条2項では，特定財産承継遺言がされた場合について，遺言執行者は，原則として，その遺言によって財産を承継する受益相続人のために対抗要件を具備する権限を有することを明確にした。

④ 施行日

　　民法1014条2項から同4項までの規定は，施行日前に特定財産承継遺言がされた場合の遺言執行者の権限に関する規定については，改正法は適用されない（附則8条2項）。

（理　由）

　　施行日（令和元年7月1日）前にされた遺言は，通常，改正前民法の規定を前提として作成されることになると考えられるから，仮に，遺言の効力が発生する相続開始の時に改正法が施行されていたとしても，これに改正法の規定を適用するのは相当ではない（『一問一答』203頁）。

12　相続分の指定

⑴　相続分の指定により法定相続分を超える特定財産を取得した相続人（受益相続人）と第三者対抗要件

> （共同相続における権利の承継の対抗要件）
> 第899条の2　相続による権利の承継は，遺産の分割によるものかどうかにかかわらず，次条及び第901条の規定により算定した相続分を超える部分については，登記，登録その他の対抗要件を備えなければ，第三者に対抗することができない。
> 　2　（略）

①　改正前民法下における解釈

改正前民法下での判例（最二小判昭和38年2月22日民集17巻1号235頁，最二小判平成5年7月19日判時1525号61頁）の考え方によると，遺言によって利益を受ける相続人（受益相続人）は登記等の対抗要件を備えなくても，その権利取得を第三者に対抗することができ，実体的権利と公示の不一致が生じ，遺言の有無及び内容を知ることができない第三者に不測の損害を与えることになる。

②　改正の趣旨

民法899条の2は，相続人が相続分の指定により財産を取得した場合でも，その法定相続分を超える部分については，登記等の対抗要件を備えなければ，その権利を第三者に対抗することはできないと規定した。

⑵　相続分の指定により法定相続分を超える債権の承継がされた場合と第三者対抗要件

> （共同相続における権利の承継の対抗要件）
> 第899条の2　（略）
> 　2　前項の権利が債権である場合において，次条及び第901条の規定

> により算定した相続分を超えて当該債権を承継した共同相続人が当
> 該債権に係る遺言の内容（遺産の分割により当該債権を承継した場
> 合にあっては，当該債権に係る遺産の分割の内容）を明らかにして
> 債務者にその承継の通知をしたときは，共同相続人の全員が債務者
> に通知をしたものとみなして，同項の規定を適用する。

　相続分の指定により法定相続分を超える債権の承継がされた場合，受
益相続人は，民法467条に規定する①譲渡人に相当する共同相続人全員
の債務者に対する通知，②債務者の承諾により対抗要件を具備すること
ができるほか，改正法は，③当該債権を承継する相続人（受益相続人）
の債務者に対する通知により対抗要件を具備することを認めた（民899条
の1第2項）。そして，受益相続人の債務者に対する通知としては，通知
の際，遺言の内容又は遺産分割の内容を明らかにすることを要求した
（『一問一答』166頁）。

(3)　相続分の指定と金銭債務の承継

> （相続分の指定がある場合の債権者の権利の行使）
> 第902条の2　被相続人が相続開始の時において有した債務の債権者
> 　は，前条の規定による相続分の指定がされた場合であっても，各共
> 　同相続人に対し，第900条及び第901条の規定により算定した相続分
> 　に応じてその権利を行使することができる。ただし，その債権者が
> 　共同相続人の一人に対してその指定された相続分に応じた債務の承
> 　継を承認したときは，この限りでない。

①　改正前民法下における解釈

　　相続分の指定がされた場合，相続債権者は，各共同相続人に対し
相続分の指定に応じた権利行使をすることになるのかについて，債
権者との関係では遺言者に自らが負担した債務の承継の在り方を決
める権限はないと解されており，相続分の指定がある場合には，法
定相続分からの変更であり，免責的債務引受の要素を持つと捉えれ

ば，債権者の承諾がなければ，相続分の指定をもって債権者に対抗できないと考えられる（『一問一答』169頁）。そして，判例（最三小判平成21年3月24日民集63巻3号427頁）も同様の解釈を示していた。

② 改正法の規定

　　民法902条の2本文は，相続分の指定がされた場合についても，相続債権者は，各共同相続人に対し，法定相続分に応じてその権利を行使することができると規定し，従前の判例の考え方を明文化した。

　　しかし，法定相続分に応じた権利行使を求めるのは，相続債権者の利益を考慮したものであるから，相続債権者は，指定相続分の割合による債務の承継を承認して，全ての債務を承継した相続人に対して相続債務の全部の履行を請求することもできる（民899条参照）とした。他方，相続債権者が指定相続分の割合による債務の承継を承認した場合には，法定相続分に応じた権利行使はすることができない（民902条の2ただし書）とされる。

(4)　**遺留分を超える相続分の指定**

（遺留分侵害額の請求）

第1046条　遺留分権利者及びその承継人は，受遺者（特定財産承継遺言により財産を承継し又は相続分の指定を受けた相続人を含む。以下この章において同じ。）又は受贈者に対し，遺留分侵害額に相当する金銭の支払を請求することができる。

2　（略）

（受遺者又は受贈者の負担額）

第1047条　受遺者又は受贈者は，次の各号の定めるところに従い，遺贈（特定財産承継遺言による財産の承継又は相続分の指定による遺産の取得を含む。以下この章において同じ。）又は贈与（遺留分を算定するための財産の価額に算入されるものに限る。以下この章において同じ。）の目的の価額（受遺者又は受贈者が相続人である場合にあっては，当該価額から第1042条の規定による遺留分として当

> 該相続人が受けるべき額を控除した額）を限度として，遺留分侵害
> 額を負担する。
> 一～三　（略）

① **改正前民法下における解釈**

　　改正前民法は，遺留分減殺の対象は遺贈と贈与に限定していた
（改正前民1031条）。そして，相続分の指定については「遺留分に関
する規定に違反することができない」（改正前民902条1項ただし書）
と規定していた。そこで，遺留分を超える相続分の指定があった場
合の効力が問題となり，遺留分に反する相続分の指定を当然無効と
考える見解と遺留分を侵害する相続分の指定は遺留分減殺請求の対
象となるとの見解が対立していた。

② **改正法の規定**

　　改正法は，前記規定を削除し，相続分の指定を受けた相続人を受
遺者の中に含め（民1046条1項），相続分の指定により遺産を取得し
た場合，遺留分権利者により遺留分侵害額請求がなされることに
なった（民1047条）。すなわち，民法1046条1項は，遺留分権利者が
受遺者等に対し遺留分侵害額に相当する金銭の支払を請求すること
ができるものとし，受遺者の定義として，「特定財産承継遺言によ
り財産を承継し又は相続分の指定を受けた相続人を含む」とし，こ
れにより，相続分の指定によって利益を受ける相続人が遺留分侵害
額の請求の相手方となることを明確にした。

③ **遺留分侵害額請求による指定相続分の修正**

　　改正前民法下における判例（最一小決平成24年1月26日家月64巻7号
100頁）は，相続分の指定が遺留分減殺請求により減殺された場合
における指定相続分の修正につき，遺留分割合を超える相続分を指
定された相続人の指定相続分が，その遺留分割合を超える部分の割
合に応じて修正されるものと判示していた。

　　しかし，民法1047条は，相続分の指定により遺産を取得した場合，
遺留分権利者により遺留分侵害額請求がなされることとされたので，

判例が摘示するところの「指定相続分を個別的遺留分の割合にあわせて修正する」という必要はなくなった。

(5) **遺留分を超える分割方法の指定**

① 改正前民法下における解釈

改正前民法下においては，通説は，遺産分割方法の指定（民908条）により，他の相続人の遺留分侵害が起きる場合があるとし，遺留分侵害がある場合には，遺産分割方法の指定は，遺留分権利者の減殺請求により侵害の限度で効力を失うと解していた。

② 改正法の規定

改正法は，相続分の指定を受けた相続人を受遺者に含めるほか，特定財産承継遺言により財産を承継した者も受遺者の中に含め（民1046条1項），遺留分権利者により遺留分侵害額請求がなされることになった（民1047条）。すなわち，民法1046条1項は，遺留分権利者が受遺者等に対し遺留分侵害額に相当する金銭の支払を請求することができるものとし，受遺者の定義として，「特定財産承継遺言により財産を承継し又は相続分の指定を受けた相続人を含む」とし，これにより，相続分の指定を含む遺産分割方法の指定によって利益を受ける相続人も遺留分侵害額の請求の相手方となることを明確にした。

13 遺言執行者の立場

（遺言執行者の権利義務）
第1012条　遺言執行者は，遺言の内容を実現するため，相続財産の管理その他遺言の執行に必要な一切の行為をする権利義務を有する。
2　遺言執行者がある場合には，遺贈の履行は，遺言執行者のみが行うことができる。
3　（略）

(1)　改正前民法下における解釈

　改正前民法1012条は，遺言執行者の一般的な権利義務として，「相続財産の管理その他遺言の執行に必要な一切の行為をする権利義務を有する」旨を定めていたが，遺言執行者の権限についてはこのような包括的な規定しかなかった。

　また，改正前民法1015条は「遺言執行者は，相続人の代理人とみなす」と規定していたが，遺言の執行が受遺者にとって利益となるため，遺言執行者があたかも受遺者の代理人として職務を行っているような印象を受け，遺言の執行により遺言者の意思と相続人の利益とが対立し，遺言執行者と相続人との間でトラブルになることもあった。

　さらに，特定財産承継遺言や遺贈がされた場合に遺言執行者が具体的にどのような権限を有するかという点についても明確ではなかったため，判例等によって職務権限の内容を定めていた。

(2)　改正の趣旨

　改正後の民法1012条1項は，「遺言の内容を実現するため」という文言を加え，また，遺言執行者を「相続人の代理人とみなす」（改正前民1015条）との規定を改め，遺言執行者の職務は，遺言の内容を実現することにあることを明示し，その法的地位を明確にした。

　そして，改正法は，遺言執行者の権限と遺贈の履行義務との関係（民1012条2項），「相続させる」旨の遺言がされた場合の具体的な権限の内容について新たな規定（対抗要件の具備の権限・民1014条2項，預貯金債権についての払戻し・解約に関する権限・民1014条3項）を設け，また，遺言執行者の復任権に関する規定（民1016条1項・2項）を見直した。

(3)　施行日

　民法1012条は遺言執行者の一般的な権利義務に関する規定であるが，施行日（令和元年7月1日）後に遺言執行者になった者であれば，改正法を適用しても遺言執行者の法的地位を不利益に変更することにならないので，施行日前に開始した相続に関し，施行日以後に遺言執行者となる者については改正法が適用されるものとしている（附則8条1項。なお，施行日以前に遺言執行者になった者については改正前民法が適用される。）。

14　遺言執行の妨害

> （遺言の執行の妨害行為の禁止）
>
> 第1013条　（略）
>
> 2　前項の規定に違反してした行為は，無効とする。ただし，これを
> もって善意の第三者に対抗することができない。
>
> 3　前2項の規定は，相続人の債権者（相続債権者を含む。）が相続
> 財産についてその権利を行使することを妨げない。

⑴　改正前民法下における解釈

　改正前民法下において，遺言で特定遺贈につき遺言執行者が選任され
ている場合は，相続人は，相続財産の処分その他遺言の執行を妨げるべ
き行為をすることはできない（民1013条1項）とされ，この規定に違反
した場合の効果について，判例（大判昭和5年6月16日民集9巻550頁）は，
相続人による処分行為は絶対的に無効であると判示していた。

　他方，昭和39年判例（最二小判昭和39年3月6日民集18巻3号437頁）は，
遺言執行者がいない場合には，受遺者と相続人の債権者とは対抗関係に
立ち，先に登記を具備した者が確定的に権利を取得すると判示していた。

　この判例の見解によれば，不動産の遺贈がされた場合において，遺言
執行者がいれば，遺贈が優先するのに，遺言執行者がいなければ受遺者
と相続人の債権者は対抗関係に立つことになるが，かかる結論は，遺言
の存否及びその内容を知り得ない相続債権者等の第三者に不測の損害を
与え，取引の安全を害するおそれがあった。

⑵　改正の趣旨

　改正法は，改正前民法及び判例の考え方を基本的に尊重しつつ，遺言
の存否及びその内容を知り得ない第三者の取引の安全等を図る観点から，
相続人が自らした行為の効果と相続債権者又は相続人の債権者がした行
為の効果とを区別した上で，それぞれ異なる規定を設けた。

　すなわち，遺言執行者がいる場合に相続人が行った遺言の執行を妨げ

る行為は無効としつつも（民1013条2項本文），その相手方が遺言執行者の存在を知らなかった場合については，取引の安全を図るために，その行為の無効を善意の第三者に対抗できないとした（同項ただし書）。

　また，相続債権者又は相続人の債権者が相続財産に対して差押え等の権利行使をした場合については，遺言執行者の有無によってその権利行使の有効性が左右されることのないようにするため，遺言執行者の存在の有無に関する認識を問わず，相続債権者等の権利行使が妨げられることはない（民1013条3項）と規定した。

15 遺贈義務者の引渡義務

> **（遺贈義務者の引渡義務）**
> 第998条　遺贈義務者は，遺贈の目的である物又は権利を，相続開始の時（その後に当該物又は権利について遺贈の目的として特定した場合にあっては，その特定した時）の状態で引き渡し，又は移転する義務を負う。ただし，遺言者がその遺言に別段の意思を表示したときは，その意思に従う。
>
> **（贈与者の引渡義務等）**
> 第551条　贈与者は，贈与の目的である物又は権利を，贈与の目的として特定した時の状態で引き渡し，又は移転することを約したものと推定する。

⑴　改正法の趣旨

　①　改正前民法における規定

　　　改正前民法においては，遺贈の担保責任について，不特定物の遺贈義務者の担保責任（民998条）と第三者の権利の目的である財産の遺贈（民1000条）につき規定を設けていた。

　②　改正法の規定（債権法改正との関係）

　　　改正法は，遺贈の担保責任につき，同じく無償行為である贈与の

担保責任についての債権法の改正（民551条1項）との整合を取るため，民法998条1項は，遺贈が有効であるとき，遺贈義務者は相続が開始した時（その後に当該遺贈の目的である物又は権利を遺贈の目的として特定した場合にあっては，その特定した時）の状態で，その物若しくは権利を引き渡し，又は移転する義務を負うものとし，遺言者がその遺言に別段の意思を表示したときは，その意思に従うと規定した。これに伴い，不特定物の遺贈について，遺贈義務者の追完義務を定めていた改正前民法998条と第三者の権利の目的となっている財産の遺贈における受遺者の権利を定めていた改正前民法1000条は，改正後の民法998条の規定に含まれることになることから削除された（潮見・501頁，佐々木＝潮見・122頁以下参照）。

⑵ 施行日

令和2年3月31日までにされた遺贈に係る遺贈義務者の引渡義務については，民法998条は適用しない（附則7条1項）。

（理　由）

改正債権法の施行日（令和2年4月1日）前にされた遺贈（遺贈の記載がされた遺言書の作成日が施行日より前である場合）については，通常，改正前民法の規定を前提として遺言書が作成されることになると考えられるから，仮に，遺贈の効力が発生するところの相続開始の時に改正法が施行されていたとしても，これに改正法を適用するのは相当ではないからである（『一問一答』202頁）。

なお，改正法においては，上記のとおり，改正前民法1000条については削除するものとしたが，改正債権法の施行日前にされた遺贈については，改正前民法1000条が適用されるから，「なお，その効力を有する」とされている（附則7条2項）。

【参　考】債権法改正と民法551条

1　債権法改正前の民法551条1項本文は，無償で受贈者に財産を移転する贈与者に担保責任を負わすのは相当ではないとして，贈与者は，原則として贈与財産の瑕疵について担保責任を負わないが，贈与者が瑕疵を知っていてこれを受贈者に告げなかった場合は，例外的に，贈与者は，権利の瑕疵（他人の物を

贈与した者がその物の所有権を受贈者に移転することができない場合），物の瑕疵（贈与の目的物に瑕疵がある場合）において担保責任が生じると規定されていた。

しかし，債権法改正において，売買において引渡義務の内容が契約の趣旨に照らして確定されるという立場，すなわち，契約責任説の立場が採用されたことを受けて，贈与に関しても，債権法改正前の民法551条の規定に根本的な変更が加えられることになった。

2　債権法改正後の民法551条1項は，贈与者は贈与契約の内容に適合した物又は権利を移転する義務があるものとし，その上で，贈与の無償性に鑑み，贈与者が贈与の目的である物又は権利を贈与の目的として特定した時の状態で引き渡し，又は移転することを約したものとの推定規定を設けた。

その結果，前記推定が崩れたときにおいては，受贈者は，贈与者が贈与契約の内容に適合しない物又は権利を移転したときは，債務不履行に関する一般規定に従い，贈与者に対し，追完請求，損害賠償請求をすることができ，また，贈与契約を解除することができるものとされた。

16 遺留分制度の枠組みの変更

（遺留分侵害額の請求）

第1046条　遺留分権利者及びその承継人は，受遺者（特定財産承継遺言により財産を承継し又は相続分の指定を受けた相続人を含む。以下この章において同じ。）又は受贈者に対し，遺留分侵害額に相当する金銭の支払を請求することができる。

(1) 改正前民法における規定

改正前民法における遺留分制度の枠組みは，被相続人がした贈与又は遺贈による財産処分が過大であるため，相続人が期待する法定の遺留分額だけの相続財産が残されていない場合において，遺留分を侵害する遺贈・贈与を減殺して，その効力を失わせ，これを相続人に取り戻す（回復する）というものであった。

そこで，通説・判例は，遺留分減殺請求権が行使されると，減殺に服する範囲で遺贈・贈与の効力は消滅し，減殺の対象となった財産に対す

る権利は当然に遺留分権利者に復帰する（形成権＝物権説）と解されていた。そして，例外的に減殺請求の相手方は，価額で弁償することも許される（改正前民1041条）とされていた。

　しかし，このような現物返還の構成によると，遺留分減殺請求権の行使により，遺留分を侵害する遺贈や贈与は，侵害の限度で失効し，遺贈や贈与の目的物は受遺者・受贈者と減殺請求者との共有関係になるところ，「このような帰結は，遺贈等の目的財産が事業用財産であった場合には円滑な事業承継を困難にするものであり，また，共有関係の解消をめぐって新たな紛争を生じさせる」との指摘がされていた（『一問一答』122頁）。

　また，「現行の遺留分制度は，遺留分権利者の生活保障や遺産の形成に貢献した遺留分権利者の潜在的持分の精算等を目的とする制度となっており，その目的を達成するために，必ずしも物権的効果まで認める必要はなく，遺留分権利者に遺留分侵害額に相当する価値を返還させることで十分ではないか」との指摘がなされていた（『一問一答』122頁）。

⑵　規定の見直し

　改正法は，遺留分制度を大きく見直し，遺留分に関する権利行使により金銭債権が発生する（民1046条1項）ものとし，それに伴い，用語及び規定の整備を行った。すなわち，改正前民法における「減殺」という文言を用いないものとし，「減殺の請求権」という文言については「遺留分侵害額の請求権」と改めるなどした。

17　遺留分侵害額請求権（減殺から侵害額の請求へ）

> （遺留分侵害額の請求）
> 第1046条　遺留分権利者及びその承継人は，受遺者（特定財産承継遺言により財産を承継し又は相続分の指定を受けた相続人を含む。以下この章において同じ。）又は受贈者に対し，遺留分侵害額に相当する金銭の支払を請求することができる。

（受遺者又は受贈者の負担額）

第1047条　（略）

　5　裁判所は，受遺者又は受贈者の請求により，第１項の規定により負担する債務の全部又は一部の支払につき相当の期限を許与することができる。

(1)　改正前民法の規定

　改正前民法における遺留分制度の基礎に据えられていたのは，遺留分減殺請求権という枠組みであった。すなわち，被相続人が自由分を超えて贈与や遺贈を行ったため遺留分が侵害されたときに，受遺者や受贈者などに対して，その処分行為の効力を奪うことを「遺留分の減殺」といい，遺留分減殺を内容とする相続人の権利を遺留分減殺請求権と定義づけていた（『一問一答』156頁）。

(2)　改正法の枠組み

　改正法は，遺留分制度を大きく変更し，遺留分に関する権利行使により生ずる権利について，遺留分侵害額請求の意思表示によって，遺留分侵害額に相当する金銭の給付を目的とする金銭債権が生じるものとし（民1046条１項），遺留分に関する権利行使につき，遺留分侵害額請求権の行使と定義した（民1046条１項，1048条）。

　また，遺留分侵害額請求を受けた受遺者又は受贈者が金銭を準備できない場合もあるとして，受遺者等は，裁判所に対して，金銭債務の全部又は一部の支払につき相当の期限の許与を求めることができると規定した（民1047条５項）。

第2編
遺産分割に関する改正

第 1 相続開始直後の手続

第 1 章 遺産分割前における預貯金の払戻し制度

◆本章で取り扱う制度と段階的進行モデルとの時間的関係◆

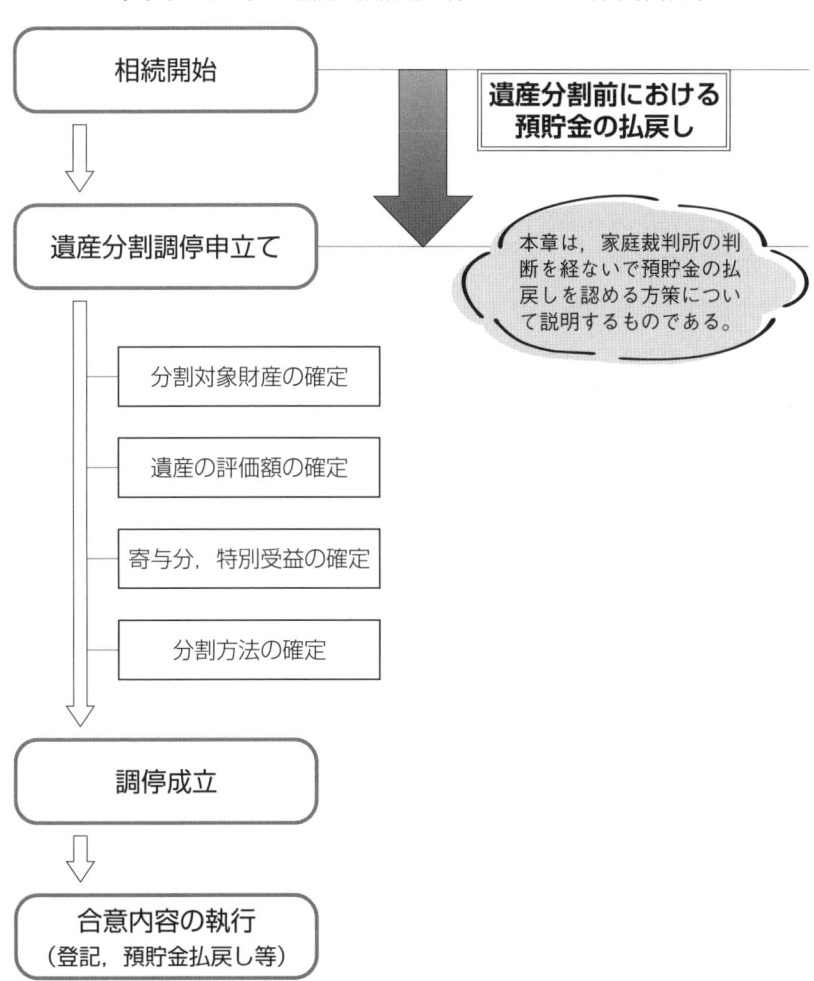

相続開始

遺産分割前における預貯金の払戻し

遺産分割調停申立て

本章は，家庭裁判所の判断を経ないで預貯金の払戻しを認める方策について説明するものである。

分割対象財産の確定

遺産の評価額の確定

寄与分，特別受益の確定

分割方法の確定

調停成立

合意内容の執行
（登記，預貯金払戻し等）

1　趣　旨

(1)　判例変更と実務

　従前は，各共同相続人は自己に帰属した債権を単独で行使することができたところ，平成28年決定後は，遺産分割までの間は，共同相続人全員の同意を得なければ，各共同相続人の単独での権利行使は認められないこととなった。

(2)　問題点

　共同相続人において相続債務の弁済をする必要がある，あるいは，被相続人から扶養を受けていた共同相続人の当面の生活費を支出する必要があるなどの事情により，被相続人が有していた預貯金を遺産分割前に払い戻す必要がある場合に支障を来すこととなった。

(3)　改正法の規定

　改正法は，共同相続人の各種の小口の資金需要に迅速に対応することを可能とするため，各共同相続人が，遺産分割前に，裁判所の判断を経ることなく，一定の範囲で遺産に含まれる預貯金債権を行使することができる制度を設けた（民909条の2）。

2　内　容

(1)　払戻し可能な金額

①　払戻しができる範囲

　ア　改正法の規定

　　各共同相続人は，遺産に属する預貯金債権の一部については，単独でその権利を行使できることとした（民909条の2前段）。

　イ　平成28年決定との整合

　　平成28年決定は，現金類似の性質を有する預貯金債権の性質等を考慮して，預貯金債権を遺産分割の対象とする旨の判断を示したことに鑑みると，立法により，預貯金債権の一部について単独で権利行使できるとしても，その適用範囲は前記決定の趣旨に反

しない限度にとどめるのが相当であると考えられる。

　　ウ　単独で権利行使可能な額

　　　　各預貯金債権の額の3分の1に払戻しを求める共同相続人の法定相続分を乗じた額としている（民909条の2前段）。

　　　　一方で，預貯金債権の3分の2は，遺産分割の対象財産として確保されるから，預貯金債権も含めた公平な遺産分割を実現しようとした前記決定の趣旨を没却しないよう配慮されている。

②　預貯金債権の単位

　　ア　権利行使をすることができる預貯金債権の割合及び額

　　　　個々の預貯金債権ごとに判断される。

　　イ　具体例

　　　　例えば，被相続人がM銀行に対し普通預金と定期預金の2つを有していた場合には，各預金債権につき，それぞれの額の3分の1に法定相続分を乗じた額となる（潮見・174頁参照）。

【留意点】

　金融実務においては，民法909条の2において権利行使をすることができる定期預金は，満期が到来していることが前提となっている（『一問一答』70頁）。

---

③　基準時

　　ア　改正法の規定

　　　　権利行使をすることができる預貯金債権の割合及び額を計算する場合の基準時は，「相続開始の時」である（民909条の2）。

　　イ　理　由

　　　　預貯金債権の債務者である金融機関において，権利行使可能な範囲内にあるかどうかを判断することが予定されており，金融機関が明確にその判断をすることができるようにする必要があるためである。

　　　　したがって，相続開始後に何らかの理由によって預貯金債権の

　　　額が増減した場合であっても，金融機関としては相続開始の時を基準として計算すれば足りることとなる。

(2)　金融機関ごとの上限

①　同一の金融機関に対して権利行使をすることができる金額の上限

ア　上限額

　　　150万円を上限額と定めた（平成30年法務省令第29号）。

イ　意　義

　　　改正法は，同一の金融機関に対して権利行使をすることができる金額についても上限を設けた（民909条の2前段）。

②　同一の金融機関に複数の口座がある場合

　　法務省令で定める150万円が限度となる。

【金額による上限を設けた趣旨】
1　預貯金の払戻し制度は，裁判所の個別的判断を経ずに払戻しを認めるものであるため，類型的に預貯金の払戻しの必要性が認められる額に限定すべきであると考えられる。
2　上限額を設けないと，具体的相続分を超過した支払が行われた場合にその超過額が大きくなって，他の共同相続人への利益を害する程度が大きくなり，平成28年決定の趣旨を没却するおそれがある。

(3)　計算式

【遺産の分割前における預貯金債権の行使の限度に係る計算式】
　　相続開始時の預貯金債権の額（口座基準）×1/3×当該払戻しを求める共同相続人の法定相続分
　　ただし，同一の金融機関に対する権利行使は，法務省令で定める額（150万円）を限度とする。

設例1－1　預貯金の払戻しを受ける限度額①

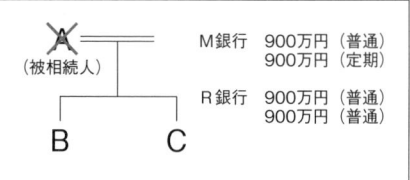

　被相続人Ａは，Ｍ銀行に900万円の普通預金と900万円の定期預金（総額は1800万円）を，Ｒ銀行に900万円の普通預金を2口（総額は1800万円）を有していた。

相続人は子Ｂ・Ｃである。Ｂが払戻しを受けることができる限度額はいくらか。

【解　説】

　Ｂは，Ｍ銀行及びＲ銀行（通常は普通預金）から，それぞれ150万円の払戻しを受けることができる。複数の金融機関に口座がある場合は，上限が増えることになる（潮見・175頁）。

　Ｍ銀行（普通）　　　　　　900万円×1/3×1/2＝150万円
　Ｒ銀行（普通のどちらか）　900万円×1/3×1/2＝150万円

3　払戻しがされた場合の効果

　改正法の規定に基づき権利行使がされた預貯金債権については，その権利行使をした共同相続人が遺産の一部分割によりこれを取得したものとみなされる（民909条の2後段）。

設例1－2　預貯金の払戻しを受ける限度額②

　共同相続人の一部の者が民法909条の2前段の規定に基づき預貯金を払い戻したが，その額が特別受益等の理由から同人の具体的相続分を超過している場合，どのように処理するのか。

【解　説】

　共同相続人の一部の者の払い戻した預貯金の額が特別受益等によりその者の具体的相続分を超過する場合，当該共同相続人は，遺産分割においてその超過部分を精算すべき義務を負う。

【理　由】

1　当該共同相続人は，遺産分割においてその超過部分を精算すべき義務を負うことにより，相続人間の公平が確保されることになる。
2　この制度により具体的相続分を超える預貯金の払戻しをした相続人に遺産分割において精算の義務を課したとしても，当該相続人に特段過大な負担を課すとか，不利益を課すことにはならない。

4　金融機関への払戻請求の手続

　各共同相続人が金融機関に対し民法909条の2の規定に基づき預貯金の払戻しを求める場合，金融機関に提示する資料としては，(1)被相続人が死亡した事実，(2)相続人の範囲及び(3)払戻しを求める者の法定相続分が分かる資料の提示が必要となる。

【預金の払戻しにおいて求められる資料】
①　被相続人の出生から死亡までの連続した除籍謄本，戸籍謄本又は全部事項証明書
②　相続人全員の戸籍謄本又は全部事項証明書
③　預金の払戻しを希望する者の印鑑登録証明書

（全銀協ウェブサイトより）

設例1−3　**遺贈等と競合する場合の金融機関の対応**

　預貯金債権が遺贈や特定財産承継遺言の対象となっている場合において，受遺者以外の相続人が民法909条の2による払戻しを求めてきた場合，金融機関はどのように対応するのか。

【解　説】

　遺贈や特定財産承継遺言の対象となった預貯金債権は，遺産に属しないから，同条の規定による払戻しの対象とならないのが原則である。
　しかし，改正法は，遺贈だけでなく，特定財産承継遺言についても対抗要件主義が適用されると規定したので（民899条の2），金融機関としては所定の債務者対抗要件（遺贈については民法467条，特定財産承継遺言については民法899条の

2第2項参照）が具備されるまでは，当該預貯金債権が遺産に属していることを前提に処理をすれば足り，その後に債務者対抗要件が具備されたとしても，既にされた民法909条の2の規定による払戻しが無効になることはないと考えられる（『一問一答』70-77頁，『概説』52-61頁）。

5　預貯金の払戻請求権の譲渡，差押え，取立て等

　預貯金の払戻請求権（民909条の2）は，預貯金債権を離れた独自の請求権ではないから，この払戻請求権を譲渡することや，差押えをすることはできない（潮見・176頁）。

6　実務運用

⑴　申立手続
　遺産の分割前に預貯金債権が単独で行使された場合には（民909条の2前段），これに続く遺産分割手続において，具体的相続分や現実的取得分額を算定するため，以下のことを明らかにする資料を速やかに提出する必要がある。

①　権利行使の対象とされた預貯金債権（金融機関名，支店名，預貯金の種別，口座番号，記号番号等）

②　権利行使をした共同相続人の氏名

③　権利行使をした日（払戻日）

④　権利行使の額（払戻額）

【当事者の準備】
　申立人は，申立てに当たり，前記権利行使の内容を明らかにする資料を（他の当事者の権利行使の内容を明らかにする資料を含めて）入手し，これを踏まえて申立書及び事情説明書を作成することが必要である。
　他方，相手方においては，手続開始前後を含め，前記権利行使の内容を明らかにする資料を入手し，これを踏まえて答弁書を作成するこ

とが求められる。

【申立書記載上の留意点】
　遺産分割の審判及び調停の申立書には，民法909条の2に規定する遺産の分割前における預貯金債権の行使の有無及びその内容を記載する（家事規則102条1項4号，127条）。権利行使に関する記載例については，『実務運用』32頁の【資料1】，最高裁判所ウェブサイトを参照されたい。

(2) 遺産の範囲

　払い戻された預貯金（民909条の2前段）は，遺産分割時に存在せず，払戻しをした共同相続人が遺産の一部の分割によりこれを取得したものとみなされることから（民909条の2後段），遺産分割の調停・審判で分割対象となる財産ではない。

> 払い戻した預貯金を遺産に含めることに合意したときの中間合意調書の例
> 1　払戻しをした相続人が（払い戻した預貯金である）一定額の現金を保管しているものと表記する方法
> 　「○○万円（B保管）」
> 2　預貯金払戻制度を利用したことを明らかにする方法
> 　「○○万円。ただし，Bが民法909条の2の規定に基づいて別紙遺産目録記載の預金口座から令和○年○月○日に（令和○年○月○日から令和○年○月○日までに）払い戻した預金」
> 3　単に払戻しをしたとだけ記載する方法
> 　「払い戻された預金　○○万円（B払戻し）」

(3) 遺産の評価，各相続人の取得額等

　遺産の分割前に預貯金債権が単独で行使された場合には（民909条の2前段），その後の遺産分割において，払い戻された預貯金の額（権利行使の額）をみなし相続財産の算定の基礎に加え，みなし相続財産に対する

現実的取得分額から払い戻された預貯金の額（権利行使の額）を控除することになる（特別受益の持戻し同様の計算となる。）。

⑷　民法909条の２と民法906条の２との関係

　民法909条の２の規定は，遺産に属する預貯金債権について，共同相続人による単独の権利を認めたものである。同条に基づき各共同相続人が預貯金の払戻しを求めてきた場合には，金融機関において権利行使可能な範囲内にあるかどうかを判断することが予定されている。他方，金融機関において共同相続人による民法909条の２による払戻しか否かが判断できない場合には民法906条の２による規定が適用されるかが問題となる。

第 2 章　配偶者短期居住権

◆本章で取り扱う制度と段階的進行モデルとの時間的関係◆

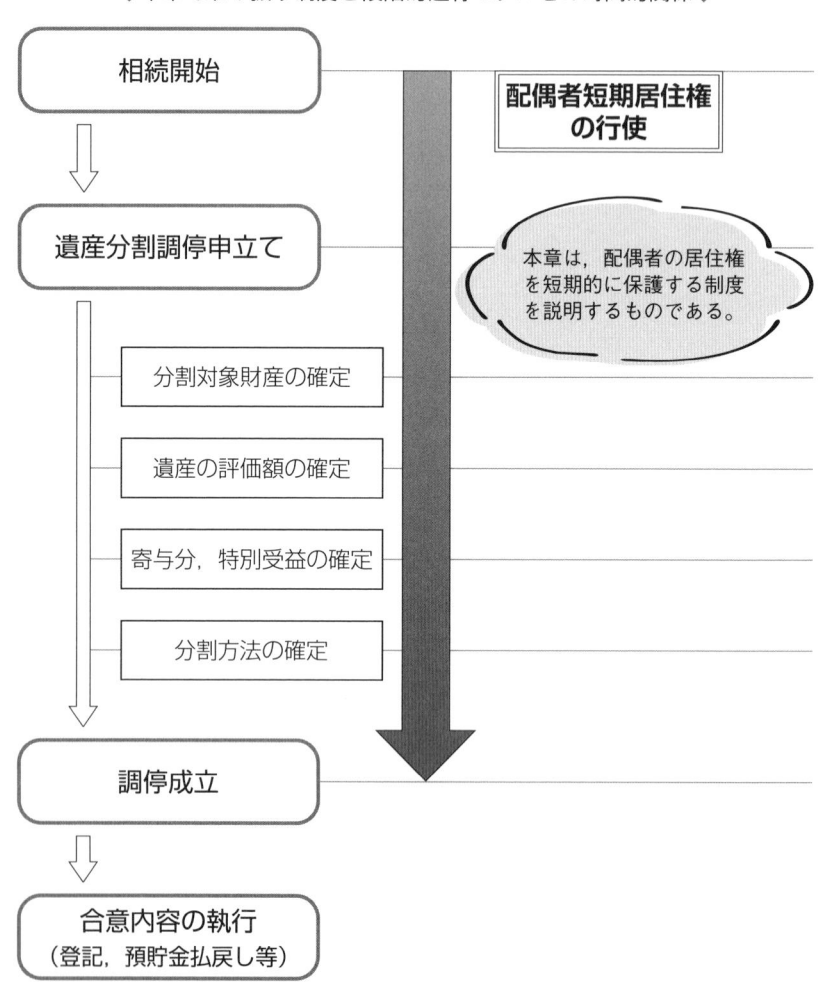

相続開始

配偶者短期居住権
の行使

遺産分割調停申立て

本章は，配偶者の居住権
を短期的に保護する制度
を説明するものである。

分割対象財産の確定

遺産の評価額の確定

寄与分，特別受益の確定

分割方法の確定

調停成立

合意内容の執行
（登記，預貯金払戻し等）

1　意　義

　配偶者短期居住権は，一方の配偶者死亡後の生存配偶者が居住建物を無償で使用することができる権利である。

【配偶者居住権（民1028条）との相違点】
(1)　配偶者は一定の要件を充たせば法律上当然に配偶者短期居住権を取得すること
(2)　居住建物の使用に限られ，収益の目的とすることはできないこと
(3)　取得した配偶者短期居住権については，遺産分割において配偶者の具体的相続分からその価値を控除する必要がないこと

2　類　型

(1)　配偶者短期居住権の２つの類型

　本書においては，居住建物につき，生存配偶者が遺産分割の当事者として登場するか否かによる相違によって，潮見教授の「１号配偶者短期居住権」，「２号配偶者短期居住権」との分類（潮見・318頁）に従い，説明する。

　①　１号配偶者短期居住権

　　居住建物について配偶者を含む共同相続人間で遺産分割をすべき場合（民1037条１項柱書本文及び同項１号）

　②　２号配偶者短期居住権

　　配偶者が居住建物について遺産分割の当事者とならない場合（同項２号）

(2)　規定の相違

　両者は，存続期間と消滅申入れにおいて規定を異にしている。

3 1号配偶者短期居住権

⑴ 成立要件

① 被相続人の配偶者であること

「配偶者」は，法律上被相続人と婚姻していた者に限られる。

（理　由）

配偶者に限ったのは，高齢社会の進展に伴い，生存配偶者の居住権保護の必要性が高まっていること，夫婦は同居・協力・扶助の義務を負う（民752条）など法律上最も緊密な関係にある親族であることを考慮したことによる（「中間試案補足説明」3頁，潮見・318頁）。

> 【参　考】配偶者短期居住権制度の内縁配偶者，事実婚当事者，パートナーへの拡張
>
> 配偶者短期居住権の制度は，相続による被相続人の地位の承継という枠組みのもとで居住権の取得・承継が認められるものであり，配偶者は配偶者相続人の地位を有するが，内縁配偶者，事実婚当事者，パートナーは相続人の地位を承継しないから，非法律婚当事者に配偶者短期居住権の制度を拡張することは無理がある（潮見・321頁）。

② 相続開始の時に，被相続人が所有する建物（共有持分を有する場合を含む。）に無償で居住していたこと

「居住していた」とは，配偶者居住権の場合と同じく，配偶者が当該建物を生活の本拠としていたことである（民1037条1項）。

③ 1号配偶者短期居住権を取得しない配偶者

配偶者であっても，その居住建物について配偶者居住権を取得した場合や，相続欠格事由（民891条）に該当する場合，廃除によって相続権を失った場合には，配偶者短期居住権を取得することができない（民1037条1項ただし書）。

> **【注意点】**
> 　1号配偶者短期居住権を取得する配偶者は，「配偶者を含む共同相続人間で遺産の分割をすべき場合」であるから，相続放棄をした場合，遺言により相続分を零と指定された場合，遺言により居住建物について相続させないものとされた場合における配偶者には，1号配偶者短期居住権が成立しない（潮見・322頁）。

⑵　存続期間

　相続開始時から，遺産分割により居住建物の帰属が確定した日又は相続開始の時から6か月を経過する日のいずれか遅い日までの間となる。

設例2−1　**存続期間の下限①**

> 　被相続人Aが死亡し，妻Wと子B・Cが相続した。Wは，Aが所有する建物に居住してきた。Aが死亡して3か月後に建物はBが取得する内容の遺産分割協議が成立した。Wは，いつまで建物に無償で居住することができるか。

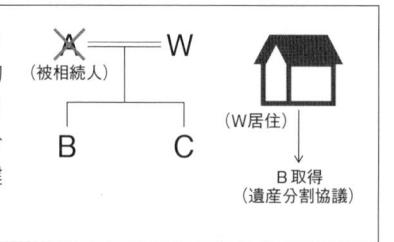

【解　説】

　Wは，遺産分割により建物の帰属がBに確定したとしても，相続開始の時から6か月を経過するまでは，無償で建物に居住することができる。相続開始後に遺産分割が早期に成立したときでも，配偶者が急な転居を強いられることを防ぐため，最低の存続期間として相続開始の時から6か月とした。他方，上限はない。

⑶　効　力

①　居住建物の使用

　　配偶者短期居住権は，使用借権に類似する法定の権利である。居住をさせる債務を負担するのは，当該建物を共有する相続人（居住建物取得者）である。

　　ア　配偶者は，無償で居住建物の全部又は一部を「使用」することができる。

【留意点】

　配偶者は，居住建物を「使用」する権限が与えられているにすぎず，「収益」権限はない。

　配偶者短期居住権は，被相続人の生前には被相続人の占有補助者であった配偶者について，相続開始後に独自の占有権原を付与した上で，相続開始前と同一態様の使用を認めることを目的とするものであり，この目的からすると，配偶者に収益権限まで認める必要はないからである（潮見・319頁，「部会資料」22-2・1頁参照）。

　　イ　配偶者は，従前の用法に従い，善良な管理者の注意をもって，居住建物の使用をしなければならず（民1038条1項），他の全ての相続人の承諾を得なければ，第三者に居住建物を使用させることができない（同条2項）。

　　ウ　他の共同相続人は，第三者に対する居住建物の譲渡その他の方法により配偶者の居住建物の使用を妨げてはならないが（民1037条2項），建物を修繕する義務（使用に適した状態を作り出し，維持する義務）までは負わない。

②　譲渡禁止

　　配偶者短期居住権は，譲渡することができない（民1041条，1032条準用）。配偶者短期居住権は，配偶者の居住建物における居住を短期的に保護するために創設された権利（法定債権）であり，譲渡を認める必要に乏しいからである（「部会資料」26-2・1頁，潮見・325頁）。

③　修繕等

　　配偶者は，居住建物の使用及び収益に必要な修繕をすることができるが（民1041条，1033条1項準用），居住建物の修繕が必要な場合において，配偶者が相当の期間内に必要な修繕をしないときは，居住建物の所有者は，その修繕をすることができる（民1041条，1033条2項準用）。

　　また，居住建物が修繕を要するとき，又は居住建物について権利を主張する者があるときは，配偶者は，それを知らない居住建物の

所有者に対し，遅滞なくその旨を通知しなければならない（民1041条，1033条3項準用）。

④ **費用負担**

ア 配偶者は，居住建物の通常の必要費を負担する（民1041条，1034条1項準用）。

「通常の必要費」は，使用貸借における「通常の必要費」（民595条1項）と同一の概念であり，これには，居住建物の保存に必要な修繕費のほか，居住建物やその敷地の固定資産税等が含まれるものと考えられる。

イ 配偶者が居住建物について「通常の必要費以外の費用」すなわち特別の必要費や有益費を支出したときは，居住建物の所有者は，配偶者居住権が消滅した時に，その価格の増加が現存する場合に限り，その選択に従い，その支出した金額又は増価額を償還しなければならない（民1041条，1034条2項，583条2項準用，196条2項）。

⑤ **配偶者と第三者との間の法律関係**

配偶者短期居住権には，使用借権と同様，第三者対抗力はない。

設例2－2 配偶者短期居住権の対抗力

被相続人Ａの相続人は，妻Ｗと子Ｂ・Ｃである。被相続人Ａが死亡したが，遺産分割はされていないところ，ＷはＡが所有していた建物に居住を続けている。Ｃは，建物につき相続を原因とする所有権移転登記をし，自己の持分をＤに譲渡し，Ｄへの持分登記がされた。ＷはＤに対し配偶者短期居住権を主張することができるか。

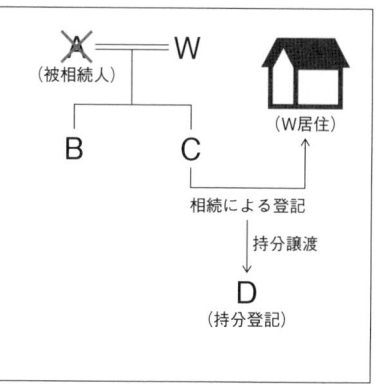

【解 説】

Ｗは配偶者短期居住権をもってＤに対抗することはできない。配偶者短期居住権には，使用借権と同様，第三者対抗力はない。

⑷ 消 滅

① 消滅事由

1号配偶者短期居住権は，次の事由により消滅する。

ア 存続期間が満了したとき（ただし，最低6か月間の居住は保障されている。）

イ 配偶者が配偶者居住権を取得したとき（民1039条）

ウ 配偶者が死亡したとき（民1041条，597条3項準用）

エ 居住建物が全部滅失等したとき（民1041条，616条の2準用）

オ 配偶者が民法1038条1項・2項に違反した使用をしたこと

② 居住建物取得者による消滅請求

配偶者が善管注意義務（民1038条1項）に違反した場合，配偶者が居住建物取得者に無断で第三者に居住建物を使用させた場合（民1038条2項参照）には，居住建物取得者は，配偶者に対する意思表示によって配偶者短期居住権を消滅させることができる（民1038条3項）。この消滅請求は，形成権である。

③ 消滅後における配偶者と居住建物取得者との間の法律関係

配偶者短期居住権が消滅したとき（配偶者が配偶者居住権を取得したときを除く。），配偶者は，居住建物取得者に対して居住建物を返還しなければならない（民1040条1項本文）。ただし，配偶者が居住建物について共有持分を有する場合は，居住建物取得者は，配偶者短期居住権が消滅したことを理由としては，居住建物の返還を求めることができない（民1040条1項ただし書）。

配偶者が居住建物を返還するときに負う収去義務，原状回復義務等（民1040条2項，599条1項・2項，621条）や民法1038条1項及び2項に違反する使用等によって生じた損害賠償及び配偶者が支出した費用の償還に関しては，配偶者居住権における規定と同様である（民1041条，600条）。

4　2号配偶者短期居住権

⑴　**内　容**

　① **意　義**

　　2号配偶者短期居住権は，配偶者が居住建物について遺産共有持分を有していない場合，例えば，居住建物が配偶者以外の者に遺贈がされた場合，特定財産承継遺言がなされ，居住建物が遺産分割の対象とならない場合，配偶者が相続放棄をした場合，相続分の指定により，配偶者が居住建物について共同相続人間で遺産分割の当事者とならない場合における配偶者を対象とするものである。

　② **趣　旨**

　　2号配偶者短期居住権は，居住建物の所有権を取得した者が配偶者短期居住権の消滅の申入れをした時から6か月が経過するまでの間の居住利益を配偶者に認めるもの（最低6か月間の居住利益）であり，配偶者の居住利益の保護を政策的に実現したものである（潮見・331頁）。

> **【2号配偶者短期居住権が妥当する場面】**
> 　判例（最三小判平成8年12月17日民集50巻10号2778頁）は，被相続人が死亡し，共同相続が生じた場合において，被相続人所有の建物に居住していた配偶者その他の家族につき居住の利益保護を図るために，遺産分割時までの使用貸借契約の成立を推認したものであるが，2号配偶者短期居住権が問題となる場面は，居住建物についての配偶者を交えた遺産分割が問題とならない場合であり，使用貸借の推認という構成で説明できないものである（潮見・331頁）。

⑵　**成立要件**

　① **2号配偶者短期居住権の成立要件**

　　被相続人の配偶者が，相続開始の時に，被相続人が所有する建物に無償で居住していたことである（民1037条1項）。

② 2号配偶者短期居住権が認められる場合

　ア　配偶者以外の共同相続人に対して，居住建物につき特定財産承継遺言がされた場合

　イ　配偶者以外の共同相続人の一人，又は相続人以外の者に対して，居住建物の遺贈又は死因贈与がされた場合

　ウ　配偶者が相続放棄をした場合

　エ　配偶者が遺言により相続分を零と指定された場合

　オ　配偶者が遺言により居住建物について相続させないものとされた場合

【2号配偶者短期居住権が成立しない場合】

　1号配偶者短期居住権の場合と同様，配偶者であっても，(ア)その居住建物について配偶者居住権を取得した場合や，(イ)相続欠格事由（民891条）に該当する場合，(ウ)廃除によって相続権を失った場合には，2号配偶者短期居住権を取得することができない（民1037条1項柱書ただし書）。

---

(3)　居住建物取得者からの消滅の申入れ

　居住建物の所有権を相続（特定財産承継遺言），遺贈又は死因贈与により取得した者は，いつでも2号配偶者短期居住権の消滅の申入れをすることができる（民1037条3項）。

(4)　存続期間

　特定財産承継遺言又は遺贈若しくは死因贈与により居住建物を取得した者が，配偶者短期居住権の消滅を申し入れた日から6か月が経過する日までは，配偶者は，2号配偶者短期居住権を有する（民1037条1項2号）。

設例2−3 存続期間の下限②

被相続人Aの相続人は，妻W
と子B・Cである。被相続人
Aが死亡したが，遺産分割は
されていないところ，WはA
が所有していた建物に居住を
続けている。Aは，「建物をDに譲る」との遺言を残していた。Dは，Wに
対し建物の明渡しを求めてきた。Wはいつまで建物に居住できるのか。

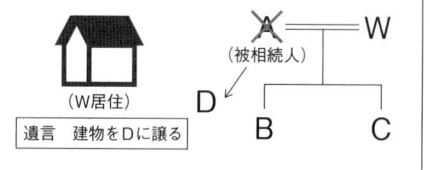

（W居住）

遺言　建物をDに譲る

（被相続人）

D

B

C

W

【解　説】

Wは，Dから配偶者短期居住権の消滅の申入れから6か月が経過するまでに，
建物をDに明け渡さなければならない。

2号配偶者短期居住権は，居住建物の所有権を取得した者が消滅の申入れをし
た時から6か月が経過するまでの間の居住利益を配偶者に認めるもの（最低6か
月間の居住利益）である。

(5) 内容，効力，費用負担等

1号配偶者短期居住権の場合と同様である。

5 実務運用等

配偶者短期居住権の制度は，被相続人の意思に左右されることなく配
偶者が居住建物の無償使用権限を取得できるようになり，遺産分割が早
期に終了しても常に最低6か月間の無償使用期間が法律上保障されるこ
とになって，配偶者が保護される場面が増えることになる。

また，配偶者が居住建物に居住し続けるに当たって負担すべき費用や
負うべき義務の内容が明文化されたことから，遺産分割調停事件の付随
問題として，当該建物使用に際しての費用の精算等が問題となることが
考えられる。

第2 遺産の分割の手続

第3章 分割する財産の選択（一部分割）

◆本章で取り扱う制度と段階的進行モデルとの時間的関係◆

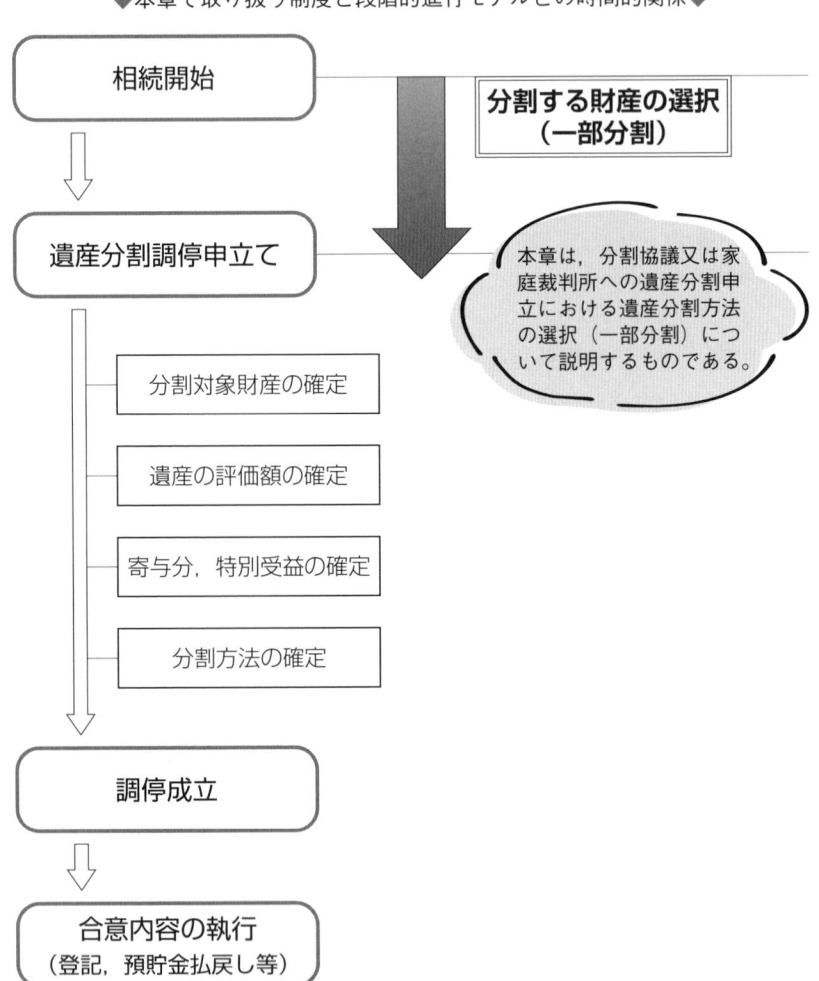

1　意　義

　共同相続人は，遺産についての処分権限があることから，いつでも，遺産の一部を残余の遺産から分離独立させて，確定的に分割の協議をすることができるものと考えられる。そこで，改正法は，907条1項と同2項の文言につき，遺産の「全部又は一部」の文言を入れて，遺産の申立ての段階で一部を分割することもできると改め，一部分割が可能であることを明示した（『概説』68頁）。

　本条に定める「一部分割」は，分割の対象となる残余財産が存在するが，当事者が現時点では残余財産の分割を希望していないこと等を理由としてその一部のみの分割が行われる場合を対象とする。

　すなわち，民法907条は，調停・審判手続の開始（入口）の問題であり，当事者に分割する対象財産についての選択を認めるものである。

> **【参　考】**
> 　家事事件手続法73条2項本文は，「家庭裁判所は，家事審判事件の一部が裁判をするのに熟したときは，その一部について審判をすることができる。」と規定しているが，これは，全部分割の審判が申し立てられたが，家庭裁判所が一部について審判をするのに熟していると判断して一部分割の審判をする場合であり，審判手続の終結（出口）の問題である。そして，残余財産については，審判事件が引き続き係属している。

2　共同相続人間の協議による一部分割

⑴　一部分割の可否

　各共同相続人は，遺産の全部分割のみならず，その一部について協議で分割することができる（民907条1項）。

⑵　一部分割と残余財産の分割との関係

　一部分割をする場合には，分割協議書又は調停調書に一部分割である

こと，一部分割が残余財産の分割に影響があるかないかを明確にすることが重要である。

> **【視 点】**
> 　遺産の一部分割の協議に際しては，残余財産の分配に当たって一部分割により遺産を取得した共同相続人の取得分に影響を及ぼすこととするか否か，影響を及ぼすとした場合の取得分の額や取得分の評価基準時等の内容をどうするか等については，共同相続人間で協議することが重要である。

3 家庭裁判所に対する一部分割の請求

⑴ 遺産分割の範囲

　遺産分割について共同相続人間の協議が調わない場合には，共同相続人が，遺産の全部分割のみならず，その一部のみの分割を家庭裁判所に求めることができる（民907条2項本文）。

　これは，遺産分割の範囲について，一次的に共同相続人の処分権限を認めるものである。

設例3－1　一部分割の申立て

> 　被相続人Aの相続人は，妻W，子B・Cである。Aの遺産のうち，土地，建物，預金，株式は確定しているが，他に投資信託等もある可能性がある。しかし，Wは，当座の生活資金を確保するため，現時点では残余財産の分割を希望せず，預金のみを分割したい。そこで，Wは，遺産分割の対象として預金に限定して遺産分割を申し立てたい。Wの一部分割の申立ては許されるか。
>
>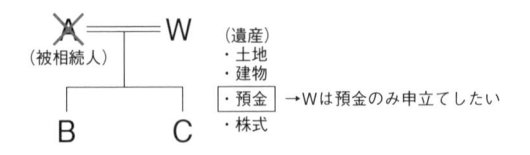

【解　説】

　Wの一部分割の申立ては許される。

　申立人Wは，遺産の一部である預金を残りの遺産（土地等）から分離独立させて，分割の申立てをすることができる。

設例3－2　一部分割申立てを縮小する申出

　遺産分割調停において，申立人は一部分割を請求したが，共同相続人の一人は，協議による全部分割を求め，早急な一部分割を拒否し，また他の共同相続人は，より小さい範囲の遺産の分割を求めている。どのように進行させるべきか。

【解　説】

　申立てに係る一部分割自体の許容性を審査していくことになる。分割をしたくない又はより小さい範囲で分割をしたいという当事者の希望は必ずしも法律上保障されるべき利益とはいえない。共同相続人は，いつでも遺産の分割をすることができるものとされている（民907条1項）からである。

⑵　申立書の記載例等

　遺産分割の調停又は審判において，一部分割の申立てをする場合には，分割を求める遺産の範囲を特定する必要がある。そこで，申立書に添付する遺産目録には，全ての遺産を記載した上で，申立ての趣旨に，遺産の一部の分割を求める旨と，遺産目録記載のどの遺産の分割を求めるのかを特定して記載する。

　また，申立て前に遺産の一部分割が行われている場合には，一部分割の有無とその内容を記載する（家事規則102条1項3号準用，127条）。記載例については，最高裁判所ウェブサイトを参照されたい。

⑶　申立ての趣旨の拡張又は相手方による新たな申立て

　本条が認めている処分権限は，申立人のみならず，申立人以外の共同相続人にも当然認められる。したがって，申立人以外の共同相続人が，遺産の全部分割又は当初の申立てとは異なる範囲の一部分割を求めた場合には，遺産分割の対象は，遺産の全部又は拡張された一部の遺産（当初の申立て部分に加え，追加された申立て部分を含むもの）ということになる（『一問一答』87頁）。

設例3-3　別々の遺産の分割を求める一部分割の申立て

> 相続人Bは遺産のうち甲（不動産）の分割を，相続人Cは遺産乙（預貯金）の分割をそれぞれ求めた場合，どのように進行させるべきか。

【解　説】

　遺産甲と遺産乙は包含関係にないことから，いずれの申立ても適法として，裁判所は，遺産甲及び乙の分割をそれぞれ行うことになる（通常は併合して審理することになると思われる。）（『一問一答』88頁）。

(4)　一部分割の許容性

　遺産の一部分割をすることにより，他の共同相続人の利益を害するおそれがある場合には，一部分割の申立ては認められない（民907条2項ただし書）。

（趣　旨）

　一次的には，一部分割を求めるか否かについて当事者に処分権限を認めつつも，それによって適正な遺産分割が実現できない場合には，家庭裁判所の後見的な役割を優先させ，共同相続人間の公平が図られるように規定された。

　具体的には，特別受益の有無等を検討し，代償金の支払の確保，換価等の分割方法をも検討した上で，最終的に適正な分割を達成し得るという明確な見通しが得られた場合に，一部分割は許容されるものと考えられる。

> #### 【一部分割が許容されるか否かの視点】
> 　一部分割をすることによって，最終的に適正な分割を達成し得るという見込みの有無が基準となる（『概説』70頁参照）。

(5)　審理の在り方

　一部分割をすることにより，共同相続人の一人又は数人の利益を害すると認めるときは，直ちに却下するのではなく，釈明権を行使して，当事者に申立ての趣旨を拡張するか否かを確認することになろう（『概説』

72頁参照）。

(6)　**調停条項例**

　一部分割が成立する場合における調停条項の記載例として，以下のものが考えられる。

①　一部分割の効力が残余の遺産分割に影響しない場合

　　例えば，被相続人の遺産として，遺産目録記載1ないし3の遺産があり，そのうち記載1と2について分割の合意が成立した場合は，分割に関する調停条項の次に，次のような条項を追加記載することが考えられる。

> ┄┄ **調停条項例** ┄┄┄┄┄┄┄┄┄┄┄┄┄┄┄┄┄┄┄┄┄┄
>
> 　「当事者双方は，別紙遺産目録記載3の遺産について，上記の分割とは別個独立にその相続分に従って分割することとし，上記遺産の一部分割がその余の遺産分割に影響を及ぼさないことを確認する。」

②　一部分割の効力が残余の遺産分割に影響する場合

　　例えば，前記と同様，被相続人の遺産として，遺産目録記載1ないし3の遺産があり，そのうち記載1と2について分割の合意が成立した場合は，分割に関する調停条項の次に，それぞれの取得額を明示して次のような条項を追加記載することが考えられる（計算方法として民法903条の特別受益のように扱う考え方）。

> ┄┄ **調停条項例** ┄┄┄┄┄┄┄┄┄┄┄┄┄┄┄┄┄┄┄┄┄┄
>
> 　「第〇項　当事者双方は，前項により，申立人につき〇万円，相手方につき〇万円を取得したことを確認する。
>
> 　第〇項　当事者双方は，別紙遺産目録記載3の遺産分割について，次のとおり分割協議することを確認する。
>
> 　(1)　残余の遺産分割においては，別紙遺産目録記載1及び2の遺産を含めて，遺産の総額を評価する。
>
> 　(2)　その総額に各共同相続人の法定相続分を乗じて算定された具体的相続分（特別受益・寄与分による修正を含む。）か

　　　ら前項により取得した遺産額を控除して共同相続人の残余
　の遺産に対する具体的相続分率を算出する。」

(7)　審判主文例

　一部分割を認容する場合の主文例は，以下のものが考えられる。

主　文

　「被相続人の遺産のうち，別紙遺産目録記載1の土地及び同目録記載2の建物を次のとおり分割する。
　申立人は，別紙遺産目録記載1の土地及び同記載2の建物を取得する。」

【留意点】

　遺産の一部を分割することにより他の共同相続人の利益を害するおそれがある場合には，遺産の一部の分割をすることはできないことから（民907条2項ただし書），家庭裁判所としては，利益を害するおそれがあるか否かを審理した上で判断する必要があるため，遺産目録には，一部分割の対象となった遺産のみではなく，被相続人の全ての遺産を記載する必要がある。

　また，一部分割の効力を残余の遺産の分割に影響させることを前提とした審判か否かを明らかにするため，理由中に判断を記載する必要がある。

【一部分割の申立てと全部分割の申立てが重複した場合における判断対象】

　一部分割の申立てと全部分割の申立てが重複した場合，遺産の全部が審判の対象となるから，その場合の審判主文は，全部分割と同様となる。この場合，一部分割の申立てを却下する旨の主文は不要であろう。

⑻　調停に代わる審判

　実務においては，一部の相手方が答弁書を提出しない場合や，家庭裁判所調査官による意向調査にも応じない場合においては，その意向が明らかにならない事案もある。このような場合，一部分割に明確に反対する当事者が存在せず，かつ，一部分割の許容性にも問題がない場合には，一部分割の調停に代わる審判（家事法284条）をすることができると解される。

　なお，実務においては，相手方から異議が出されることが予想される場合には，調停に代わる審判をしないのが一般的である。

第4章　遺産の分割前に遺産に属する財産を処分した場合の遺産の範囲

◆本章で取り扱う制度と段階的進行モデルとの時間的関係◆

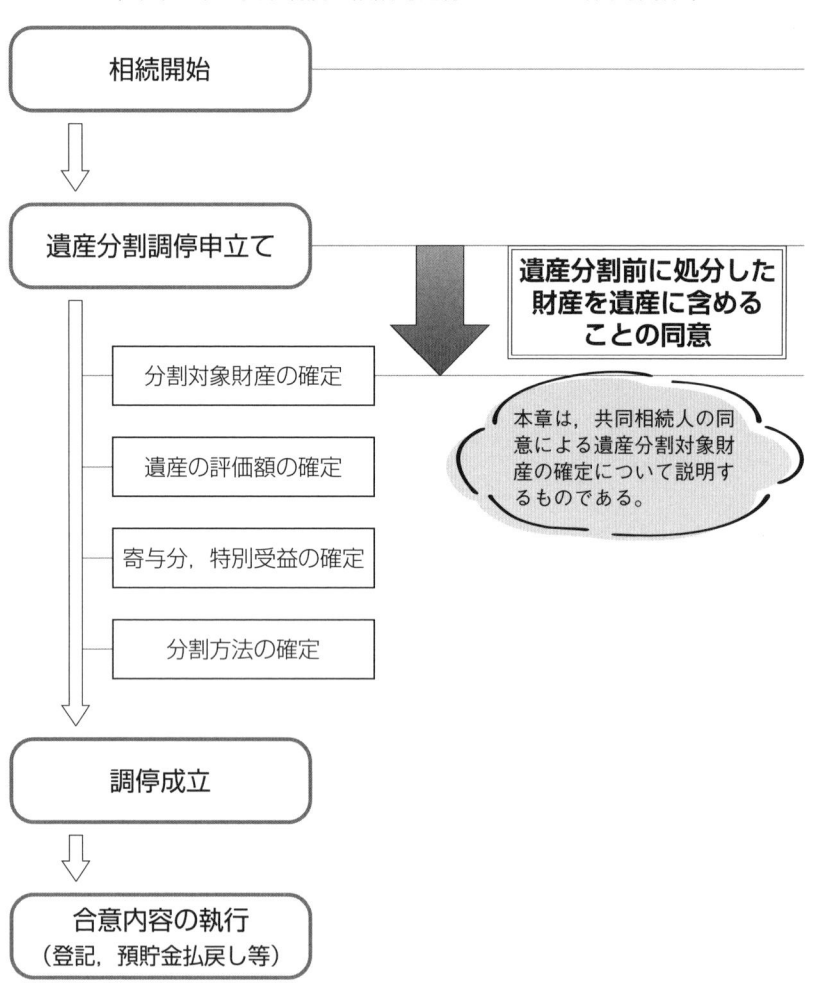

1　立法趣旨

⑴　改正に至る経緯

①　改正前民法下における実務運用

　　改正前民法下では，共同相続人が遺産分割前にその共有持分を処分した場合，どのような処理をすべきかについて，明文の規定はなく，また，これに言及した判例もなかった。

　　かかるところ，実務においては，遺産分割は遺産分割の時に存在する財産を共同相続人で分配する手続であるという考え方に従い，共同相続人の一人が遺産分割の前に遺産の一部を処分した場合には，原則として，その時点で実際に存在する財産を基準に遺産分割を行い，当該処分によって当該共同相続人が得た利益は遺産分割においては特段考慮しないという取扱いをしていた。

　　他方で，判例及び実務においては，遺産分割時には存在しない財産であっても，共同相続人の全員がこれを遺産分割の対象に含める旨の合意をした場合には，例外的にこれを遺産分割の対象とする取扱いをしていた。

②　問題点

　　前記取扱いは，共同相続人の全員がこれを遺産分割の対象に含める旨の合意をした場合であるから，合意がない場合には，原則に戻り，遺産分割の対象とすることはできないことになる。そうすると，当該処分をした者の最終的な取得額が，当該処分をしなかった場合と比べると大きくなり，その反面，他の共同相続人の遺産分割における取得額が小さくなるという計算上の不公平が生じ得るという問題が生ずる。

⑵　内　容

　　改正法は，遺産分割前に遺産に属する特定の財産を共同相続人の一人が処分した場合に，処分をしなかった場合と比べて利得をすることがないようにするため，遺産分割においてこれを調整することを容易にする規定を設けた（民906条の2）。

※ なお，本章は，相続開始後，遺産分割の前に財産を処分した場合の規定について説明する。相続開始の前に財産を処分した場合（いわゆる使途不明金の問題）等の解決方法は，『第3版 遺産分割』62頁以下を参照されたい。

2 遺産分割対象への組入れ

(1) **共同相続人全員の同意によって遺産分割の対象財産とすることを認める規定**（民906条の2第1項）

① 内 容

民法906条の2第1項は，遺産分割前に処分された財産についても共同相続人全員の同意によって遺産分割の対象財産にすることを認めることとし，従来の判例や実務によって承認されてきた考え方を明文化した。

② 「財産処分」の類型

改正法における「処分」とは，預貯金の払戻しのように遺産に含まれる財産を法律上消滅させる行為のほか，相続開始により遺産共有となった不動産等に係る共有持分を第三者に対して譲渡する行為，遺産に含まれる動産等を現実に毀損・滅失される行為などが含まれる（『一問一答』98頁，『概説』76，77頁）。

③ 「財産処分」の射程範囲

ア 第三者による処分

改正法の規定は，遺産分割前に遺産に属する財産を処分したのが相続人以外の第三者である場合にも適用がある（民906条の2第1項）。

（理 由）

㋐ 第三者が遺産を処分した場合であっても，第三者に対する損害賠償請求権や処分された財産に関する保険金請求権を遺産分割の対象とするために，共同相続人全員の同意により処分された財産を遺産分割の対象とするということも考えられるからで

ある。

(イ)　実務上も，いわゆる代償財産（遺産が売却された場合における
売買代金等）についても，共同相続人全員の合意により遺産分
割の対象とするという取扱いがされていること等を踏まえると，
当該処分された財産が遺産として存在するものとみなすことが
できる（『一問一答』98頁，『概説』77，78頁参照）。

> **【注意点】**
> 　遺産分割時に遺産として存在しているとみなされるのは，「当該処
> 分された財産」である（民906条の2第1項）。共同相続人の一人が遺
> 産土地に対する自己の共有持分（相続分）を処分した場合，遺産とし
> て存在しているとみなされるのは，処分された持分であり，売買代金
> ではない（潮見・249頁参照）。

　イ　共有持分の差押え

　　　改正法の規定は，共同相続人の一人の債権者が，遺産共有と
なっている不動産の共有持分を差し押さえた場合にも適用がある
（民906条の2）。

> **【共有持分が差し押さえられた場合における実務上の処理】**
> 　差押えの処分禁止効は，相対的な効力を有するにすぎないと解され
> ており，また，所有権移転の効果は，売却許可決定確定後代金納付時
> に生ずる（民執79条）。したがって，共有持分について差押えがあっ
> たとしても，遺産から逸出しておらず，差押えがされた持分も含めて
> 遺産分割をすれば足りる。実務においては，差押えを受けた共同相続
> 人の一人に取得させることが多い。

> **【売却許可決定がされ，代金が納付された場合における処理】**
> 　売却許可決定がされ，代金が納付された場合には，当該差押えを受
> けた共同相続人の一人が，遺産に属する財産を処分したとして，民法
> 906条の2の規定を適用又は類推適用することができるものと考えら

れる（『概説』78，79頁）。

設例4－1　遺産の全部が処分された場合

　民法906条の2の規定は，遺産分割前に遺産に属する財産が全て処分さ
た場合にも適用されるのか。

【解　説】
　適用されない。
　遺産分割前に遺産に属する財産が全て処分され，遺産分割の対象となる財産が
存在しない場合には，そもそも遺産分割を行うことができないからである。
　同条は，遺産分割前に遺産に属する財産が処分された場合には，当該処分され
た財産についてはもはや遺産ではないことを前提として，処分をした者以外の共
同相続人全員の同意を条件として，遺産分割時に当該処分された財産を遺産とし
て存在するものとみなすことができるとするものである。同条は，遺産分割をす
ることができる場合を前提として，処分された財産を遺産とみなすことができる
とする規定である（『一問一答』97頁）。

(2)　処分を行った共同相続人の同意がなくとも，他の共同相続人の同意により遺産分割の対象財産とする規定（民906条の2第2項）

①　内　容

　　一部の共同相続人が遺産分割前に当該処分をした場合（処分要件）
には，当該処分をした共同相続人の同意を得ることを要しないもの
とし，当該処分を行ったのが当該共同相続人である場合には，遺産
分割時に当該処分をした財産を遺産に含めることについて他の共同
相続人の同意さえあれば（同意要件），これを遺産分割の対象として
含めることができるものと規定した（『一問一答』94頁参照）。

②　規定の内容

　　改正法は，処分者が認定できる場合（処分要件を満たしている場合）
を前提としている（民906条の2第2項）。したがって，処分をした者
が誰であるかについて争いがある場合には，別に検討が必要となる
（後記3⑵及び8を参照されたい。）。

③　射程範囲

　　第三者が遺産に属する財産を処分した場合には，民法906条の2第2項の規定は，適用されない。

> 【理　由】
> 　民法906条の2第2項の規定は，遺産に属する財産を処分した共同相続人が民法906条の2第1項の同意をしないことにより，処分をしなかった場合と比べて利得をするという不公平を是正することを目的としており，当該処分をした者が共同相続人以外の第三者である場合には，当該処分により共同相続人の誰かが利得をするという関係にはないからである（『一問一答』98頁）。

3　処分者の認定

　改正法の規定は，財産の処分者が明らかである場合に適用されることから（民906条の2），処分者の認定が重要な要素となる。そこで，預貯金の払戻しがなされたという事例に基づき，処分者の認定方法について検討する。

⑴　相続人の一人（又は数人）が預貯金の払戻し（処分）を認めた場合

①　従前の実務

　　相続人の一人（又は数人）が，被相続人の生前又は死後において預貯金を払い戻したこと（処分）を認めた場合には，従前の実務においては，預貯金の払戻しをした相続人を含めた相続人全員の合意に基づき，次のような処理をすることで相続人間における計算上の不公平を是正していた。

　ア　払戻しをした共同相続人が預貯金を既に取得したものとして，具体的相続分，現実的取得分額を計算する方法

　イ　払戻しをした共同相続人が（払い戻した預貯金である）一定額の現金を保管しているものとして，これを遺産分割の対象とする方法

　ウ　生前に払い戻した預貯金が被相続人からの贈与と認められると

して，払戻しをした共同相続人に同額の特別受益があるとの前提で具体的相続分を計算する方法

【実　務】

　預貯金の一部保管とみなす方法（前記イ）及び特別受益とみなす方法（前記ウ）によることが多い。なお，特別受益とみなす方法（前記ウ）は，払戻しをした共同相続人が具体的相続分を超過する利益を受けている場合には精算できないという不都合があると指摘されていた。

---

② 改正法

　共同相続人全員の同意があるから，民法906条の2第1項に基づき，被相続人の死後に払い戻された被相続人の預貯金を遺産の範囲に含めることができる。したがって，相続人間における計算上の不公平は，預貯金の一部保管とみなす方法（前記イ）等で是正できる。

(2) **預貯金の払戻しをした者が誰かについて争いがある場合**

① 払戻しをした相続人の認定が容易な場合

　実務においては，家庭裁判所は，払戻しをした相続人の認定が容易な場合には，遺産分割調停・審判の中で遺産に含める旨の認定判断をすることがある。すなわち，家庭裁判所において，遺産分割の前提問題ではあるが，相続人として払戻しをした者について事実認定をし，民法906条の2第2項の適用の可否を判断した上で，調停において調整したり，遺産分割の審判をすることは可能である。

【払戻しをした相続人を認定できる場合の処理】

　払戻しをした相続人を認定できる場合においては，民法906条の2第2項により，相続人として払戻しをした者が死後に払い戻された預貯金を遺産の範囲に含めることに同意しなくとも，他の共同相続人の全員がこれを遺産に含めることに「同意」した場合には遺産に含まれることになる。

設例4-2　財産の処分者の認定が容易な場合

　相続開始後に共同相続人によって預貯金を含む遺産が処分されたか否かが問題となる場合において，処分者の認定が容易な場合とはどのような事実が認められる場合か。

【解　説】

　預貯金の払戻しが窓口で行われた場合において，払戻しの手続を行った際の書類から，筆跡等により，誰が払い戻したかが認定できる場合がある。また，キャッシュカードを用いて自動預払機から預貯金を払い戻した場合には，カードの保管状況等により，誰が払い戻したかが容易に推認できることがある。

　このように処分者の認定が容易な場合には，調停委員会としては，裁判における判断の見通し等を踏まえ，払戻しをしたと認定された相続人に対して遺産に含めることに理解を求めることになる。

　他方で，払戻しをしたと認定された相続人の理解が得られない場合には，当事者において，後に認定判断が覆るというリスクがあることを引き受けた上で遺産分割審判の中で遺産に含める旨の認定判断をすることになる。

　②　処分者の認定が困難な場合等

　　遺産分割前の財産処分に関する問題は，いわゆる「段階的進行モデル」における付随問題とされるため，家庭裁判所の遺産分割手続内での解決が困難な場合がある（詳細については，後記8を参照されたい。）。

4　自己使用の認定

(1)　**被相続人又は相続人全員の利益のために使用したと認定できる場合**

　払い戻した預貯金の使途が判明したことから，払い戻した預貯金は遺産の範囲に入ることはなく，遺産分割の対象財産から外れる。

(2)　**自己のために使用したことを認める場合**

　払戻しをした当事者において，払い戻した預貯金を自己のために使用したことを認める場合においては，払戻しをした当事者が「（払い戻した預貯金である）一定額の現金を保管」しているものとして，又は「払い

戻された預貯金」として，遺産分割の対象になる。

(3) **自己のために使用したことを否認し，自己の取得分とすることを認めない意向を示す場合**

① 調停運営

調停委員会は，自己の取得分とすることを認めない意向を示す当事者に対し，その理由を説明してもらう必要がある。この場合，死後に払い戻した預貯金を，相続債務，公租公課，遺産管理費，葬儀費用など，相続人全員の利益のために使用したとの理由が挙げられることが多い。

払戻しをした当事者が前記のような主張をした場合には，その主張に係る使用の事実や使用に至る経緯，遺産から支出することの相当性等について，裏付け資料の提出を求めることになる。

設例4-3　**処分した財産の使用目的が明らかでない場合の調停運営**

被相続人Aの相続人は，子B・C・Dの3名である。相続人Bは，遺産分割手続において，被相続人の死後に被相続人名義の預貯金の払戻しを受けたことを認めたが，払戻金の使途について説明を求めたものの，被相続人のための支出であると主張し，証拠として住居費，公租公課，医療費，介護費，葬儀費用，遺産管理費等の一部につき領収書のみを提出するが，他の客観的な裏付け資料を提出しない。調停委員会は，手続をどのように進めていくべきか。

【解　説】

調停委員会は，領収書にある品目，金額，被相続人の生活及び身体状況，払戻しをした相続人と被相続人との関係等の事情を勘案して，被相続人のための支出と認められるものかを検討し，調整していくことになろう。その際，支出の内容とその額が，被相続人の生活及び身体状況，遺産の現況等から推認できる範囲内にあるか否かを検討することが重要である。

領収書の明細を検討すると，支出の中には必要性，相当性に疑問が残る事案もある。

② **自己のために使用したことの認定が容易な場合**

当事者の主張と反論，証拠関係等に基づき，共同相続人の一人が

自己のために使用したと認定することができる場合においては，払い戻された預貯金は，民法906条の２第２項に基づき，他の共同相続人の同意があれば，払い戻した相続人の同意がなくとも遺産分割の対象となる。

③　認定が困難な場合

処分された財産の使用目的に関する問題も，処分者の認定と同様，「段階的進行モデル」における付随問題とされるため，その認定においては家庭裁判所の遺産分割手続での解決が困難な場合がある（詳細については，後記９を参照されたい。）。

5　共同相続人の同意

⑴　共同相続人全員による同意（民906条の２）の対象

共同相続人全員による同意の対象は，処分財産が遺産分割時に遺産として存在しているものとみなすことであり，預貯金が誰によって処分されたかは同意の対象ではない（潮見・248頁）。

設例4－4　処分者に争いがある場合における同意

被相続人Aの相続人は，子B・Cである。Aの死亡時には1000万円の預金があったが，相続開始後に600万円が引き出されていた。Cは，Bが600万円を引き出したと主張し，民法906条の２の規定によりBが処分した財産を遺産とみなすべきであると主張する。他方，Bにおいては，自分は引き出し行為をしていないと否認し，Cが引き出したと主張している。

本件において，引き出された600万円が遺産分割時に遺産として存在するものとみなすことについて，BとCの同意があると認めることができるか。

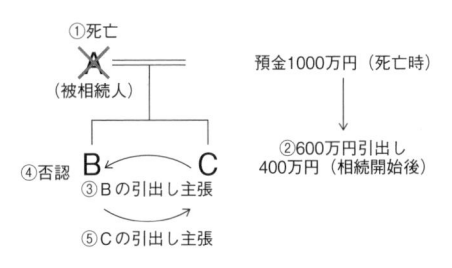

【解　説】

　BとCの双方は，いずれも他方が引き出したと主張している以上，引き出された600万円を遺産に組み入れることの同意がないとみるべきであろう。

　設例において，誰が処分したのかについては争いがあるものの，B・Cにおいては，遺産分割時に遺産として存在するものとみなすことについて同意がある場合には，家庭裁判所はBが処分したものと判断して，民法906条の2により引き出された600万円を遺産分割の対象とみなすことができるとする考え方がある（潮見・248頁参照）。

　確かに，B・Cの同意があれば，民法906条の2第1項の同意要件に欠けることはない。

　しかし，BとCは，双方がどちらも他方が引き出したと主張し，激しく争っているのであるから，当事者の真意として600万円を遺産に組み入れることについての同意があるとはいえないと思われる。

　そうすると，この場合，遺産分割時に遺産として存在するものとみなすことに一方が同意しないものと判断するのが相当であり，他方は遺産確認訴訟を提起することになろう（「部会資料」24-3・4頁）。

⑵　効　果

　遺産分割時に遺産として存在しているものとみなされた処分財産は，遺産分割手続の中で，具体的相続分（率）に即した遺産全体の共同相続人間での分割をする際に考慮されることになる。

⑶　撤回・取消し

　共同相続人全員の合意が成立した時点で，処分財産を遺産としてみなすという実体法上の効果が生じる。したがって，一度生じた実体法上の効果を共同相続人の一部の意思のみによって覆すのは相当ではないから，同意は撤回できない。

　しかし，同意は，各共同相続人の意思表示によってなされるものであるから，民法総則に定める無効・取消しに関する規定は適用される。

⑷　遺産分割調停・審判での同意の確認方法

①　期日での確認

　　本条は，処分財産を遺産分割対象に組み入れるものであるから同意の事実を調書に残すことが重要である。

〈払い戻された預貯金を遺産に含めることに同意した場合の調書の記載例〉

　払い戻された預貯金の表記の方法として，次のようなものが考えられる。

「申立人○○，相手方○○

　下記記載の預貯金を本件遺産分割調停の対象財産とすることに同意する。

記

払い戻された預金　○○○万円（相続人A払戻し）」

---

② 書面による確認

　出頭当事者に対して，書面により本案の同意をするか否かを確認することが考えられる。

(5) **同意に係る各類型に基づく検討**

① **相続人全員が遺産の範囲に含めることに同意した場合**

　払戻しをした当事者が「（払い戻した預貯金である）一定額の現金を保管」しているものとして，又は「払い戻された預貯金」として，遺産分割の対象になる（民906条の2第1項参照）。

② **一部の相続人が遺産の範囲に含めることに同意しない場合**

　処分者及び一部の相続人が使途（額や支出の相当性）を理解したが，その他の相続人が理解を示さない場合，一部の相続人は，払い戻された預貯金を遺産分割の対象とする必要はないと考えているから，「相続人全員の同意」（民906条の2第1項）がない。したがって，払い戻された預貯金は，遺産分割の対象にならない。

③ **処分者以外の他の共同相続人が遺産の範囲に含めることに同意した場合**

　処分者以外の他の共同相続人が，使途又は額が不明である，又は使途及び額が判明しても遺産から支出することの相当性に疑義があるなどの理由に基づき，払い戻された預貯金を遺産分割の対象とす

るべきであると主張する場合，処分者以外の他の共同相続人が遺産の範囲に含めることに同意している以上，処分者が同意しなくとも，民法906条の2第2項に基づき，払い戻された預貯金は，遺産分割の対象になる。

④　処分者及び他の相続人の全員が遺産の範囲に含めることに同意しない場合

　払い戻された預貯金は遺産分割の対象にはならない。付随問題としての使途不明金の問題となる。

6　遺産とみなされる財産の評価

(1)　預貯金

遺産に含めることとされた財産が預貯金であれば，払い戻された預貯金の額をみなし相続財産の算定の基礎とし，同額を分割時に取得する価額として計算すれば足りるから，その評価が問題となることはないと思われる。

(2)　不動産の共有持分，株式等

みなし相続財産の算定の基礎とする価額及び分割時に取得する価額については，いずれも，不動産の共有持分や株式等の処分時の価額とするのが相当と解される。

（理　由）

①　同規定が遺産の分割時に遺産として存在するものとみなすことができるとしたのは，遺産分割において計算上生ずる不公平を調整することを容易にするためであり，分割時におけるその存在はあくまで法的擬制にすぎないこと

②　調整方法としても，処分された財産をその処分をした相続人に取得させることを前提に計算することが想定されていること

③　処分後の価額変動は処分をした相続人の利益又は負担とし，処分をした相続人が当該処分時にその財産の価額相当額を取得したものとして計算するのが相続人間の公平にかなうと考えられること

④　実務上，共同相続人全員の合意によりいわゆる代償財産を遺産分割の対象とするという取扱いがされているが，この場合，代償財産（不動産や株式の売却代金等）の額をみなし相続財産の算定の基礎としていること

> 【参　考】
> 　遺産に含めることとされた財産が不動産の共有持分や株式等の場合は，これらの財産が遺産の分割時に遺産として存在するとみなされることから，その相続開始時の価額をみなし相続財産の算定の基礎とし，その分割時の価額を分割時に取得する価額として計算するという考え方もある。

⑶　合意した評価額

　処分時の評価額を分割時や相続開始時の評価額と同一の評価額とする旨の合意ができれば，分割時や相続開始時の評価額を前提に手続を進めることは可能である。

7　遺産とみなされる財産の分割方法

　遺産に含めることとされた財産の分割方法については，民法906条の2の規定の処分がされたことにより計算上の不公平が生じないよう，遺産分割において調整を図ることを容易にするという同規定の趣旨に照らし，同規定による処分をした相続人に処分した財産（預貯金，不動産の共有持分，株式等）を取得させる方法をとるのが相当と解される。

8　処分者の認定が難しい場合　　　※　前記3⑵②関係

⑴　共同相続人間で遺産に属する財産の処分者について争いがある場合の実務

　①　家庭裁判所による事実認定

　　遺産分割前に遺産に属する財産が処分されたが，共同相続人間で，

誰がその処分をしたのかについて争いが生じる場合でも，遺産分割事件を取り扱う家庭裁判所において，遺産分割の前提問題としてその処分者について事実認定をした上で，遺産分割の審判をすることは可能である（最大決昭和41年3月2日民集20巻3号360頁参照）。

② 既判力の問題

　家庭裁判所が遺産分割の審判の中でした事実認定については，既判力等の拘束力が生じないため，後にその事実認定が既判力のある確定判決等に抵触することとなった場合には，遺産分割の審判の全部又は一部の効力が否定されるおそれがある。

③ 遺産の確認訴訟の提起

　遺産分割の当事者としては，このような事態が生じないようにするため，遺産分割の前提問題として，当該処分された財産が改正後の民法906条の2の規定により遺産に含まれることの確認を求める民事訴訟を提起することができるものと考えられる（最一小判昭和61年3月13日民集40巻2号389頁参照）。

設例4－5　財産処分者の認定が難しい場合における調停運営

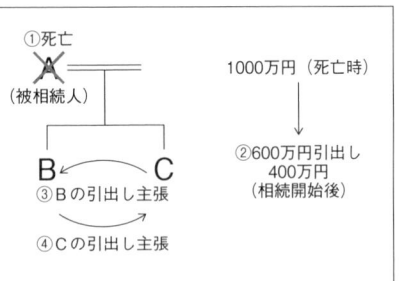

　被相続人Aの相続人は，子B・Cである。Aの死亡時には1000万円の預金があったが，相続開始後に600万円が引き出されていた。

　Cは，Bが600万円を引き出したと主張し，民法906条の2の規定によりBが処分した財産を遺産とみなすべきであると主張する。

　他方，Bにおいては，自分は引き出し行為をしていないと否認し，Cが引き出したと主張してBとCは激しく対立している。

　調停をどのように進行させるべきか。

【解　説】

処分者について事実認定をすることができるか否かがポイントとなる。

家庭裁判所が遺産分割の前提問題として処分者について事実認定をすることが

できる場合であれば，遺産分割の調停において心証を開示して調整を図ったり，審判をすること（なお，審判に対する抗告も考えられる。）も可能である。しかし，家庭裁判所が遺産分割の審判の中でした事実認定については，既判力等の拘束力が生じないため，600万円が遺産であることを既判力をもって確定させる必要がある。

　設例のように預金を引き出したのがBなのか，Cなのかについて争いが激しい場合や認定が難しい場合には，Cは，処分された財産（600万円）が遺産に含まれることの確認を求める訴えを提起することになる。

【参　考】遺産確認訴訟における要件事実

　Cは，遺産確認訴訟における要件事実として次の３つの事実を主張・立証することが必要である。

① 　引き出された600万円が相続開始時に被相続人の遺産に属していたこと

② 　Bが相続開始後に600万円を処分したこと（処分要件）

③ 　Cが600万円を遺産分割時に遺産として存在するものとみなす旨同意したこと（同意要件）

　遺産確認の訴えの審理においては，②の事実（処分要件）が認められるかどうかが争点となるが，請求認容判決の場合，「600万円が被相続人Aの遺産に属することを確認する。」旨の主文が得られ，理由において，Bが600万円を引き出したことが認められる旨の判断が示されることから，その後の遺産分割手続では，認定された事実を前提に審理することになる。

---

(2)　処分者の認定が難しい場合における解決方法

①　紛争の実情

　　実務においては，調停・審判の段階における資料では相続人として払戻しをした事実の認定が難しい事案，また，払戻しの額が遺産の重要部分を占めており，当事者が処分者の認定に確執している事案，さらに，預貯金の払戻しをめぐり当事者間の感情的な対立が激しい事案がある。

　　このような事案につき，当事者においても遺産の範囲に関する前提問題の争いが解消されない状況で遺産分割手続を進めるのは難しいと理解し，民事訴訟において事の真偽を明確にしたいと主張することが多い。

設例4−6 処分者の認定が難しい場合における解決方法①

死後に払い戻された預貯金が争点となる事案につき，遺産分割審判による解決方法と民事訴訟（遺産確認訴訟）による解決方法には，どのようなメリット・デメリットがあるか。

【解　説】
1　遺産分割審判による解決は，遺産分割審判の中で遺産に含める旨の認定判断をすることになるから，早期解決につながるというメリットがある。
　　他方，家庭裁判所が遺産分割の審判の中でした事実認定については，既判力等の拘束力が生じないため，後にその事実認定が既判力のある確定判決等に抵触することとなった場合には，遺産分割の審判の全部又は一部の効力が否定されるおそれがあるというデメリットがある。
2　民事訴訟を先行させるメリットは，
　(1)　死後に払い戻された預貯金が民法906条の2第2項の規定により遺産に含まれることの確認を求める民事訴訟（遺産確認訴訟）で先行解決を図ることで，主文において預貯金が遺産の範囲に含まれることが確定できること
　(2)　処分者についても判決理由中の判断において確定できること
　(3)　先行提起した民事訴訟の結果，払い戻された預貯金が遺産に含まれることが確定すれば，これを前提に，必要に応じて再度遺産分割の申立てをし，その分割をすること
にある。他方，時間と費用がかかるというデメリットがある。

②　死後に払い戻された預貯金についての解決方法

遺産分割審判，遺産確認訴訟，不法行為に基づく損害賠償請求・不当利得返還請求訴訟の各方法がある。どの方法によるかは，メリットとデメリットを考慮して，当事者の選択に委ねることになる。

設例4－7　処分者の認定が難しい場合における解決方法②

被相続人Aの相続人は，子B・C・Dの3名である。相続人Cは，遺産分割手続において，Bが被相続人の死後に被相続人名義の預貯金の払戻しを受けたと主張しているが，Bは否認している。調停委員会は，死後に払い戻された預貯金の分割を求めるCに対し，今後の手続につき，どのように説明するべきか。

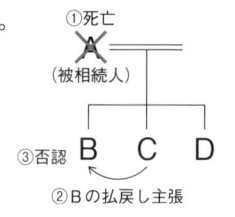

①死亡
Ａ
（被相続人）
③否認　B　C　D
②Bの払戻し主張

【解　説】

調停委員会は，死後に払い戻された預貯金の分割を求めるCに対し，解決方法として，次のような方法があることを説明し，そのいずれを選択するかを検討してもらうことになる。

1　死後に払い戻された預貯金が民法906条の2第2項の規定により遺産に含まれることの確認を求める民事訴訟（遺産確認訴訟）で先行解決を図る方法
　　遺産確認訴訟を選択した場合においては，
　⑴　遺産分割手続はいったん申立てを取り下げて，遺産確認訴訟の終了後に遺産全部についてまとめて分割を行うか，
　⑵　死後に払い戻された預貯金については遺産確認訴訟によるが，それ以外の残余財産については遺産分割手続を進めるか（一部分割となる。），
　　いずれかの方法を検討することになる。

2　遺産分割審判により，遺産の範囲に含まれることの判断を求める方法
　　払い戻された預貯金が遺産であることを既判力をもって確定しないというリスクを引き受けるかを確認する必要がある。

3　不法行為に基づく損害賠償又は不当利得の返還を求める方法
　　他の共同相続人は，払戻しをした相続人に対し，死後に払い戻された預貯金について自己の準共有持分を侵害されたものとして，不法行為に基づく損害賠償又は不当利得の返還を求めることができる（齋藤毅「時の判例」ジュリスト1503号76頁参照）ことを説明する必要がある。

③　払い戻された預貯金以外の残余財産の解決方法

遺産分割手続により一部分割を行うことで早期処理を図るか，それとも民事訴訟の決着を待って全遺産を一括して遺産分割手続を進めるかを検討することになる。

> **【調停進行に当たっての留意点】**
>
> 　調停委員会は，死後に払い戻された預貯金について，その相続人が相続人として払戻しをしたことを示す資料の有無・内容等を検討し，処分者についての認定ができるか評議した上で，当事者に心証を開示し，当事者がそれでも争う場合には，遺産分割審判で判断を求めるか，終局的な解決に直結する民事訴訟（遺産確認訴訟，不法行為に基づく損害賠償請求又は不当利得の返還請求）を提起するのかについての選択を委ねるのが相当である。

9　自己使用について争いがある場合　　※　前記4(3)③関係

(1)　問題点

　払戻しをした相続人が死後に払い戻したことを認めたが，その払戻しは被相続人の生前における同人との委任契約又は準委任契約に基づくものであり，払戻金は相続債務，遺産管理費用，葬儀費用等に充てたと主張する場合において，その払戻しは，民法906条の2第2項の「処分」に当たるか。

(2)　結　論

　払戻しをした相続人が被相続人との委任契約又は準委任契約に基づいて死後にその払戻しをしたと主張する場合においては，その払戻しは，民法906条の2第2項の「共同相続人の一人又は数人により同項の財産が処分されたとき」に当たらないと考えられる。

(理　由)

　委任者の死亡は委任の終了事由とされているが（民653条1号），同号の規定は任意規定であり，当事者間の合意によって委任者の死後の事務を含めた法律行為等の委任を行うことは可能であると解されている（最三小判平成4年9月22日判タ831号38頁参照）。

　そうすると，被相続人との委任契約又は準委任契約の有無・内容が争点となり，払戻しをした相続人以外の相続人全員が，その委任契約又は

準委任契約の有無・内容を争うのであれば，払い戻された預貯金は，その契約の有無・内容次第で遺産に含まれるか否かが決まるため，遺産の範囲に関する前提問題に争いがある状況となる。

(3)　解決方法

家庭裁判所が，委任契約等が不存在ないしは無効であると判断でき，自己使用の事実が容易に認定できる場合には，自己のために使用したものとして，調停や審判において遺産に含める旨の認定判断をして進行することができる。

しかし，自己使用の事実の認定が難しい場合は，別途，民事訴訟（不当利得返還請求訴訟等）を提起することになろう。

設例4−8　**自己使用の事実の認定が難しい場合における解決方法**

> 被相続人Aの相続人は，子B・C・Dの3名である。相続人Bは，遺産分割手続において，被相続人の死後に被相続人名義の預貯金の払戻しを受けたことを認めた。そこで，払戻金の使途について説明を求めたが，Bは，その支出が被相続人Aとの間における委任契約に基づくものであると主張し，その裏付けとして，食料品，衣料品，介護用品などの一部について領収書を提出するのみで，他の客観的な資料を提出しない。調停委員会が検討しなくてはいけない事項は何か。

【解　説】

調停委員会は，まず領収書をチェックして，食料品，衣料品，介護用品など支出の内容とその額が，被相続人の生活及び身体状況から推認できる範囲内にあるか否かを検討することが重要である。

親族が被相続人と日常生活を過ごす中で，支出を逐一記録し，証拠を保管することは難しい。しかし，領収書の明細を検討すると，食料品や衣料品等の支出の中には必要性，相当性に疑問が残る事案もある。

領収書にある品目と金額が被相続人の生活及び身体状況，払戻しをした相続人と被相続人との関係等の事情に照らすと被相続人のための支出と認められるかについて疑問が残る事案がある。

【**被相続人のための支出と認めることが難しい場合における解決**】
　払い戻した預貯金を自己の取得分として認めるか否かの意向を明らかにしてもらい，対立が激しい場合には，別途，民事訴訟（不当利得返還請求訴訟等）を提起することで解決を図ることになろう。

第 5 章　遺産分割前における預貯金の仮分割制度

◆本章で取り扱う制度と段階的進行モデルとの時間的関係◆

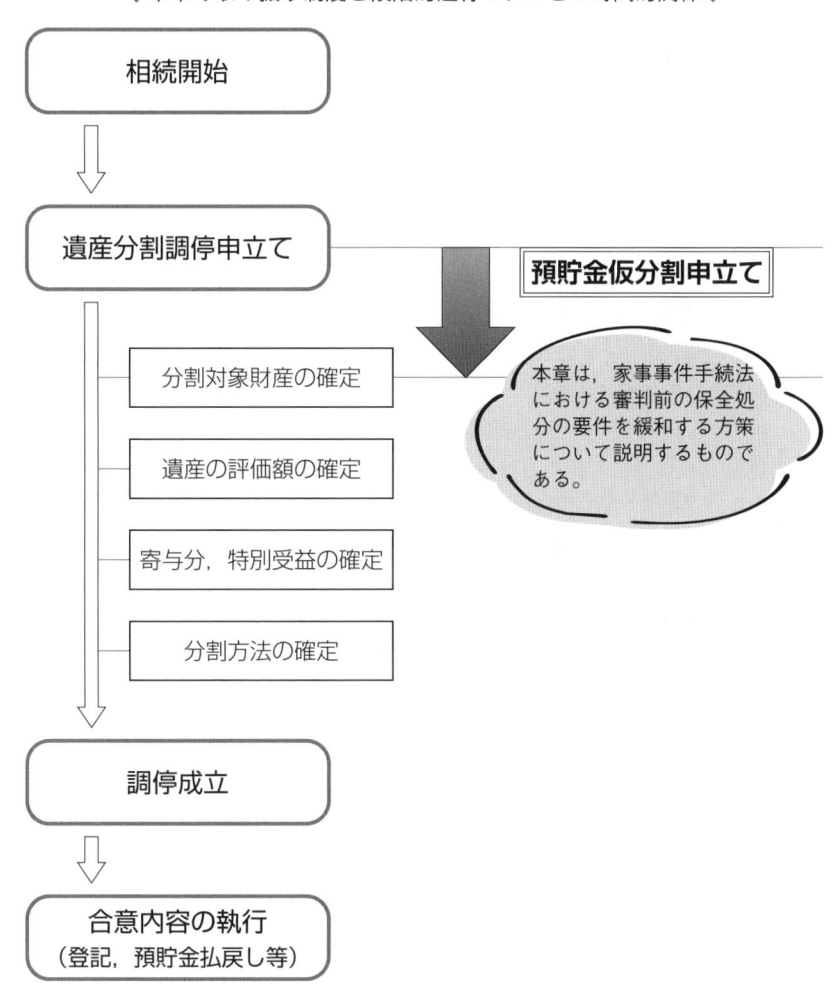

1 意 義

(1) 家事事件手続法の保全処分

改正法は，預貯金の払戻し制度（民909条の2）を設けた。しかし，同制度は，遺産分割前であるにもかかわらず，裁判所の判断を経ずに当然に預貯金の払戻しを認める制度であることから，相続人間の公平な遺産分割の実現を阻害しないようにするため，限度額が定められた。したがって，同制度は，限度額を超える比較的大口の資金需要に対し柔軟に対応することができない。

そこで，このような資金需要がある場合においては，家事事件手続法200条2項の仮分割の仮処分（遺産の分割の審判又は調停事件を本案とする保全処分）を活用することが考えられる。

【仮分割の仮処分の意義】

仮分割の仮処分は，遺産の分割の審判又は調停事件を本案とする保全処分（仮の地位を定める仮処分の一類型として，相続財産中の特定の財産を共同相続人に仮に取得させる仮処分）である。すなわち，家庭裁判所は，遺産の分割の審判又は調停の申立てがあった場合においては，事件の関係人の急迫の危険を防止するため必要があるときは，当該申立てをした者又は相手方の申立てにより，必要な保全処分を命ずることができる（家事法200条2項）。仮分割の仮処分は，平成28年決定の共同補足意見においてもその活用が指摘された。

---

(2) 要件の緩和

仮分割の仮処分（家事法200条2項）は，「急迫の危険を防止するため必要がある」場合を要件としていることから，相続開始後の資金需要に柔軟に対応することは困難である。

そこで，改正法は，家事事件手続法200条3項を設け，同2項の要件を緩和し，「急迫の危険を防止するため必要がある」ことを要せず，相続人において遺産に属する預貯金債権を行使する必要があり，かつ，これにより他の共同相続人の利益を害しないと認められる場合には，預貯

金債権の仮分割の仮処分を認めるものとした（『一問一答』69頁，『概説』52頁）。

2　要　件

(1)　本案※係属要件

　家事事件手続法200条2項の仮処分等と同様，遺産分割の調停又は審判の申立てをした申立人又は相手方（共同相続人の一人又は数人）がすることができることとされている。

　※　仮分割の申立てなどの付随の申立てに対し，遺産分割の調停又は審判の申立てなど基本となる申立てを「本案」という。

(2)　権利行使の必要性

　預貯金債権の仮分割の仮処分は，相続財産に属する債務の弁済，相続人の生活費の支弁など家庭裁判所が遺産に属する預貯金債権を行使する必要があると認める場合に許容される。

　家事事件手続法200条3項では，相続財産に属する債務の弁済，相続人の生活費の支弁といった事情を例示として掲げているが，これに限る趣旨ではなく，必要性の判断については，家庭裁判所の裁量に委ねることとされている（『一問一答』80頁）。

(3)　他の共同相続人の利益を害しないこと

　「他の共同相続人の利益を害するとき」（家事法200条3項ただし書）は，預貯金債権の仮分割の仮処分を認めることができない。

　具体的な審査の内容については，個別具体的な事件を担当する裁判所の判断に委ねられるが，一般に，預貯金債権については，その取得を希望する共同相続人が多いと考えられるから，当該預貯金債権の額に申立人の法定相続分を乗じた額の範囲内に限定するのが相当であると考えられる。

> 【留意点】
>   仮処分の申立てをした者に多額の特別受益がある場合には，他の共
> 同相続人の具体的相続分を侵害することがないよう，さらにその額を
> 限定すべきことになるものと考えられる。

3 類　型

申立ての目的に着目して，次の3類型に整理することができる。

(1) 類型1

扶養を受けていた共同相続人等の生活費や施設入所費等の支払のため
に必要である場合

(2) 類型2

医療費等の被相続人の債務の支払のために必要である場合

(3) 類型3

葬儀費用や相続税等といった相続に伴う費用の支払のために必要であ
る場合

4 仮分割仮処分の効果

(1) 効　果

前記要件を満たす場合には，家庭裁判所は，仮分割の仮処分として，
預貯金債権を申立人に仮に取得させることができる。

(2) 本案の遺産分割に与える影響

仮分割の仮処分がされた場合，原則として，仮分割により申立人に預
貯金の一部が給付されたとしても，本案の遺産分割においてはそれを考
慮すべきではなく，改めて仮分割された預貯金債権を含めて遺産分割の
調停又は審判をすべきものと考えられる（『一問一答』84頁，潮見・173頁）。

(3) 債務者（金融機関）との関係

仮分割により，特定の相続人が預貯金債権を取得し，その債務者（金

融機関）から支払を受けた場合における弁済は，債務者（金融機関）との関係では有効な弁済として扱われる。

5　仮分割仮処分の申立手続

⑴　手続的要件

①　管　轄

本案の審判又は調停事件の係属する家庭裁判所である。本案の審判事件が高等裁判所に係属するときは，その高等裁判所となる（家事法105条）。

②　受付手続

ア　申立権者等

本案の申立人又は相手方である（家事法200条3項）。仮分割の仮処分の手続は，相続人全員が当事者になる必要があり（相続分の譲渡等がある場合を除く。），遺産を仮に取得することを求める者が申立人となり，その余の相続人全員を相手方として申し立てる必要がある。なお，手続は申立てによってのみ開始する。

イ　申立書

申立ての趣旨及び当該保全処分を求める事由を明らかにしなければならない（家事法106条1項）。

申立ての趣旨には，仮分割の仮処分の対象財産及び求める仮処分の態様（仮分割）を明示する。

申立書には，当事者目録（相続人全員を当事者とするもの）及び遺産目録（全ての遺産を記載したもの）の添付も必要である（家事規則1条1項1号，102条1項）。

家事事件手続法200条3項の規定に基づく預貯金債権の仮分割の仮処分の申立書に関する書式は，『実務運用』55-61頁を参考にされたい。

ウ　添付書類

(ｱ)　本案認容の蓋然性，保全処分の必要性等，保全処分を求める

事由を疎明しなければならない（家事法106条2項）。

　㈠　戸籍関係書類，住所関係書類，遺産関係書類（預貯金通帳の写し又は残高証明書，不動産登記事項証明書，固定資産評価証明書等，本案での提出書類の写しで足りる。）

　　なお，遺産関係書類としては，仮に取得させるべき預貯金の範囲を判断するために，預貯金の直近残高を把握する必要があり，原則として直近の残高が記帳された預貯金通帳の写し又は直近の残高証明書の提出が必要である。

　　また，仮分割の仮処分の必要性を判断するために，申立人の収入状況のほか，仮払いを必要とする費目及びその金額を裏付ける資料（請求書，陳述書等）の提出が必要になる（『一問一答』85頁）。

【仮分割の仮処分の類型に応じた添付書類】

　各類型に対応する申立ての添付書類として，次のようなものが考えられる。

1　類型1（生活費や施設入所費等の支払）
・申立人及びその同居家族の収入資料（源泉徴収票，給与明細，確定申告書等）
・申立人及びその同居家族の支出資料（家計収支表等）
・民法909条の2の規定に基づく預貯金債権の単独行使に関する資料・報告書，陳述書等

2　類型2（被相続人の債務の支払）
・申立人及びその同居家族の収入資料（源泉徴収票，給与明細，確定申告書等）
・申立人及びその同居家族の支出資料（家計収支表等）
・被相続人の債務に関する資料
・民法909条の2の規定に基づく預貯金債権の単独行使に関する資料・報告書，陳述書等

3　類型3（相続に伴う費用の支払）
・申立人及びその同居家族の収入資料（源泉徴収票，給与明細，確定申告書等）
・申立人及びその同居家族の支出資料（家計収支表等）

> ・相続に伴う費用に関する資料
> ・民法909条の 2 の規定に基づく預貯金債権の単独行使に関する資料・報告書，陳述書等

　　㋒　手続代理委任状

　エ　申立費用

　　　収入印紙1000円（民訴費 3 条 1 項別表第 1 の16項イ）

⑵　実体的要件

　仮分割の仮処分の実体的要件は，「相続財産に属する債務の弁済，相続人の生活費の支弁その他の事情により遺産に属する預貯金債権……を当該申立てをした者又は相手方が行使する必要があると認めるとき」であり，かつ，「他の共同相続人の利益を害するとき」でないことである。

〈仮分割の仮処分の類型に応じた実体的要件の検討〉

　①　類型 1 （生活費や施設入所費等の支払）

　　ア　被相続人と生計を一つにする未成熟子や独立した収入を持たない配偶者等で，被相続人に扶養されていた場合

　　　　生活費は，被相続人の生前はその財産から支出されていたものであるから，前記預貯金の払戻し制度の利用状況等を踏まえつつ，権利行使の必要性が高いとして，積極方向で検討することになる。

　　イ　被相続人に扶養されていた相続人の介護施設入所費等を支払う必要がある場合

　　　　原則として，生活費の場合に準じて扱うことができると解される。

　　ウ　被相続人と独立して生計を営んでいた相続人がその生活費に充てる必要がある場合

　　　　生活費が本来遺産から支出されるべきものとは言い難い面もあるが，申立人の資産や収入，前記預貯金の払戻し制度の利用状況等によっては，権利行使の必要性が高いとして，積極方向で検討される。

② 類型2（被相続人の債務の支払）

　ア　申立人が相続債務を自己が分割承継した部分のみを支払うことを希望する場合

　　　結局，申立人が自らの生活費等に使用する場合とその本質において違いはないため，申立人の資産や収入，分割承継した相続債務の額の大きさ，前記預貯金の払戻し制度の利用状況等を踏まえ，権利行使の必要性が高いとして，積極方向で検討することもあると考えられる。

　イ　申立人が相続債務を他の相続人が承継した部分も含めて支払うことを希望する場合

　　　他の共同相続人が分割承継した部分で，弁済をすることに法律上の利害関係を有するものは，積極方向で検討することもできる。

【留意点】

　相続債務については，本案である遺産分割手続においては調停の中で共同相続人全員の合意がある場合にのみ扱える財産であるところ，相続債務全体の支払を理由に仮分割の仮処分を安易に認めてしまうと，本案において調整不可能な事項について遺産を一部処理することとなる。

　仮分割の仮処分の申立人としては，本案において，仮処分により払戻しを受けた預貯金を相続債務の支払に充てたとして考慮するよう求めても，他の共同相続人の合意がなければ，何らの調整もできない結果となるから，原則として相当でないと解される（仮分割の仮処分の申立人が本案での調整ができず，民事訴訟を提起しなければならない結果となるリスクを負って相続債務全体の支払のために仮分割の仮処分を求める場合には，前記預貯金の払戻し制度の利用状況等も踏まえ，積極方向で検討することもあろう。）。

③ 類型3（相続に伴う費用の支払）

　　　相続税の支払等は，共同相続人全員の合意がある場合において遺産分割調停限りで扱える問題であり，本来遺産から支出されるべきものとは言い難い面もある。したがって，これらの支払を理由に仮

　　分割の仮処分を安易に認めてしまうと，本案である遺産分割手続に
おいて調整不可能な事項について遺産を一部処理してしまう結果と
なり，原則として相当でない場合があると解される。

6　仮分割仮処分の審理手続

(1)　陳述聴取

　仮の地位を定める仮処分は，原則として，審判を受ける者となるべき
者の陳述を聴かなければ命ずることはできない（家事法107条本文）。

　陳述聴取の方法については限定されておらず，審問期日を開いて陳述
を聴取するほか，照会書等の書面によることも可能である。もっとも，
一部分割調停が活用されている実務からすると，緊急性が特に高い事案
を除いては，審問の期日を指定することが多いと思われる。

(2)　審　問

　審問期日を開いて陳述を聴取する場合は，

　　①　本案事件の期日と同一日時を期日として指定して同時並行で進め
　　　る方法

　　②　本案事件と同一日で時間をずらして期日指定する方法

　　③　本案事件とは独立に期日指定をして手続を進める方法

等が考えられる。

(3)　担　保

　民事保全法の規定が準用される（家事法115条，民事保全法4条）。

(4)　審　判

　　①　取得額

　　　ア　基本的視点

　　　　　保全事件であるという性質上，実際に申立人が取得する額は，
　　　　法定相続分を上限としつつ，遺産総額との兼ね合いも考慮して決
　　　　定すべきであるが，原則として法定相続分による仮分割をせざる
　　　　を得ない。

> 【共同相続人の生活費や施設入所費等の支払が問題となっている場合における取得額の目安】
> 　本案について見込まれる審理期間等を考慮すると，月々の生活に必要な金額の数か月分から1年分が相当と考えられる。

　　イ　申立人が自身の法定相続分を増加させる方向で主張した場合
　　　　申立人が，相手方が特別受益者である旨の主張をしたり，又は申立人に寄与分がある旨を主張する場合は，申立人は最低限の遺産を確保できることや保全事件であるという性質上，同じ主張を取り上げる必要はない。
　　ウ　相手方が申立人の具体的相続分を減少させる趣旨の主張をした場合
　　（相手方の主張の背景）
　　　　申立人に，仮分割の仮処分において本案で取得するよりも多額の遺産を仮に取得させてしまうと，申立人において仮に取得した遺産を生活費等として使用し，これにより，後の本案において申立人に代償金の支払能力がないという場合もあり得る。
　　（結　論）
　　　　相手方が申立人には特別受益がある旨の主張をした場合においても，原則として法定相続分による仮分割をせざるを得ない。
　　（理　由）
　　　　特別受益の有無，内容を詳細に審理すると，それ自体迅速性を害する。

設例5−1　申立人に超過特別受益がある場合の仮分割仮処分の申立て

　申立人は，被相続人の遺言により多額の遺贈等を受けており，超過特別受益の疑いがある。このような場合，仮分割の仮処分の申立ては認められるか。

【解　説】
　認められない。

　遺言による特別受益については立証が比較的容易であるから，超過特別受益の認定が可能な場合もある。そのような場合には，権利行使の必要性が否定される。

　申立人は，遺言により預貯金，上場株式等の換価が容易な遺産を取得している場合には，これを換価処分すれば足り，権利行使の必要性がないものと思われる。

②　主　文

ア　金額の明示

　　遺産に属する特定の預貯金債権の全部又は一部を仮に取得させることから，主文においては，預貯金債権の特定とともに，その一部を取得させる場合にはその金額の明示が必要になると考えられる。

【払戻しを受ける権限についての明示】

　申立人に，金融機関から払戻しを受ける権限がある旨を明示する必要があるかどうかは考え方が分かれ得るところであるが，これを明示しておけば，金融機関としては安心して払戻しに応じることができるといったメリットがあるものと考えられる（『一問一答』85・86頁）。

イ　仮に取得させる預貯金債権の特定の方法

　　次の2つのパターンが考えられる。

　(ア)　単一の預貯金口座のうち権利行使の必要性を解消するに足りる額を申立人に仮に取得させる方法

　(イ)　単一の預貯金口座を申立人に仮に取得させる方法

【実　務】

　申立人の相続分（原則として法定相続分）相当額が，単一の預貯金口座における直近残高以下である場合には(ア)の方法が，申立人の相続分（原則として法定相続分）相当額が，単一の預貯金口座を超える場合には，(イ)の方法が選択されることが多いと思われる。

ウ　主文例

　　預貯金債権の仮分割の仮処分の主文は，次のようなものが考えられる。申立人の取得額を確定額で明示することになろう。

> **…主 文…**
>
> 「1 被相続人Ａ（令和○年○月○日死亡）の遺産である別紙債権目
> 録記載１の預金債権を，同目録記載２の申立人の取得額のとおり
> 申立人に仮に取得させる。
> 2 申立人は，別紙債権目録記載１の金融機関から前項の取得額の
> 払戻しを受けることができる。
>
> （別紙）
>
> 債権目録
>
> 1 預金債権
>   ○○銀行○○支店　普通預金　口座番号○○○○○○○
>   （名義人　被相続人Ａ）
> 2 申立人の取得額
>   前記１の預金債権のうち○○万円」

【補 足】

仮分割の対象が定期預金の場合，これを仮に取得するために全部又は一部の解約がされ，払戻しをした時までの利息が生じることが想定される。同利息を含めて仮分割の仮処分が認められるような場合であれば，定期預金ごとの明細（明細単位）を明らかにした上で，上記「申立人の取得額」を「前記１の預金債権のうち元本○○円及び同元本金額に対する払戻時までの経過利息」と記載することも考えられよう。

エ 告 知

保全処分は，その緊急性及び暫定性に鑑み，確定しなくとも審判を受ける者に告知することによって効力を生ずる（家事法109条2項，74条2項本文）。審判の告知の方法は，審判書正本の送達によっている。

⑸　**不服申立て**

　①　**即時抗告権者**

　　　申立て却下の審判の即時抗告権者は，保全処分の申立人である（家事法110条 1 項本文）。

　　　保全処分を認容する審判の即時抗告権者は，本案の審判申立てを認容する審判に対して即時抗告をすることができる者である（家事法110条 2 項）。

　②　**申立手数料（収入印紙）**

　　　1500円（民訴費 3 条 1 項別表第 1 の18項⑴）

　③　**即時抗告に伴う執行停止，執行処分取消し**

　　　即時抗告があっても，当然には執行停止の効力はない。申立てにより，原審判の取消しの原因となることが明らかな事情及び原審判の執行により償うことができない損害を生ずるおそれがあることについて疎明があったときは，抗告裁判所（保全処分の記録が存する間は家庭裁判所も）は，原審判の執行停止又は既にした執行処分の取消しを命ずることができる（家事法111条 1 項）。

　　　申立手数料（収入印紙）は500円である（民訴費 3 条 1 項別表第 1 の17項イハ）。

⑹　**申立ての取下げ**

　審判前の保全処分の申立ては，審判前の保全処分があった後であっても，その全部又は一部を取り下げることができる（家事法106条 4 項）。

7　その他の手段との関係

⑴　**一部分割調停の活用**

　遺産分割については原則として調停を先行させており，遺産分割の審判申立てとともに仮分割の仮処分の審判申立てがあっても本案を調停に付して進行させているのが実情である。

　仮分割の仮処分については権利行使の必要性等が実体的要件となり，疎明資料も必要となることから，調停において仮分割の仮処分の必要性

等を審査し，預貯金に限った一部分割調停を成立させることも可能であると思われる。

　また，共同相続人全員の間で相続債務の存在及びその額に争いがなく，既に弁済期が到来している事案においては，共同相続人全員の間で支払に合意できる場合が多いであろうから，一部分割調停を活用すべきと思われる。

(2)　仮払いの仮処分

　改正前民法下では，仮払いの仮処分が可能であるかが論議された。しかし，金融機関を債務者とする仮払いの仮処分は，仮の地位を定める仮処分であるため，債務者を仮処分の当事者として加える必要があり，本案である遺産分割と当事者が異なることとなるから，遺産分割を本案とする仮処分としては難しいと思われる。このことは，改正法においても同様である。

(3)　遺産管理人の選任

　遺産管理人の権限は，預貯金を解約し現金化することまでであり，分配する権限はないし，遺産管理人に対する報酬が発生することから，実効性はないと思われる。

第 6 章 配偶者居住権

◆本章で取り扱う制度と段階的進行モデルとの時間的関係◆

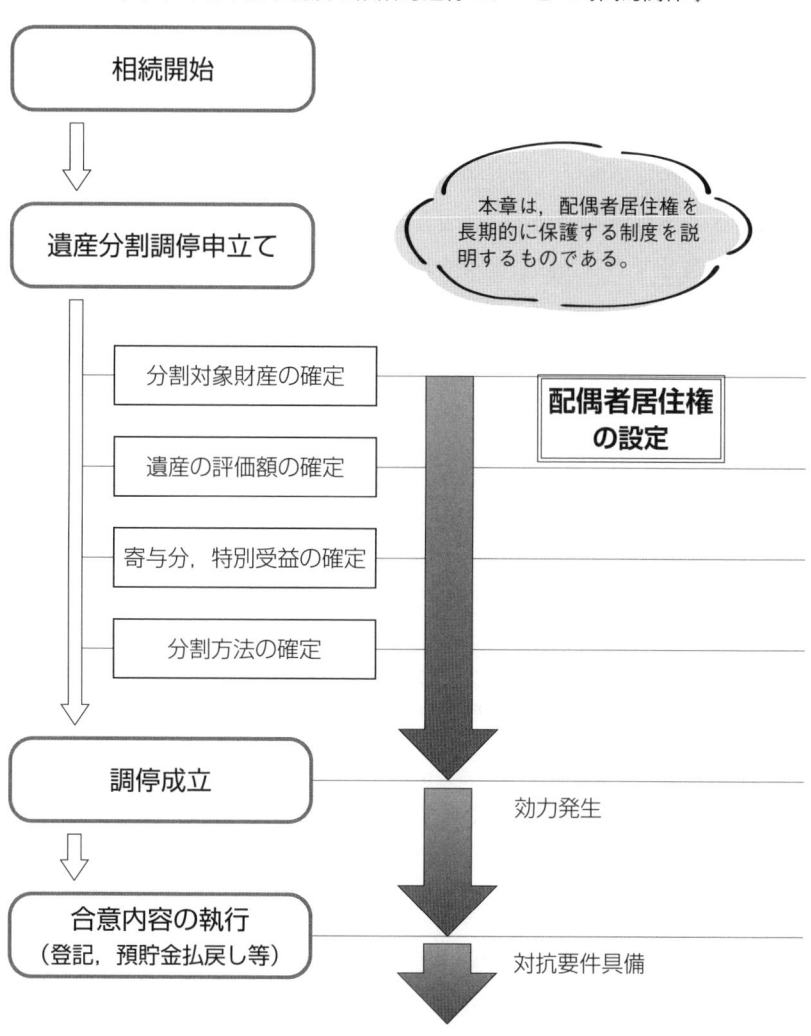

1 意 義

⑴ 内 容

　配偶者居住権の制度は，相続開始の時に被相続人の財産に属した建物に居住していた配偶者にその居住建物の「全部」について無償で「使用及び収益」をする権限を認めることによって，遺産分割の際に，居住建物の所有権を取得する場合よりも低廉な価額で配偶者が居住権を長期的に確保することができるようにする制度である（民1028条1項）。

　配偶者居住権の額は，居住建物の所有権を取得するよりも低廉なため，配偶者が遺産分割や遺贈等により配偶者居住権を取得した上でも更にそれ以外の遺産である金融資産等を取得しやすくなる。

　配偶者居住権の制度は，居住建物の所有権を配偶者以外の相続人が取得することによって配偶者の相続時に二次紛争を防止することができる。また，相続人間の感情的対立を緩和させることも期待できる。

設例6−1　配偶者居住権の経済的価値の低廉さ

　配偶者居住権の価額が居住建物の所有権を取得する場合よりも低廉な価額となるのはなぜか。

【解　説】

　配偶者居住権は，配偶者が，居住建物の所有者に対し，無償で居住建物を使用及び収益することができる賃借権類似の債権である。簡易な評価方法の考え方（125頁以下参照）によれば，配偶者居住権の価値は建物敷地の現在価額（例：5000万円）から，負担付建物所有権の価額と負担付土地所有権等の価額の合計額（例：2568万円）を控除した価額（例：2432万円）となる。

　このように，配偶者居住権の価額は，建物敷地の所有権（5000万円）より低廉となる。

⑵　配偶者居住権の取得と他の財産の取得との関係

　生存配偶者が配偶者居住権を取得した場合は，その財産的価値に相当する金額を取得したことになる。したがって，配偶者は，居住建物以外の遺産からは，自己の具体的相続分から配偶者居住権の財産評価額を控

除した残額について財産を取得することになる。

設例6-2　配偶者居住権の取得と遺産分割の考え方

　被相続人Ａの相続人は，妻W，子
B・Cであり，遺産はA所有の敷地，
同敷地上に存在する建物（以下，
「本件居住建物」という。），預貯金，
投資信託，株式である。

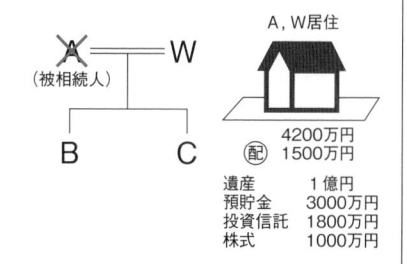

　Wは，本件居住建物にAととも
に居住していた。遺産総額は1億
円である（建物敷地の現在価値は
4200万円であり，預貯金3000万円，投資信託1800万円，株式1000
万円）。

　Wは，本件居住建物の所有権を取得するよりも遺産分割により配偶者居住
権を取得した上でさらにそれ以外の金融資産を取得したいとの意向である。

　他の相続人B，CもWが配偶者居住権を取得することについて合意し，相
続人全員は配偶者居住権の価額につき1500万円とする旨の合意がある。

　Wが遺産分割において取得できる具体的相続分額はいくらか。

【解　説】

　Wの具体的相続分額は5000万円である。

　1億円×1/2＝5000万円

　Wは，配偶者居住権（1500万円）を取得するから，本件居住建物以外の遺産
からは配偶者居住権の財産評価額（1500万円）を控除した3500万円について
財産を取得することになる。

　一方で，Wが配偶者居住権を取得せず建物敷地の所有権（4200万円）を取得
することになると，Wは800万円の金融資産を取得するにとどまる。

⑶　課　題

　配偶者居住権については，配偶者居住権の評価方法の検討，配偶者居
住権を放棄した場合における税務処理の扱い及び地価が低い地方都市に
おける選択の可能性等の問題があり，制度趣旨を実現できるかにつき課
題が残っていると思われる。

2 成立要件

⑴ **配偶者が，相続開始の時に，遺産である建物（建物持分を含む。以下同じ。）に居住していたこと**

「配偶者」とは，法律上被相続人と婚姻していた者に限られ，内縁の配偶者は含まれない。

また，配偶者が「居住していた」とは，配偶者が当該建物を生活の本拠としていたことを意味する（堂薗幹一郎ほか「改正相続法の要点⑴」金法2099号8頁，堂薗幹一郎ほか「相続法改正の解説⑴」民月73巻8号9頁，『一問一答』11頁など）。

設例6-3 「居住」の意味

被相続人の相続開始時に，配偶者が病気や体調不良等を理由として一時的に入院，施設入所又は親戚宅において同居をしている場合でも，当該建物に「居住していた」と認められるのか。

【解　説】

配偶者が相続開始前に当該建物から形式的には退去していたとしても，家財道具等を置いたままであるなど，病気や体調不良等を理由とする一時的なものといえるに過ぎない場合には，実質的には「居住していた」ものと認めるのが相当である。

⑵ **当該建物が，被相続人の単独所有あるいは配偶者と2人の共有にかかるものであること**

被相続人が，居住建物を相続開始の時に第三者（配偶者以外の者）と共有していた場合は，配偶者居住権は成立しない（民1028条1項柱書ただし書）。

（理　由）

配偶者以外の第三者を含む共有にかかる場合に配偶者居住権の成立が除外されるのは，当該建物が，被相続人と配偶者以外の第三者を含む共有にかかるものである場合に配偶者居住権を取得させると，生前の被相

続人ですら共有持分に応じた利用権しか有していなかったにもかかわらず，その死亡により，配偶者相続人が排他的な無償使用収益権（配偶者居住権）を取得することになり，他の共有持分権者の利益が不当に害されるおそれがあるからである。

(3)　当該建物について，配偶者に配偶者居住権を取得させる旨の遺産分割，遺贈又は死因贈与がされたこと

配偶者居住権の取得原因となる法律行為は，法定された遺産分割，遺贈又は死因贈与の3つに限定される。

①　遺産分割

協議や調停によるものだけでなく，審判によるものも含まれる。

②　遺　贈

被相続人は，遺言によって配偶者に配偶者居住権を取得させることができるが，「遺贈」によることが必要とされている（民1028条1項本文）。これは，配偶者が配偶者居住権の取得を希望しない場合に，相続放棄をすることなく遺贈の放棄によって配偶者居住権の取得のみを拒絶できるようにしたためである（民986条参照）。

なお，配偶者が配偶者居住権の遺贈の放棄をした場合は，建物の所有者が配偶者居住権のない所有権を取得することになると解される（潮見・333頁参照）。配偶者居住権の取得事由から「遺産分割方法の指定」による場合は意識的に除外されている（潮見・332頁参照）。

※　特定財産承継遺言による配偶者居住権の取得の可否については132頁を参照されたい。

③　死因贈与

条文上明記されていないが，被相続人は，配偶者との間で締結した死因贈与契約によっても配偶者居住権を取得させることができる（民554条参照）。

3　効　力

(1)　配偶者居住権の法的性質

　　配偶者居住権は賃借権類似の法定の債権であり，債権者は配偶者であり，債務者は，居住建物の所有者（共有である場合には共有者全員）である（『一問一答』18頁）。

(2)　居住建物の使用及び収益

　　配偶者（配偶者居住権を取得した配偶者に限る。以下同じ。）は，配偶者居住権に基づき，「無償」で居住建物の「全部」を「使用及び収益」することができる。もっとも，配偶者は，居住建物の所有者の承認を得なければ，第三者に居住建物を使用又は収益させることはできない（民1032条3項）。

【収益の意義】

　　居住建物の収益とは，居住建物を賃貸して利益を上げることなどをいい，居住建物の一部で飲食店，小売店を営業することはできると解される（『一問一答』22頁）。

【特　徴】

1　配偶者居住権は，配偶者短期居住権とは異なり，配偶者に居住建物の「使用」のみならず「収益」権限を認めている。配偶者居住権は，配偶者が建物全体についての権利を取得することを想定していることによる。

2　配偶者は，建物所有者に対し，その存続期間中，使用，収益に対する賃料相当額の対価を支払う義務を負わない。すなわち，無償で使用，収益することができる。

3　建物の全部について配偶者居住権が成立する。配偶者は，相続開始前に居住建物の一部に居住していた場合であっても，配偶者居住権を取得することにより，居住建物の全部について使用及び収益をすることができる。

> 4 配偶者は，居住建物の使用及び収益に必要な限度で敷地を利用することができる。

(3) 用法遵守義務

配偶者は，従前の用法に従い，善良な管理者の注意をもって，居住建物の使用及び収益をしなければならない（民1032条1項本文）。

(4) 譲渡禁止

配偶者居住権は，譲渡することができない（民1032条2項）。配偶者居住権は，配偶者が相続開始後も従前の居住環境での生活を継続することを保護するものであるから，第三者に対する配偶者居住権の譲渡を認めることは，制度趣旨と整合しないからである（『一問一答』23頁）。

設例6-4 配偶者居住権の買取請求

被相続人Aの相続人は，妻Wと子B・Cである。被相続人Aが死亡したが，WはAが所有していた建物に居住を続けている。W・B・Cは，遺産分割協議の中で，Wが建物について終身の配偶者居住権を，Bが建物の所有権を取得する方向で話をまとめたいと考えている。しかし，Wは，この先，体調を崩すなどの事情で介護施設に入所するなどして転居する事態があることも想定している。

そこで，Wは，Bに配偶者居住権の買取りを求めたい。Wには買取請求権があるか否か。Wの意向を取り入れるための方策はあるか。

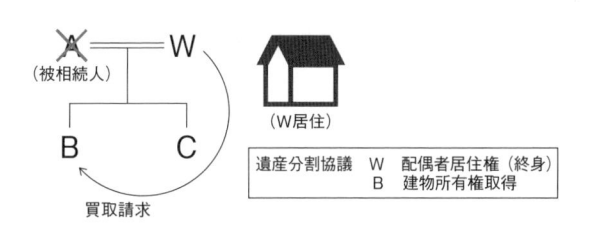

【解 説】

WのBに対する一方的な買取請求権はなく，また，Wは，配偶者居住権を譲渡することはできない。したがって，合意により建物所有者Bに建物を買い取ってもらうか，建物所有者Bの承諾を得た上で第三者に賃貸するしかない（「部会資料」26-2・2頁）。

改正試案においては，買取請求権の創設が議論されたが，見送られた。なお，配偶者居住権を遺産分割の協議・調停，遺贈，死因贈与契約によって設定する場合には，当事者の合意又は遺言において，買取りの条件やその額又は買取額の算定基準を定めることは可能である（潮見・341頁）。

(5) 居住建物の転貸

配偶者は，居住建物の所有者の承諾を得なければ，第三者に居住建物の使用若しくは収益をさせることはできない（民1032条3項）。

(6) 居住建物の増改築

配偶者は，居住建物の所有者の承諾を得なければ，居住建物の改築・増築をすることができない（民1032条3項）。

(7) 建物の修繕

配偶者は，居住建物の使用及び収益に必要な修繕をすることができるが（民1033条1項），配偶者が，居住建物の修繕が必要な場合において相当の期間内に必要な修繕をしないときは，居住建物の所有者において修繕をすることができる（民1033条2項）。

また，居住建物が修繕を要するとき（民1033条1項の規定により配偶者が自らその修繕をするときを除く。），又は居住建物について権利を主張する者があるときは，配偶者は，それを知らない居住建物の所有者に対し，遅滞なくその旨を通知しなければならない（民1033条3項）。

(8) 費用負担

配偶者は，居住建物の通常の必要費を負担する（民1034条1項）。

① 通常の必要費

使用貸借における「通常の必要費」（民595条1項）と同一の概念であり，これには，居住建物の保存に必要な修繕費のほか，居住建物やその敷地の固定資産税等が含まれるものと考えられる。

② 費用の求償

居住建物の所有者が納税義務者として土地建物の固定資産税を納付した場合には，配偶者に対して求償できることになる。

【バリアフリー等の工事を行った場合の留意点】

　配偶者が居住建物について「通常の必要費以外の費用」，すなわち特別の必要費や有益費を支出したときは，居住建物の所有者は，配偶者居住権が消滅した時に，その価格の増加が現存する場合に限り，その選択に従い，その支出した金額又は増価額を配偶者の権利を承継する者に償還しなければならない（民1034条2項，583条2項，196条2項）。

　バリアフリー等の工事が「修繕」に当たるのか「改築」に当たるのかについては事案ごとの判断になろう。

4　対抗力

(1)　配偶者居住権の登記

①　登記の効力

　　配偶者居住権は，これを登記したときは，居住建物について物権を取得した者その他の第三者に対抗することができるほか，居住建物の占有を妨害している第三者に対する妨害停止の請求，居住建物を占有している第三者に対する返還請求をすることができる（民1031条2項，605条，605条の4）。

【留意点】対抗要件の限定（居住建物の引渡しの除外）

　配偶者居住権の第三者対抗要件は，登記に限られ，建物の賃借権における居住建物の引渡しは対抗要件になっていない（借地借家31条参照）。配偶者居住権は建物についての無償の使用収益権限を認めるものであり，第三者に権利の内容を公示する必要性が高いからである（『一問一答』19頁参照）。

②　居住建物の敷地の譲受人との関係

　　配偶者が登記をもって対抗できるのは，「居住建物」について物権を取得した者その他の第三者である。配偶者居住権が設定された建物とその敷地の所有権を取得した相続人が，遺産分割後に，敷地

を他人に譲渡したときは，敷地の譲受人は，「居住建物について物権を取得した者その他の第三者」に当たらない。

設例6−5 **配偶者居住権者と居住建物の存在する敷地の取得費との関係**

被相続人Aの相続人は，妻W，子B・Cである。Aの遺産分割において，Bが建物とその敷地を単独取得し，Wが建物につき配偶者居住権を取得することを骨子とする協議が成立し，配偶者居住権の設定登記もされた。Bは，その後，敷地を第三者のDに売却した。その譲渡の際，建物のための敷地利用権は設定されていない。Dは，Wに対し，建物の明渡し請求をしてきた。Wは，Dに対し，居住建物の配偶者居住権を主張することができるか。

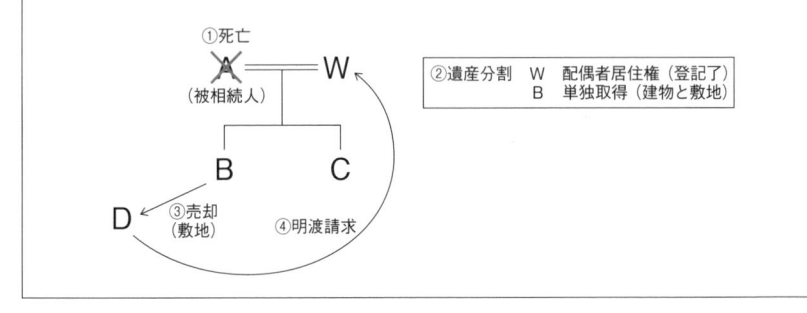

【解　説】

Wは，敷地利用権を有しないから，Dに対し，居住建物の占有権原としての配偶者居住権を主張することはできない。

敷地の譲受人のDは，「居住建物について物権を取得した者その他の第三者」に当たらない。

(2)　配偶者の登記請求権

① 配偶者居住権の登記請求権

居住建物の所有者は，配偶者に対し，配偶者居住権の設定の登記を備えさせる義務を負っている（民1031条1項）

② 配偶者居住権設定登記の申請

ア　共同申請

配偶者居住権の設定の登記は，配偶者と居住建物の所有者とが共同して申請しなければならない（不登60条）。

　イ　調停調書等による単独申請

　　　配偶者が遺産分割調停又は審判によって配偶者居住権を取得し
　　たときは，その審判書や調停調書において，配偶者が単独で配偶
　　者居住権の登記手続をすることができるための条項が設けられる
　　のが通常であるから，配偶者は，これらに基づいて，単独の登記
　　申請をすることができる。

③　登記手続のための条項例

　　141頁以降を参照されたい。

5 存続期間

⑴　存続期間

　配偶者居住権の存続期間の定めがないときは，その存続期間は配偶者
の終身の間とされている（民1030条本文）。遺産分割の協議や調停若しく
は遺言において終身ではない存続期間を定めることも可能である。また，
家庭裁判所が遺産分割の審判において存続期間を定めることも可能であ
る（民1030条ただし書）。

【配偶者居住権の設定の登記における存続期間の公示方法】

1　別段の定めがない場合

　「存続期間　配偶者の死亡時まで」

2　別段の定めがある場合

　「存続期間　○年○月○日から○年（又は○年○月○日から○年○
　月○日まで）又は配偶者の死亡時までのうち，いずれか短い期間」

設例6－6　**存続期間の延長と更新**

　配偶者居住権の存続期間を定めた場合に，その延長や更新をすることがで
きるか。

【解　説】

　延長や更新をすることはできない。配偶者居住権の存続期間の延長や更新を認めると，配偶者居住権の財産評価を適切に行うことが困難になるからである（『一問一答』30頁）。

(2)　「終身」による配偶者居住権取得の留意点

　配偶者が終身の配偶者居住権を取得した場合，配偶者居住権の財産的評価額が高額となることから，配偶者は流動資産などの財産を取得する額が少なくなるという不利益が生ずる。制度趣旨との関係に留意する必要がある。

6　配偶者居住権の消滅

(1)　消滅事由

　配偶者居住権は，次の場合に消滅する。

①　存続期間が満了した場合（民1036条，597条1項）

②　配偶者が死亡した場合（民1036条，597条3項）

　　配偶者居住権は，配偶者の居住権を保護するための権利であるから，相続の対象とはならない。

【税務上の問題点】

　配偶者の死亡により居住建物の所有者は配偶者居住権の負担のないいわゆる完全な所有権を回復することになる。そこで，建物所有者には経済的利益が生じたとして課税されるのかという問題があると思われる。

③　居住建物が全部滅失等した場合（民1036条，616条の2）

④　居住建物が配偶者の財産に属することとなった場合（混同による消滅）

　　配偶者居住権を有する配偶者が居住建物の共有持分を取得した場合であっても，他の者が居住建物の共有持分を有する場合には，配

偶者の配偶者居住権は消滅しない（民1028条 2 項）。

⑤　配偶者が配偶者居住権を放棄した場合（債権放棄による消滅）

　　配偶者居住権は債権であるから，配偶者は，この権利をその意思により放棄することができる。

【配偶者による配偶者居住権の「放棄」の認定】

　配偶者による配偶者居住権の「放棄」という意思表示があったか否かを慎重に判断する必要がある。

　まず，配偶者居住権が設定された居住建物からの「退去」は，配偶者居住権の消滅事由とされておらず，退去後も居住建物の所有者の承諾を得て第三者に使用又は収益させる方策があることからすると，単に退去をしたという事実のみでは配偶者居住権を放棄したものと認めることはできない。

　配偶者が配偶者居住権を放棄したと認定するためにはその旨の意思表示がなされたことが必要と考えるべきであって，同意思表示の有無について争われる場合にはこれを示す資料の提出が求められることになる。

【税務上の問題点】

　配偶者居住権の放棄により，居住建物の所有者に対し配偶者居住権相当額の経済的利益の供与があったとして課税されるのか否かという問題があると思われる。

---

⑥　居住建物の所有者による消滅請求がなされた場合（民1032条 4 項）

　　配偶者が善管注意義務（民1032条 1 項）に違反した場合，あるいは配偶者が居住建物の所有者に無断で第三者に使用収益をさせ又は居住建物を増改築した場合（民1032条 3 項参照）において，居住建物の所有者が相当の期間を定めてその是正の催告をし，その期間内に是正がされないときは，居住建物の所有者は，配偶者に対する意思表示によって配偶者居住権を消滅させることができる（民1032条 4 項）。

⑵ 配偶者居住権が消滅した後の配偶者の義務と権利

① 居住建物の返還

配偶者は，配偶者居住権が消滅したときは，居住建物の所有者に対して居住建物を返還しなければならない（民1035条1項本文）。ただし，配偶者が居住建物について共有持分を有する場合は，居住建物の所有者は，配偶者居住権が消滅したことを理由としては，居住建物の返還を求めることができない（民1035条1項ただし書）。この場合における建物をめぐる配偶者と他の共有者の関係は，一般の物権法上の共有法理によって処理される（潮見・347頁）。

② 現状回復義務

配偶者は，居住建物の返還をするときは，相続開始後に居住建物に生じた損傷（通常損耗，経年変化を除く。）がある場合には，これを原状回復させる義務を負う（民1035条2項，621条）。

③ 附属物の収去

配偶者は，居住建物の返還をするとき，相続開始後に居住建物に附属させた物がある場合には，これを収去する権利を有し（配偶者の収去権），義務を負う（配偶者の収去義務）（民1035条2項，599条1項・2項）。

④ 損害賠償，費用償還

民法1032条1項及び3項に違反する使用収益によって生じた損害の賠償と，配偶者が支出した費用の償還は，居住建物返還の時から1年以内に請求しなければならない（民1036条，600条）。

⑤ 配偶者の死亡により配偶者居住権が消滅した場合における義務の承継

配偶者の死亡により配偶者居住権が消滅したときには，配偶者の相続人が配偶者居住権の消滅によって生じる前記義務を相続によって承継することになる。

⑶ 配偶者居住権設定登記の抹消手続

① 配偶者の死亡によって消滅した場合

配偶者居住権は，存続期間に関する別段の定めの有無にかかわら

ず，配偶者の死亡によって消滅するから，配偶者の死亡によって配偶者居住権が消滅した場合には，登記権利者である居住建物の所有者は，不動産登記法69条に基づき，単独で配偶者居住権設定登記の抹消を申請することができる。

② 配偶者の死亡以外の原因によって配偶者居住権が消滅した場合

　居住建物の所有者及び配偶者は，不動産登記法60条に基づき，共同で配偶者居住権の設定の登記の抹消を申請しなければならない。

7 配偶者居住権の財産評価

(1) 評価の重要性

配偶者が遺産分割において配偶者居住権を取得する場合には，その財産的価値に相当する金額を取得することになる。そのため配偶者居住権を取得した配偶者は，その価値に相当する分だけ，他の遺産からの取り分が減ることになる。

また，配偶者が遺贈や死因贈与によって配偶者居住権を取得した場合にも，特別受益との関係で配偶者の具体的相続分に影響を与えることになる（設例6-2参照）。

そして，他に分割対象の遺産がない場合においては，遺留分侵害の有無を判断する際においても財産評価が問題となる。

このように，配偶者が配偶者居住権を取得する場合にはその財産評価を確定させることが不可欠となる。

(2) 評価の難しさ

配偶者居住権の価額や居住建物の価額をどのように評価するかについては，法制審の部会においてもルールを確認しておらず，今後の解釈・実務運用に委ねられている（潮見・334頁）

仮に，以下の還元方式を参考にするとしても，①建物貸借権の評価額をどのように算定するか，②建物の賃料相当額をいくらと算定するか，③存続期間をどのくらいと評価するかという点については，不確定な将来予測に基づく評価となるため，個別条件ごとに難しい判断が求められ

る。

【参　考】
　借家権については，相続税の課税実務上，借家権が権利金等の名称で取引される慣行のある地域を除き，相続税を課税しないとの取扱いがされている（財産評価基本通達94ただし書）。

(3)　配偶者居住権の評価手法

還元方式と簡易な評価方法が考えられる。

①　還元方式

　　配偶者居住権の経済的利益（無償で居住することができること）に着目する方法であり，配偶者居住権の存続期間中に配偶者が享受する経済的利益の現在価値の総和を求めるものである。

配偶者居住権の価額
　　＝（正常賃料相当額－必要費）×年金現価率（期間・利率）

【還元方式の問題点】
1　戸建住宅については，賃貸市場が未成熟な地域が多く，賃貸事例等から市場賃料を把握することが困難な場合が少なくない。そのような場合，還元方式によって求められた価額には客観的信頼性に問題がある。
2　専門家でない者が「居住建物の賃料相当額」を算出することや年金現価率を求めることは困難といえる。
3　三人目の調停委員として不動産鑑定士の資格を有する調停委員が調停に関与し，専門的意見を述べるという方法も考えられるが，普遍的な運用ではない。

②　簡易な評価方法

　　居住建物及びその敷地の価額から配偶者居住権の負担付きの各所

有権の価額を引いた額とする方法である。

【視　点】
　簡易な評価方法は，配偶者居住権の負担がない居住建物とその敷地である土地又は敷地利用権の現在価額から，配偶者居住権の負担が付いた建物所有権とその土地所有権又は敷地利用権の価額の合計額を差し引いて，配偶者居住権の価額を算出するものである。

※　本書では，配偶者居住権の負担がない居住建物とその敷地である土地又は敷地利用権を「建物敷地」，配偶者居住権の負担が付いた建物所有権を「負担付建物所有権」，負担が付いた土地所有権又は敷地利用権を「負担付土地所有権等」，負担付土地所有権と負担付建物所有権を併せて「配偶者居住権付所有権」と定義づけている。

【計算式】
配偶者居住権の価額
　　＝建物敷地の現在価額－配偶者居住権付所有権の価額
　　　　　　　　　　　　（負担付建物所有権＋負担付土地所有権等）

【実　務】
　簡易な評価方法は，固定資産税評価額を基に算出できる方法であって，不動産鑑定士協会からも一定の合理性があるとの評価を得ている。遺産分割調停・審判においても，鑑定を行う場合は別として，当事者が評価合意を目指す際には同評価方法を用いるのが相当と思われる。
　なお，鑑定を行う場合の配偶者居住権の価額の算出方法については139頁を参照されたい。

【参考】相続税法（昭和25年法律第73号）の改正
　所得税法等の一部を改正する法律（平成31年法律第6号）に伴う改正後相続税法23条の2は，平成31年4月1日から施行されているが，配偶者居住権等の評価について，次のように規定している。

（配偶者居住権等の評価）

第23条の2

　　配偶者居住権の価額は，第1号に掲げる価額から同号に掲げる価額に第2号に掲げる数及び第3号に掲げる割合を乗じて得た金額を控除した残額とする。

一　当該配偶者居住権の目的となっている建物の相続開始の時における当該配偶者居住権が設定されていないものとした場合の時価（当該建物の一部が賃貸の用に供されている場合又は被相続人が当該相続開始の直前において当該建物をその配偶者と共有していた場合には，当該建物のうち当該賃貸の用に供されていない部分又は当該被相続人の持分の割合に応ずる部分の価額として政令で定めるところにより計算した金額）

二　当該配偶者居住権が設定された時におけるイに掲げる年数を口に掲げる年数で除して得た数（イ又は口に掲げる年数が零以下である場合には，零）

　　イ　当該配偶者居住権の目的となっている建物の耐用年数（所得税法の規定に基づいて定められている耐用年数に準ずるものとして政令で定める年数をいう。口において同じ。）から建築後の経過年数（6月以上の端数は1年とし，6月に満たない端数は切り捨てる。口において同じ。）及び当該配偶者居住権の存続年数（当該配偶者居住権が存続する年数として政令で定める年数をいう。次号において同じ。）を控除した年数

　　口　イの建物の耐用年数から建築後の経過年数を控除した年数

三　当該配偶者居住権が設定された時における当該配偶者居住権の存続年数に応じ，法定利率による複利の計算で現価を算出するための割合として財務省令で定めるもの

2　配偶者居住権の目的となっている建物の価額は，当該建物の相続開始の時における当該配偶者居住権が設定されていないものとした場合の時価から前項の規定により計算した当該配偶者居住権の価額を控除した残額とする。

3　配偶者居住権の目的となっている建物の敷地の用に供される土地（土地の上に存する権利を含む。以下この条において同じ。）を当該配偶者居住権に基づき使用する権利の価額は，第1号に掲げる価額から第2号に掲げる金額を控除した残額とする。

一　当該土地の相続開始の時における当該配偶者居住権が設定されていないものとした場合の時価（当該建物の一部が賃貸の用に供されている場合又は被相続人が当該相続開始の直前において当該土地を他の者と共有し，若しくは当該建物をその配偶者と共有していた場合には，当該建物のうち当該賃貸の用に供されていない部分に応ずる部分又は当該被相続人の持分の割

合に応ずる部分の価額として政令で定めるところにより計算した金額）
　　二　前号に掲げる価額に第1項第3号に掲げる割合を乗じて得た金額
　4　配偶者居住権の目的となっている建物の敷地の用に供される土地の価
　　額は，当該土地の相続開始の時における当該配偶者居住権が設定されて
　　いないものとした場合の時価から前項の規定により計算した権利の価額
　　を控除した残額とする。

8　簡易な評価方法（詳論）

(1)　計算式

　配偶者居住権の価額は，簡易な評価方法の計算式によれば，建物敷地
の現在価額から配偶者居住権付所有権（負担付建物所有権と負担付土地所
有権等の総和）の価額を控除したものとなる。

【参　考】
　簡易な評価方法については，「配偶者居住権リーフレット」を参照
されたい（130頁参照）。

(2)　建物敷地の現在価額

　従前の運用と変わるところはなく，固定資産税評価額ないし時価に基
づいて評価を合意するか，鑑定をして確定させることになる。
　また，建物の評価については，実務上，建物の固定資産税評価額が利
用されていることが多いこと，相続税評価においても家屋の評価はその
家屋の固定資産税評価額と同額とされていることから（財産評価基本通達
89），固定資産税評価額を基に算出することが想定されている。

【参　考】財産評価基本通達（家屋の評価）89
　家屋の価額は，その家屋の固定資産税評価額（地方税法第381条（固
定資産課税台帳の登録事項）の規定により家屋課税台帳若しくは家屋補充

課税台帳に登録された基準年度の価格又は比準価格をいう。以下この章において同じ。）に別表一に定める倍率（1.0）を乗じて計算した金額によって評価する。

　なお，ここでは遺産分割により取得する際の配偶者居住権の評価を想定しているため，建物敷地の「現在」価額としているが，遺贈等により取得した配偶者居住権を持ち戻す際の評価を算出するような場合は，建物敷地の「相続開始時」価額とすることになる。

(3)　配偶者居住権付所有権の価額の算出方法

　配偶者居住権付所有権に含まれている①負担付建物所有権と②負担付土地所有権等の各価額を算出する方法は，以下のとおりである。

①　負担付建物所有権の価額（建物自体の価額）

　配偶者居住権を設定した場合に建物所有者が得ることとなる利益の現在価値である。建物の法定耐用年数，経過年数，配偶者居住権の存続年数を考慮して配偶者居住権の負担が消滅した時点の建物の価値を算定し，これを法定利率等で現在価値に引き直して求めることになる。

【留意点】

　配偶者居住権の存続期間分の減価償却（定額法に準ずる）をすることにより，存続期間満了時点の建物価額を算定し，ライプニッツ係数を使って，これを現在価値に引き直して求めることになる。

【計算式】
負担付建物所有権の価額[注1]

$$= 固定資産税評価額 \times \frac{法定耐用年数 - （経過年数 + 存続年数）^{[注3]}}{（法定耐用年数^{[注2]} - 経過年数）}$$

$$\times ライプニッツ係数^{[注4]}$$

（注1）　計算結果がマイナスとなる場合には，0円とする。

（注2）　法定耐用年数は減価償却資産の耐用年数等に関する省令（昭和40年3月31日大蔵省令第15号）において構造・用途ごとに規定されており，**木造の住宅用建物は22年，鉄筋コンクリート造の住宅用建物は47年**と定められている。

（注3）　配偶者居住権の存続期間が終身である場合には，簡易生命表記載の平均余命の値を使用するものとする。（簡易生命表の平均余命については章末を参照。）

（注4）　ライプニッツ係数は以下のとおりとなる（小数第四位以下四捨五入）。民法404条（令和2年4月1日施行）によれば，法定利率は3％であり，その後3年毎に見直される。

5年	0.863
10年	0.744
15年	0.642
20年	0.554
25年	0.478
30年	0.412

【定額法について】

定額法とは，固定資産の給付能力が毎期同じ大きさで減少するものとみなし，固定資産の取得原価を耐用期間（耐用年数）にわたり，毎期均等額だけ減価償却費として費用に計上する原価配分法である。すなわち，減価償却資産の取得価額に，その償却費が毎年度同一になるように当該資産の耐用年数に応じた償却率を乗じて計算した金額を各年度分の償却費として償却する方法をいい，建物についての償却方法として定められている（法人税法施行令48条等）。

---

② **負担付土地所有権等の価額**（敷地利用権の価額）

敷地については，建物と異なり経年劣化を考慮する必要性が少ないこと等を考慮しつつ，敷地所有権者ないし利用権者は，配偶者居住権の存続期間中は敷地を自由に使用収益することができないことに着目し（配偶者居住権の負担消滅時まで得られた可能性がある収益分を割り引く必要がある。），敷地所有権者が配偶者居住権の存続期間満了後に得ることとなる負担のない敷地所有権の価額を現在価値に引き直すことによって，負担付土地所有権等の価額を算出することになる。

> 【計算式】
> 負担付土地所有権等の価額
> 　＝敷地の固定資産税評価額又は時価×ライプニッツ係数

> 【留意点】
> 　敷地所有権の価額の算定方法としては，建物同様，当該敷地の固定
> 資産税評価額を用いることとしているが，時価によることが考えられ
> る。
> 　また，事案に応じて，固定資産税評価額以外のより適切な評価額
> （公示価格，相続税評価額，固定資産税評価額を70％で割り戻す）を利用
> することも考えられる。

(4)　配偶者居住権の価額の算出の具体例

設例6－7　被相続人の妻が配偶者居住権を取得する場合①

　一戸建て（築10年，木造，固定資産税評価額1000万円）を対象として
存続期間20年の配偶者居住権を設定した場合（敷地の固定資産税評価額
4000万円）における配偶者居住権の価額はいくらか。

【解　説】

　一戸建て（築10年，木造，固定資産税評価額1000万円）を対象として存続期間
20年の配偶者居住権を設定した場合（敷地の固定資産税評価額4000万円）
1　建物敷地の現在価額
　　1000万円＋4000万円＝5000万円
2　負担付建物所有権の価額
　　0円（法定耐用年数（22年）超により計算式の計算結果がマイナスとなるため）
3　負担付土地所有権等の価額
　　4000万円×0.554（存続期間20年のライプニッツ係数）＝2216万円
4　配偶者居住権の価額
　　5000万円－2216万円＝2784万円（建物敷地価額の約55％）

設例6－8	被相続人の妻が配偶者居住権を取得する場合②

一戸建て（築15年，鉄筋コンクリート造，固定資産税評価額1400万円）を対象として終身期間の配偶者居住権を設定した場合における配偶者居住権の価額はいくらか（1000円未満切り捨て）。

（配偶者（女性）の年齢：76歳，敷地の固定資産税評価額6000万円）

　※　76歳女性の平成29年簡易生命表上の平均余命→14.97年≒15年

【解　説】

　一戸建て（築15年，鉄筋コンクリート造，固定資産税評価額1400万円）を対象として終身期間の配偶者居住権を設定した場合

（配偶者（女性）の年齢：76歳，敷地の固定資産税評価額6000万円）

　※　76歳女性の平成29年簡易生命表上の平均余命→14.97年≒15年

1　建物敷地の現在価額

　　1400万円＋6000万円＝7400万円

2　負担付建物所有権の価額

　　1400万円×〔法定耐用年数の47－（15＋15）〕÷（47－15）×0.642（存続期間15年のライプニッツ係数）≒1400万円×0.341＝477万4000円

3　負担付土地所有権等の価額　6000万円×0.642＝3852万円

4　配偶者居住権の価額

　　7400万円－477万4000円－3852万円＝3070万6000円（建物敷地価額の約41%）

【参考】 配偶者居住権リーフレット

簡易な評価方法とは

配偶者居住権の価値評価について

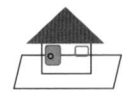 − 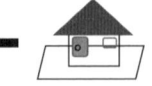 =

建物敷地の現在価額 　　　配偶者居住権付所有権の価額 　　　　　　配偶者居住権の価額

↑
①負担付建物所有権
＋
②負担付土地所有権等

例　4000万円　−　2500万円（①500万円＋②2000万円）　＝　　1500万円

配偶者居住権付所有権の計算方法

（計算式）

①負担付建物所有権

負担付建物所有権の価額

$$=固定資産税評価額 \times \frac{法定耐用年数^{(注1)}-(経過年数+存続年数)^{(注2)}}{(法定耐用年数-経過年数)} \times ライプニッツ係数$$

②負担付土地所有権等

負担付土地所有権等の価額

(注1) 法定耐用年数は減価償却資産の耐用年数等に関する省令（昭和40年3月31日大蔵省令第15号）において構造・用途ごとに規定されており，木造の住宅用建物は22年，鉄筋コンクリート造の住宅用建物は47年と定められている。

(注2) 配偶者居住権の存続期間が終身である場合には，簡易生命表記載の平均余命の値を使用するものとする。

具体例

一戸建て（建物：築15年，鉄筋コンクリート造，固定資産税評価額1400万円，敷地：固定資産税評価額6000万円）を対象として終身期間の配偶者居住権を設定した場合

（配偶者(女性)の年齢：60歳　※60歳女性の平成29年簡易生命表上の平均余命→28.97年≒29年）

【計算】　7400万円　−　2600万円（①56万円＋②2544万円）　＝　4800万円

【内訳】

　・　建物と敷地の合計現在価額

　　　　→ 1400万円＋6000万円＝7400万円
　　　　　(建物部分)　(敷地部分)

　・　① 負担付建物所有権の価額

　　　　　1400万円×[47-(15＋29)]÷(47-15)×0.424（法定利率を3%とした場合の29年のライプニッツ係数）
　　　　　(現在価額)×[(法定耐用年数)-(経過年数＋存続年数(平均余命年数))]÷(法定耐用年数-経過年数)×ライプニッツ係数
　　　　　≒ 56万円

　・　② 負担付土地所有権等の価額

　　　　　6000万円×0.424（法定利率を3%とした場合の29年のライプニッツ係数）
　　　　　＝ 2544万円

　・　配偶者居住権の価額

　　　　　7400万円−(56万円＋2544万円)＝4800万円　（建物敷地価額の約65%）
　　　　　＜建物敷地の　　＜配偶者居住権付　　　＜配偶者居住権の価額＞
　　　　　　現在価額＞　　　所有権の価額＞

（『実務運用』81頁より転載。）

9 実務運用

⑴ 配偶者居住権取得の有無についての意向確認（申立て段階）

実務においては，遺産として不動産がある場合には，分割方法等の参考とするため，その共有関係や現在における利用・使用状況を明らかにさせつつ，各当事者から遺産の取得希望ないし分割方法の希望を聴取する運用をしている。

【留意点】
配偶者居住権の取得要件が整っている場合において，配偶者が当該建物等を取得するなどして今後も居住を続けたい意向を示しているときは，当該建物について，配偶者が所有権を取得するか，それとも配偶者居住権を取得する可能性があることを念頭に置いて調停手続を進めることが重要である。

⑵ 配偶者居住権についての遺言がある場合における配偶者居住権の取得の有無と評価

配偶者居住権ないし居住建物に関する遺言の効力に争いがある場合は，従前の運用と同じく原則として訴訟による解決を図る必要があるが，以下，遺言が有効であることについて当事者間に争いがないことを前提に，各場合を検討する。

① 配偶者居住権と建物敷地の所有権の帰属が異なる場合

ア 配偶者は，遺言に基づいて当該建物について配偶者居住権を取得する（同項2号）。

遺言に基づいて取得することとなった配偶者居住権は，配偶者の特別受益となる。ただし，婚姻期間が20年以上の夫婦の一方である被相続人が，配偶者に対してした配偶者居住権の遺贈については，持戻し免除の意思を表示したものと推定されるため（民1028条3項，903条4項），持戻しが免除されることが多いと思われる（本書155頁参照）。

イ 当該建物及びその土地の所有権を遺贈され又は取得した他の相

続人等は，遺言に基づいて同建物及びその土地を取得する。

　　配偶者居住権付所有権は，遺贈され又は取得した他の相続人の特別受益となる。配偶者居住権付所有権を特別受益として持ち戻す場合には，配偶者居住権負担付きであることを前提とした評価額を決めることになる。

② **配偶者居住権の帰属は定まっているが，居住建物の所有権の帰属先が未確定な場合**

　　配偶者が遺言に基づき配偶者居住権を取得しても，対象である当該建物は遺産として当然に遺産分割の対象となる。ただし，その評価は配偶者居住権付所有権の価額となることに注意を要する。

③ **特定財産承継遺言による配偶者居住権の取得**

　ア　問題点

　　　民法1028条1項本文によれば，遺言によって配偶者に配偶者居住権を取得させるためには，「遺贈」によることが必要とされているから（111頁参照），その文言によると，遺贈ではなく特定財産承継遺言によった場合には，その部分は無効と解される可能性がある。

　イ　結　論

　　　被相続人が配偶者に配偶者居住権を取得させるために，特定財産承継遺言によった場合であっても，配偶者が配偶者居住権の取得を希望しているときは，遺言者の合理的意思を探求して，遺言全体の内容をみて配偶者居住権の遺贈があったと解釈するのが相当な場合もあると思われる。

④ **他の相続人等に居住建物の所有権を取得させる特定財産承継の遺言があるが，配偶者居住権に関する遺言はない場合**

　　配偶者に配偶者居住権を取得させる遺産分割をすることはできない。従前は，配偶者には遺留分制度により遺留分に相応する持分が認められたが，遺留分制度が減殺から侵害額請求にその枠組みが変更されたことに伴い，配偶者の居住権は喪失することになる。

【居住建物の処理】
　遺言の内容が，負担のない建物を他の相続人等に取得させるもので，配偶者に対して配偶者居住権の遺贈がなされたと解釈する余地がない場合には，当該建物は遺産の範囲から外れることになる。

(3)　配偶者居住権と遺産の範囲の関係

　配偶者が配偶者居住権を取得するためには，居住建物が遺産分割の対象となる遺産であることが必要である。したがって，居住建物が第三者に遺贈されている場合や，配偶者以外の相続人に生前贈与されたり，遺贈された場合は，居住建物は遺産分割の対象ではないから，配偶者が配偶者居住権を取得することはできない。

【合意による修正】
　生前贈与ないし遺贈を受けた他の相続人を含めた当事者全員が，当該建物を遺産とすることを合意した上で，配偶者が配偶者居住権を取得し，生前贈与ないし遺贈された他の相続人が負担付建物所有権を取得する内容の遺産分割を行うことは可能である。

(4)　配偶者居住権と遺産の評価の関係

　配偶者が配偶者居住権を取得する場合，配偶者はその財産的価値に相当する価額を取得することになるため，遅くとも具体的な分割方法を決める段階までには配偶者居住権の評価額を確定しておく必要がある。

　①　評価時点
　　ア　特別受益や寄与分の主張がない場合
　　　　配偶者居住権について遺産分割時の一時点評価があれば足りる。
　　イ　特別受益や寄与分の主張がある場合
　　　　配偶者居住権についても相続開始時と遺産分割時の二時点評価が必要になるのが原則であるが，当事者全員が合意すれば遺産分割時の一時点評価で足りる。

【留意点】
　簡易な評価方法によって配偶者居住権の評価額を算出する場合には，建物敷地の相続開始時における評価額が合意できれば，配偶者居住権を取り出して相続開始時における評価額を決める必要はない。
　配偶者居住権の評価額は，「建物敷地の現在価額−配偶者居住権付所有権の価額」という計算式で算出され，配偶者居住権と配偶者居住権付所有権の各価額を合計した建物敷地の相続開始時における評価額があれば，みなし相続財産を算出することが可能であるからである。

　ウ　遺贈された配偶者居住権を，特別受益として持ち戻す場合
　　　相続開始時の一時点評価をすることになる。
②　評価合意の方法
　ア　配偶者居住権の取得希望があり，存続期間も確定している場合
　　　存続期間を前提にした配偶者居住権の評価額と配偶者居住権付所有権の評価額を合意することになる。
　イ　配偶者居住権の取得を希望するか否かが未定であり，存続期間も定まらない場合
　　　遺産の評価段階においては，建物敷地の評価額を合意しておけば足りると考えられる。そして，具体的な分割方法の検討に入った段階で配偶者居住権の評価を確定させる方法によることも調停等の運営の視点からみても合理的であると思われる。

【調停運営における隘路】
　配偶者居住権の評価額は，簡易な評価方法を前提にすると，終身として余命年数が何年になるのか，あるいは別段の定めとして存続期間を何年と定めるかによって大きく異なってくる。
　配偶者の立場からすると，遺産ないしみなし相続財産の総額，ひいては自己の具体的相続分が明らかになってから，まず，取得を希望するであろう金融資産額との兼ね合いを検討し，その上で，①配偶者居住権の取得を希望するのか，建物所有権の取得を希望するのか，②配偶者居住権の取得を希望するとして，健康状態などを踏まえて，存続

期間をどうするのか，③具体的相続分のうちいくらを配偶者居住権の取得額に充てるべきかを検討していくことになろう。

調停運営としては，まずは建物敷地の評価額を確定させることを先行させることになる。

【視 点】

大都市の地価を考慮すると，配偶者居住権を設定し，負担付土地所有権を取得しようとする相続人が存在するかもしれないが，地価が低い地方都市において負担付土地所有権の取得を希望する相続人がいるかは疑問が残る。

③ 評価合意の基準時

評価合意の際，相続開始日を始期とすること，同日からの期間や終期を明らかにしておくことが，後のトラブルを防ぎ，当事者間で認識を共有するためにも有用である。

なお，配偶者居住権の設定日については，民法909条は強行規定ではないため，当事者が希望すれば，配偶者居住権の設定日を遺産分割日とすることも可能である。しかし，相続開始日を始点とする方が早い段階で存続期間を確定させることができ，評価額算出に当たっても明確であるという利点があることから，配偶者居住権の設定日を遺産分割日とする特段の事情がない限りは，相続開始日を設定日とすることを前提に遺産分割調停等の手続を進めるのが相当であろう。

④ 評価合意の内容

具体的な評価合意の内容として，以下のようなものが考えられる。

ア 配偶者居住権の取得希望があり，配偶者居住権の評価額についての合意がある場合

(ア) 存続期間を終身とする場合

（合意内容）
　別紙遺産目録（以下「目録」という。【添付省略】）記載の遺産について，遺産分割時の評価が次のとおりであることを合意する。なお，1及び2の各評価は簡易な評価方法により算出した。[注1][注2]
1　目録記載1の土地及び同2の建物の合計評価額　4000万円
2　目録記載2の建物についての配偶者居住権（存続期間：終身）の評価額　2000万円

（注1）　なお書きではなく「簡易な評価方法により，分割時の評価が次のとおりであることを合意する」と柱書に記載することも考えられる。
（注2）　「簡易な評価方法」についてはその定義・内容が公知の事実というわけではないため，具体的な計算式を記載した別紙をつけるなどの方法も考えられる。

　　㋑　存続期間の期間を定めた場合

（パターン1）
2　目録記載2の建物についての配偶者居住権（存続期間：令和○年○月○日【※相続開始日】[注3]から○年）の評価額　2000万円
（パターン2）
2　目録記載2の建物についての配偶者居住権（存続期間：令和○年○月○日【※相続開始日】から令和○年○月○日まで）の評価額　2000万円

（注3）　遺産分割の効力は相続開始の時に遡ることから（民909条本文），遺産分割調停が成立する際，配偶者居住権は相続開始の日から設定されることになる。そこで，存続期間を終身ではなく別に定める場合には，始期として，相続開始の日を調停条項上も明示する必要がある。

設例6－9　配偶者居住権の存続期間と遺産分割時の評価額算定における年数の相違

> 　令和2年5月1日死亡の被相続人にかかる遺産分割調停において，令和3年5月に，存続期間を令和12年4月30日までとする配偶者居住権を取得する評価合意をしようとする場合，存続期間をどう記載すべきか。

【解　説】

　中間合意調書には存続期間として，「令和2年5月1日から令和12年4月30日まで」，あるいは「令和2年5月1日から10年」と記載することになる。しかし，簡易な評価方法により配偶者居住権の遺産分割時の評価額を算出する際には，令和3年5月現在から令和12年4月30日までの9年間のライプニッツ係数を用いることになる。

　このように遺産分割時の評価額を簡易な評価方法により算出する際に用いる存続期間は，当該建物敷地の現在価額を算出した現在時点を始期とする年数になるため，評価合意や調停条項において明示する相続開始日を始期とした年数とは異なることに注意が必要である。

　　イ　配偶者居住権の取得を希望するか否かは未定だが，配偶者居住
　　　　権の評価額についての合意がある場合
　　　(ｱ)　存続期間を終身とする場合

（合意内容）
　別紙遺産目録（以下「目録」という。【添付省略】）記載の遺産の評価が，相続開始時及び遺産分割時ともに，次のとおりであることを合意する。なお，2の場合における各評価は簡易な評価方法により算出した。
1　配偶者居住権の負担のない場合
　　目録記載1の土地及び同2の建物の合計評価額　6000万円
2　配偶者居住権の負担付きの場合
　(1)　目録記載1の土地及び同2の建物（配偶者居住権付所有権）の
　　　合計評価額　4000万円
　(2)　目録記載2の建物についての配偶者居住権（存続期間：終身）
　　　の評価額　2000万円

（第1項）

　　配偶者が配偶者居住権を取得しない可能性があり，かつ配偶者
又は他の当事者が配偶者居住権の負担のない土地及び建物を取得
する可能性がある場合には，配偶者居住権の負担のない土地及び
建物の評価を合意しておくのが相当である。

（第2項）

　　配偶者居住権負担付きの場合における配偶者居住権の評価額と
配偶者居住権付所有権の評価額の合計が，遺産としての土地及び
建物（建物敷地）の合計評価額であることを明らかにするため，
その各評価を簡易な評価方法により算出したことを併せて確認し
ておくことが重要である。

　(イ)　期間を定めた場合

> （パターン1）
> 2　目録記載2の建物についての配偶者居住権（存続期間：令和○年
> 　○月○日【※相続開始日】から○年）の評価額　2000万円
> （パターン2）
> 2　目録記載2の建物についての配偶者居住権（存続期間：令和○年
> 　○月○日【※相続開始日】から令和○年○月○日まで）の評価額
> 　2000万円

　ウ　配偶者居住権の取得を希望するか否かは未定だが，配偶者居住
　　権について簡易な評価方法により評価を算出する旨の合意がある
　　場合

> （合意内容）
> 　別紙遺産目録（以下「目録」という。【添付省略】）記載の遺産の分割
> 時における評価につき，次のとおり合意する。
> 1(1)　目録記載1の土地の評価額につき，5000万円
> 　(2)　目録記載2の建物の評価額につき，500万円

> 2 目録記載2の建物についての配偶者居住権の評価額につき，簡易
> な評価方法に基づいて算出すること

　　　遺産の評価段階においては，配偶者居住権の具体的評価額については取得希望が不明のため触れずに，(ｱ)遺産としての土地及び建物（建物敷地）の評価額を合意するとともに，(ｲ)仮に配偶者が配偶者居住権を取得する場合にはその評価を簡易な評価方法により算出することについて合意をしておくことが考えられる。

【注意点】
　簡易な評価方法によることの合意をする場合には，後の算定が可能となるように，土地建物（建物敷地）全体の評価額で合意するのではなく，土地と建物それぞれの評価額について合意する必要があることに留意されたい。

④　鑑　定

　ア　鑑定に際しての評価方法

　　　不動産鑑定士協会において検討中である。

　イ　鑑定の内容

　　　配偶者が配偶者居住権を取得することを希望しているが，配偶者居住権について評価合意できない場合には，配偶者居住権の評価を鑑定で確定させることになる。

　(ｱ)　鑑定の内容(1)

　　　配偶者居住権の価額のみについて鑑定することもできるが，そもそも建物敷地の現在価額について評価合意できていない場合には，建物敷地の評価額と配偶者居住権の評価額を併せて鑑定することになる。

　(ｲ)　鑑定の内容(2)

　　　また，建物敷地の評価額のみ鑑定を行って，配偶者居住権の評価額については鑑定の結果明らかになった建物敷地の価額を基に簡易な評価方法に基づいて算出することを合意しておく方

　　　　法も考えられる。

　ウ　配偶者居住権の存続期間

　　㋐　合意の必要性

　　　　配偶者居住権の評価額が存続期間を基に算出されるのであれ
　　ば，鑑定を行う際に，事前に存続期間を合意しておく必要があ
　　ると思われる。

　　㋑　存続期間を「終身」とする場合

　　　　存続期間を終身とする場合であっても，想定される余命とし
　　て確定的な年数を合意しておくのが望ましい。

　　㋒　存続期間について合意できない場合

　　　　配偶者の生年月日が分かる資料を鑑定人に提供することにな
　　ろう。

　エ　鑑定費用の負担

　　　原則として当事者全員で法定相続分に従って負担し，その額を
　予納するのが相当である。

⑸　分割方法と遺産の取得

　①　取得希望の聴取

　　　当事者の具体的相続分が算出された後，各当事者に対して最終的
　な遺産の取得希望を確認することになる。

　ア　配偶者に対しての取得希望の聴取

　　　自己の具体的相続分を踏まえ，㋐配偶者居住権の取得を希望す
　るのか，それとも所有権自体の取得を希望するのか，㋑希望する
　存続期間を何年とするかなどを明らかにしてもらう必要がある。

【留意点】

　　配偶者居住権の評価額について合意ができていない場合，又は，合
意をしていた存続期間について変更を希望する場合には，まず，配偶
者居住権の評価額を確定する必要がある。

　　また，評価合意をしてから相当期間が経過していて，評価合意時に
評価額算出に用いた存続期間と現時点以降に存続する期間との乖離が

大きいような場合には，改めて評価額を算出し直すことも考えられる。

　　イ　他の相続人に対しての取得希望の聴取

　　　　配偶者居住権の負担付所有権（土地・建物）の取得を希望する者がいるかを確認することになる。

② 　分割の帰趨

　　　仮に取得希望者がいない場合，配偶者居住権の負担付きの不動産として任意売却するか競売に付すことになるが，見通しとして，任意売却・競売によっても売却・競売できる可能性が低い場合には，共有分割による合意を目指すことにならざるを得ない。

【実　務】

　配偶者居住権の負担付きの不動産を共有取得するという分割方法は，紛争の最終的な解決にはならないので，調停委員会としては，配偶者以外の相続人が配偶者に対して配偶者居住権相当額という低い金額をもって配偶者居住権の負担付きの不動産を取得させるような合意を促すこともあり得るであろう。

---

③ 　注意点

　　　配偶者居住権を第三者に対抗するためには，配偶者居住権の設定登記を備える必要がある（民1031条2項）。したがって，配偶者に配偶者居住権を取得させる場合には，配偶者が単独で配偶者居住権の設定登記手続をすることができるようにするための条項を設けるのが相当である。

(6) 　**調停条項**

① 　基本型（配偶者が配偶者居住権を取得する場合）

　1　当事者全員は，目録記載の遺産を次のとおり分割する。

　　(1)　申立人【※配偶者】は，目録記載2の建物につき，存続期間を申立人の終身の間とする配偶者居住権を取得する。(注1)

　　(2)　相手方Aは，目録記載1の土地，同2の建物及び同3の預金を

> 　　取得する。
> 　2　相手方Aは，申立人に対し，目録記載2の建物につき，前項(1)に
> 　　記載の配偶者居住権の設定の登記手続をする。登記手続費用は申立
> 　　人の負担とする。

（注1）　配偶者居住権を「設定する」という文言も考えられるが，条文上「取得
　　　する」と明記されていること，他の遺産に関する分割方法における記載と
　　　の整合性等から，配偶者居住権を「取得する」という文言で調停条項及び
　　　審判主文に記載するのが相当である。
※　存続期間を定めた場合の条項例は，136頁を参照されたい。

②　第三者に居住建物を使用収益させる場合

　　　配偶者は，居住建物の所有者の承諾を得れば第三者に居住建物の
　　使用又は収益をさせることができるとされ（民1032条3項），配偶者
　　居住権の登記事項として「第三者に居住建物の使用又は収益をさせ
　　ることを許す旨の定めがあるときは，その定め」が挙げられている
　　（不登81条の2第2号）。

　　　そこで，遺産分割調停の中で合意が可能であれば，あらかじめ第
　　三者に居住建物を使用又は収益させることを認める旨の条項を盛り
　　込み，さらに，これを配偶者居住権の設定登記手続においてその旨
　　の登記ができるような条項にしておくことが考えられる。

> 　1　当事者全員は，目録記載の遺産を次のとおり分割する。
> 　(1)　申立人【※配偶者】は，目録記載2の建物（以下「本件建物」
> 　　という。）につき存続期間を申立人の終身の間とする配偶者居住
> 　　権を取得する。
> 　(2)　相手方Aは，目録記載1の土地及び本件建物を取得する。
> 　2　相手方Aは，申立人に対し，本件建物につき，第三者に使用又は
> 　　収益をさせることを認める。
> 　3　相手方Aは，申立人に対し，本件建物につき，第1項(1)及び第2
> 　　項記載の配偶者居住権の設定の登記手続をする。登記手続費用は申
> 　　立人の負担とする。

③　配偶者が存続期間満了前に配偶者居住権を放棄する場合

　ア　問題の背景

　　　配偶者が介護施設に入居するなどして存続期間満了前に居住建物を退去せざるを得なくなった場合には，配偶者居住権の評価額のうち残存期間分の価値を多く支払っていることになる。

　イ　残存期間分の価値の回収

　　　配偶者は，居住建物の所有者の承諾を得ることができれば，第三者に居住建物を使用収益させることで当該価値の回収を図ることができるが，居住建物の所有者の承諾が得られるとは限らないし，また建物が法定耐用年数を過ぎているような場合など第三者への賃貸が現実的でないことも少なくない。

　ウ　方　策

　　　配偶者が存続期間満了前に配偶者居住権を放棄することによって利益を受ける居住建物の所有者は，配偶者に対して残存期間分の価値相当額の金銭を支払うことを，居住建物の所有者との間であらかじめ合意しておくことなどが考えられる。

【税務上の問題点】
　配偶者が配偶者居住権を放棄するに際し，居住建物の所有者から残存期間分の価値相当額の支払を受けた場合，受領額は課税の対象となるのか否かという問題があると思われる。

　エ　条項例

　　　当該事案における配偶者と居住建物所有者との関係性や当該居住建物の利用や処分についての考え方を踏まえ，より事案に即した内容で，合意をすることが相当と思われる。

調停成立後の事情変更による残存部分の支払請求を含めた例

１　申立人【※配偶者】が目録記載２の建物から退去し，かつ，相手方【※居住建物の所有権者】に対して配偶者居住権を放棄する旨の

意思表示をしたときは，相手方は，申立人に対し，その時点における配偶者居住権の残存期間に基づいて別紙「簡易な評価方法」により算出した同期間分の配偶者居住権の価値相当額を支払うこととする。

2　（以下略）

（別紙）

簡易な評価方法

配偶者居住権の価額

　＝建物敷地の現在価額－配偶者居住権付所有権（①負担付建物所有権＋②負担付土地所有権等）の価額

①　負担付建物所有権の価額

$$＝固定資産税評価額 \times \frac{法定耐用年数 - （経過年数＋存続年数）}{（法定耐用年数 - 経過年数）}$$

$$\times ライプニッツ係数$$

②　負担付土地所有権等の価額

　＝敷地の固定資産税評価額又は時価×ライプニッツ係数

10　審　判

(1)　分割方法の検討

　民法1029条所定の各要件を満たすとして，配偶者に配偶者居住権の取得を認める場合には，配偶者居住権付所有権について，まずは現物分割の原則（民258条2項参照）に従い，取得を希望していなくてもこれを取得させるのが相当といえる当事者がいないかを検討する。そして，そのような当事者がいない場合には競売を命ずる審判をすることになると思われる。

(2)　遺産分割審判により配偶者居住権を取得させる場合の特則

　①　審判によって配偶者に配偶者居住権を取得させるための要件（民1029条）

　　ア　共同相続人間に，配偶者が配偶者居住権を取得することについて合意が成立しているとき

　　イ　配偶者が家庭裁判所に対して配偶者居住権の取得を希望する旨

を申し出た場合において，居住建物の所有者の受ける不利益の程度を考慮してもなお配偶者の生活を維持するために特に必要があると認めるとき

調停によって配偶者に配偶者居住権を認める場合の要件とは異なる。

② 視　点

家庭裁判所は，配偶者居住権の成否，存続期間，建物所有権が制約される不利益度合い等を考慮することが求められる。潮見教授の「家庭裁判所は，配偶者が優先的に配偶者居住権を取得できることを前提に遺産分割の審判をしてはならない」（潮見・338頁）との指摘が参考になる。

(3)　**配偶者居住権の設定を命じる審判**

配偶者居住権の設定を命じる遺産分割審判においては，次のとおり登記手続を併せて命じることになろう。

> **⋯⋯ 審判例 ⋯⋯⋯⋯⋯⋯⋯⋯⋯⋯⋯⋯⋯⋯⋯⋯⋯⋯⋯⋯⋯⋯⋯⋯⋯⋯⋯⋯⋯**
>
> 「被相続人の遺産を次のとおり分割する。
> 1　配偶者Wに対し，別紙物件目録記載建物（以下「本件建物」という。）につき存続期間を配偶者Wの終身の間とする配偶者居住権を設定する。
> 2　相続人Bは，本件建物の所有権を取得する。
> 3　相続人Bは，配偶者Wに対し，本件建物につき，第1項記載の配偶者居住権を設定する旨の登記手続をせよ。」

（「部会資料」23-2・5頁参照，潮見・345頁）

11　配偶者居住権についての個別論点

(1)　配偶者居住権を放棄した配偶者の相続が開始した場合

① 問題点

配偶者が配偶者居住権の残存期間満了前に同居住権を放棄し，そ

の後に死亡した場合，居住建物の所有者は，配偶者居住権の残存期間分の価値について特別受益があるか否かが問題となる。

② 結 論

配偶者が生前，配偶者居住権を放棄する旨の意思表示をしており，かつ，それが居住建物の所有者において何ら対価を得ることなく行われたと認められる場合には，居住建物の所有者には，放棄時点における配偶者居住権の残存期間分の価値につき，特別受益があるものと認めることができる。

なお，特別受益が認められても，被相続人である配偶者と居住建物の所有者との関係性や生活状況等から，配偶者居住権を放棄することについて被相続人（配偶者）が持戻し免除の意思表示をしていたと認められる場合もあると思われる。

③ 特別受益額（配偶者居住権の残存期間分の価値相当額）の算定

当事者間で簡易な評価方法により算出して評価合意によって確定させるか，評価合意が難しければ鑑定によって確定させることになる。

> 【視　点】
> 　配偶者居住権の存続期間満了前に①配偶者が居住建物を退去し，又は②配偶者居住権を放棄し，あるいは③配偶者が死亡した場合，配偶者居住権の残存利益の処理について親族間に新たな紛争が生じる可能性がある。そこで，将来的な紛争を防止するため，配偶者居住権の設定に当たり，他の共同相続人の合意があれば，居住建物からの退去又は配偶者居住権放棄の意思表示があったときは居住建物の所有者は残存利益の請求権をあらかじめ放棄すること，並びに配偶者が死亡したときは残存利益について持戻し免除の意思表示があったことを調停条項に記載することも許されると考える。

(2) 配偶者の建物の無償居住と建物所有者による使用許諾

① 問題点

配偶者が，存続期間満了後においても居住建物に無償で住み続け，

その後死亡した場合，居住建物の所有者による使用許諾は，寄与分に当たるか。

② 結　論

配偶者が建物の利用権限なく無償で使用し続けたのであれば，居住建物の所有者（相続人）は，配偶者（被相続人）に対し，自己所有の不動産を無償で使用させたとして通常の金銭等出資型寄与分と同様に主張できると思われる。

12　配偶者の居住権を確保するための他の方策

配偶者居住権以外にも，配偶者の居住権を保護するための方策として，次のようなものがある。

(1)　リバース・モーゲージを利用する方法

① 内　容

遺産分割により，配偶者がその居住していた建物の所有権を取得し，リバース・モーゲージを利用する方法である。

② 意　義

リバース・モーゲージとは，自宅不動産に担保権を設定して，金融機関等と締結した継続的金銭消費貸借契約に基づいて毎月の生活資金を受け，借受人が死亡した場合には担保に入れていた自宅を処分して返済するという融資形態をいう。

③ 構　造

通常の融資が最初に一括して借りたものを定期的に返済し，完済に至るのに対し，リバース（逆）モーゲージ（抵当融資）は継続的金銭消費貸借契約に基づき毎月一定の額を借り，貸付限度額に達するという逆の流れとなる（片岡・金井・草部・川畑『第 2 版　家庭裁判所における成年後見・財産管理の実務』61頁）。

④ 制度設計

現金収入が少ない高齢者に対し，その居住用不動産を担保にして毎月の生活費を融資することにより，在宅生活を安定させる制度で

ある。金融機関の商品のほかに「都道府県社会福祉協議会が融資の主体となる不動産担保型生活資金がある」（潮見・335頁）。

⑤ 問題点

ア 配偶者が生存中に貸付限度額に達するリスク

高齢社会が進行するにつれ，老後の生活が長期化することで，老後に必要な生活資金が増加し，生存中に貸付限度額に達してしまった場合，不動産を売却して返済をしなければならないことになる。

イ 不動産価格の下落により担保物件の価値が借入残高より低くなるリスク

一定の期間ごとに不動産の評価を見直すことが契約の内容になっている商品の場合，不動産価格が下落すると融資の継続を受けられなくなる。

ウ 融資の拒否

木造の中古住宅や，地方に所在する建物の場合，十分な担保価値がないと評価されて，融資が拒否されることがあり得る（潮見・335頁）。

⑵ **賃貸借契約等を締結する方法**

遺産分割により居住建物の所有権を取得した他の相続人と配偶者との間で賃貸借契約等を締結する方法である。

実務において，配偶者と利害関係を共通にする相続人との間において賃貸借契約（賃料は取引相場からして廉価であることが多い。）等を締結する内容の調停が成立することがある。

⑶ **共有分割とする方法**

配偶者を含めた相続人全員が居住建物を共有するものとし，配偶者を除く相続人が配偶者に対し当該建物につき賃貸借契約・使用貸借契約を締結する方法である。

実務において，前記契約につき全員の同意が得られない場合もあり，解決が困難になる事案もある。

⑷　配偶者生存中における遺産分割を凍結する方法

　遺産分割を行わず，配偶者が死亡した後に，２つの相続につき遺産分割を一挙に行うものである。

　実務においては，配偶者の死亡を契機として一回的解決を図ることが多い。この場合，配偶者居住権の問題は生じない。

【視　点】

　リバース・モーゲージ以外の各方策は，いずれも相続人間の合意が成立することが条件となるが，配偶者を巡る相続人間の関係は多様であるから，必ず合意が得られるわけではない。

　他方，配偶者居住権の制度にも，検討すべき課題があることは前記のとおり（109頁）である。そうすると，調停委員会においては，配偶者の居住権を確保するためには前記のような多様な方策があるということを念頭に，事案ごとに配偶者の金融資産等の取得と併せて居住建物に住み続けたいという希望を最も実現できる方策は何かということを考慮しながら調停を運営していくことが重要であると思われる。

【参考】平成29年簡易生命表（男）

年齢	死亡率	生存数	死亡数	定常人口		平均余命
x	nq_x	l_x	nd_x	nL_x	T_x	e_x
0 （週）	0.00072	100 000	72	1 917	8 109 161	81.09
1	0.00010	99 928	10	1 916	8 107 244	81.13
2	0.00008	99 918	8	1 916	8 105 328	81.12
3	0.00006	99 911	6	1 916	8 103 412	81.11
4	0.00021	99 905	21	8 986	8 101 496	81.09
2 （月）	0.00013	99 884	13	8 323	8 092 510	81.02
3	0.00030	99 871	30	24 964	8 084 187	80.95
6	0.00032	99 841	32	49 911	8 059 223	80.72
0 （年）	0.00191	100 000	191	99 850	8 109 161	81.09
1	0.00031	99 809	31	99 794	8 009 312	80.25
2	0.00021	99 779	21	99 768	7 909 518	79.27
3	0.00013	99 758	13	99 751	7 809 750	78.29
4	0.00010	99 745	10	99 740	7 709 999	77.30
5	0.00008	99 735	8	99 731	7 610 260	76.30
6	0.00008	99 727	8	99 723	7 510 529	75.31
7	0.00008	99 719	8	99 715	7 410 806	74.32
8	0.00007	99 711	7	99 707	7 311 091	73.32
9	0.00007	99 704	7	99 700	7 211 384	72.33
10	0.00007	99 697	7	99 693	7 111 684	71.33
11	0.00008	99 689	8	99 685	7 011 991	70.34
12	0.00009	99 681	9	99 677	6 912 305	69.34
13	0.00011	99 672	11	99 667	6 812 628	68.35
14	0.00014	99 661	14	99 654	6 712 962	67.36
15	0.00017	99 647	17	99 639	6 613 308	66.37
16	0.00021	99 630	21	99 620	6 513 669	65.38
17	0.00026	99 609	26	99 596	6 414 049	64.39
18	0.00032	99 582	32	99 567	6 314 453	63.41
19	0.00038	99 550	37	99 532	6 214 886	62.43
20	0.00042	99 513	42	99 492	6 115 354	61.45
21	0.00046	99 471	46	99 448	6 015 862	60.48
22	0.00049	99 425	49	99 401	5 916 414	59.51
23	0.00051	99 376	50	99 351	5 817 013	58.54
24	0.00051	99 326	50	99 301	5 717 662	57.56
25	0.00050	99 275	50	99 250	5 618 361	56.59
26	0.00050	99 226	49	99 201	5 519 111	55.62
27	0.00050	99 177	49	99 152	5 419 910	54.65
28	0.00051	99 127	50	99 102	5 320 758	53.68
29	0.00053	99 077	52	99 051	5 221 655	52.70
30	0.00055	99 025	55	98 997	5 122 604	51.73
31	0.00058	98 970	58	98 941	5 023 607	50.76
32	0.00061	98 912	60	98 882	4 924 666	49.79
33	0.00063	98 852	63	98 821	4 825 783	48.82
34	0.00066	98 789	65	98 757	4 726 962	47.85
35	0.00068	98 725	67	98 691	4 628 205	46.88
36	0.00072	98 657	71	98 622	4 529 514	45.91
37	0.00077	98 586	76	98 549	4 430 892	44.94
38	0.00083	98 511	82	98 470	4 332 343	43.98
39	0.00091	98 429	89	98 385	4 233 872	43.01
40	0.00099	98 340	97	98 292	4 135 487	42.05
41	0.00106	98 243	104	98 191	4 037 195	41.09
42	0.00114	98 139	112	98 083	3 939 004	40.14
43	0.00124	98 027	122	97 967	3 840 921	39.18
44	0.00137	97 905	134	97 839	3 742 954	38.23
45	0.00152	97 771	148	97 698	3 645 115	37.28
46	0.00169	97 623	165	97 542	3 547 417	36.34
47	0.00188	97 458	183	97 367	3 449 875	35.40
48	0.00209	97 274	203	97 174	3 352 508	34.46
49	0.00231	97 071	224	96 960	3 255 334	33.54

注：nq_x等の生命表諸関数の定義については、「参考資料1」を参照。

年齢	死亡率	生存数	死亡数	定常人口		平均余命
x	$_nq_x$	l_x	$_nd_x$	$_nL_x$	T_x	$\overset{\circ}{e}_x$
50	0.00254	96 846	246	96 725	3 158 373	32.61
51	0.00278	96 600	268	96 468	3 061 649	31.69
52	0.00305	96 332	294	96 187	2 965 181	30.78
53	0.00337	96 038	324	95 879	2 868 994	29.87
54	0.00373	95 714	357	95 538	2 773 115	28.97
55	0.00410	95 357	391	95 164	2 677 576	28.08
56	0.00447	94 966	425	94 757	2 582 412	27.19
57	0.00487	94 541	461	94 314	2 487 656	26.31
58	0.00533	94 080	502	93 833	2 393 342	25.44
59	0.00587	93 579	549	93 308	2 299 508	24.57
60	0.00646	93 030	601	92 734	2 206 200	23.72
61	0.00713	92 428	659	92 104	2 113 467	22.87
62	0.00787	91 769	722	91 413	2 021 363	22.03
63	0.00870	91 047	792	90 657	1 929 950	21.20
64	0.00966	90 255	872	89 826	1 839 293	20.38
65	0.01072	89 383	958	88 911	1 749 467	19.57
66	0.01189	88 424	1 052	87 907	1 660 556	18.78
67	0.01312	87 373	1 147	86 807	1 572 650	18.00
68	0.01437	86 226	1 239	85 614	1 485 842	17.23
69	0.01566	84 987	1 331	84 330	1 400 228	16.48
70	0.01713	83 657	1 433	82 949	1 315 898	15.73
71	0.01880	82 223	1 546	81 460	1 232 949	15.00
72	0.02062	80 678	1 663	79 856	1 151 489	14.27
73	0.02256	79 014	1 783	78 133	1 071 633	13.56
74	0.02467	77 232	1 905	76 289	993 500	12.86
75	0.02690	75 326	2 026	74 324	917 211	12.18
76	0.02956	73 300	2 167	72 229	842 887	11.50
77	0.03280	71 133	2 333	69 981	770 658	10.83
78	0.03680	68 800	2 532	67 551	700 677	10.18
79	0.04151	66 268	2 750	64 911	633 125	9.55
80	0.04681	63 517	2 973	62 050	568 214	8.95
81	0.05277	60 544	3 195	58 965	506 164	8.36
82	0.05954	57 349	3 414	55 660	447 199	7.80
83	0.06730	53 935	3 630	52 138	391 538	7.26
84	0.07607	50 305	3 827	48 407	339 401	6.75
85	0.08606	46 479	4 000	44 492	290 994	6.26
86	0.09729	42 479	4 133	40 421	246 502	5.80
87	0.10953	38 346	4 200	36 249	206 081	5.37
88	0.12282	34 146	4 194	32 045	169 832	4.97
89	0.13703	29 952	4 104	27 889	137 787	4.60
90	0.15151	25 848	3 916	23 871	109 899	4.25
91	0.16786	21 932	3 681	20 069	86 028	3.92
92	0.18564	18 250	3 388	16 530	65 958	3.61
93	0.20494	14 862	3 046	13 309	49 429	3.33
94	0.22583	11 816	2 669	10 450	36 120	3.06
95	0.24839	9 148	2 272	7 978	25 670	2.81
96	0.27266	6 876	1 875	5 906	17 692	2.57
97	0.29869	5 001	1 494	4 223	11 786	2.36
98	0.32651	3 507	1 145	2 907	7 563	2.16
99	0.35610	2 362	841	1 918	4 655	1.97
100	0.38743	1 521	589	1 208	2 737	1.80
101	0.42043	932	392	722	1 530	1.64
102	0.45500	540	246	407	808	1.50
103	0.49096	294	144	215	401	1.36
104	0.52812	150	79	106	186	1.24
105 ～	1.00000	71	71	80	80	1.13

（厚生労働省ウェブサイトhttps://www.mhlw.go.jp/toukei/saikin/hw/life/life17/dl/life17-06.pdf より転載。）

【参考】平成29年簡易生命表（女）

年齢	死亡率	生存数	死亡数	定常人口		平均余命
x	$_nq_x$	l_x	$_nd_x$	$_nL_x$	T_x	$\overset{\circ}{e}_x$
0 （週）	0.00060	100 000	60	1 917	8 726 455	87.26
1	0.00007	99 940	7	1 917	8 724 538	87.30
2	0.00008	99 933	8	1 916	8 722 622	87.28
3	0.00006	99 925	6	1 916	8 720 705	87.27
4	0.00021	99 920	21	8 987	8 718 789	87.26
2 （月）	0.00012	99 898	12	8 324	8 709 802	87.19
3	0.00031	99 886	31	24 968	8 701 477	87.11
6	0.00034	99 855	34	49 917	8 676 510	86.89
0 （年）	0.00179	100 000	179	99 863	8 726 455	87.26
1	0.00028	99 821	28	99 806	8 626 592	86.42
2	0.00019	99 793	19	99 784	8 526 786	85.44
3	0.00013	99 774	13	99 767	8 427 003	84.46
4	0.00009	99 761	9	99 757	8 327 235	83.47
5	0.00007	99 753	7	99 749	8 227 478	82.48
6	0.00006	99 745	6	99 742	8 127 730	81.48
7	0.00005	99 739	5	99 736	8 027 987	80.49
8	0.00005	99 734	5	99 731	7 928 251	79.49
9	0.00005	99 729	4	99 727	7 828 520	78.50
10	0.00004	99 724	4	99 722	7 728 793	77.50
11	0.00004	99 720	4	99 718	7 629 071	76.50
12	0.00005	99 716	5	99 713	7 529 353	75.51
13	0.00007	99 710	7	99 707	7 429 639	74.51
14	0.00009	99 704	9	99 700	7 329 932	73.52
15	0.00010	99 695	10	99 690	7 230 233	72.52
16	0.00011	99 685	11	99 680	7 130 542	71.53
17	0.00012	99 675	12	99 669	7 030 862	70.54
18	0.00014	99 663	14	99 656	6 931 194	69.55
19	0.00016	99 649	16	99 641	6 831 538	68.56
20	0.00018	99 633	18	99 624	6 731 897	67.57
21	0.00019	99 615	19	99 605	6 632 273	66.58
22	0.00020	99 596	19	99 586	6 532 667	65.59
23	0.00020	99 576	20	99 566	6 433 081	64.60
24	0.00021	99 556	21	99 546	6 333 515	63.62
25	0.00022	99 536	22	99 525	6 233 969	62.63
26	0.00023	99 514	23	99 502	6 134 444	61.64
27	0.00024	99 491	24	99 479	6 034 942	60.66
28	0.00025	99 466	25	99 454	5 935 463	59.67
29	0.00027	99 441	27	99 428	5 836 009	58.69
30	0.00028	99 415	28	99 401	5 736 581	57.70
31	0.00030	99 387	30	99 372	5 637 180	56.72
32	0.00032	99 357	31	99 341	5 537 808	55.74
33	0.00034	99 326	34	99 309	5 438 467	54.75
34	0.00037	99 292	37	99 273	5 339 158	53.77
35	0.00040	99 255	39	99 235	5 239 885	52.79
36	0.00041	99 216	41	99 195	5 140 650	51.81
37	0.00043	99 175	43	99 154	5 041 454	50.83
38	0.00047	99 132	46	99 109	4 942 301	49.86
39	0.00052	99 086	51	99 061	4 843 191	48.88
40	0.00058	99 035	57	99 007	4 744 131	47.90
41	0.00064	98 978	63	98 946	4 645 124	46.93
42	0.00071	98 914	70	98 880	4 546 178	45.96
43	0.00077	98 844	77	98 807	4 447 298	44.99
44	0.00084	98 768	83	98 727	4 348 491	44.03
45	0.00092	98 684	91	98 640	4 249 765	43.06
46	0.00101	98 594	99	98 545	4 151 125	42.10
47	0.00111	98 495	109	98 441	4 052 580	41.15
48	0.00121	98 386	119	98 327	3 954 139	40.19
49	0.00133	98 266	130	98 202	3 855 812	39.24

注：$_nq_x$等の生命表諸関数の定義については、「参考資料1」を参照。

年齢	死亡率	生存数	死亡数	定常人口		平均余命
x	$_nq_x$	l_x	$_nd_x$	$_nL_x$	T_x	$\overset{\circ}{e}_x$
50	0.00145	98 136	142	98 066	3 757 610	38.29
51	0.00158	97 994	155	97 917	3 659 544	37.34
52	0.00170	97 839	167	97 756	3 561 627	36.40
53	0.00183	97 672	178	97 584	3 463 870	35.46
54	0.00195	97 494	190	97 400	3 366 287	34.53
55	0.00208	97 304	202	97 204	3 268 887	33.59
56	0.00223	97 102	216	96 995	3 171 683	32.66
57	0.00240	96 885	233	96 770	3 074 688	31.74
58	0.00258	96 653	249	96 530	2 977 917	30.81
59	0.00275	96 404	265	96 273	2 881 388	29.89
60	0.00294	96 139	282	95 999	2 785 115	28.97
61	0.00315	95 856	302	95 707	2 689 116	28.05
62	0.00341	95 554	326	95 393	2 593 409	27.14
63	0.00372	95 228	354	95 054	2 498 015	26.23
64	0.00408	94 874	387	94 683	2 402 962	25.33
65	0.00445	94 487	420	94 280	2 308 278	24.43
66	0.00486	94 067	457	93 842	2 213 998	23.54
67	0.00536	93 610	502	93 363	2 120 157	22.65
68	0.00590	93 108	549	92 837	2 026 794	21.77
69	0.00646	92 559	598	92 264	1 933 957	20.89
70	0.00705	91 960	648	91 640	1 841 693	20.03
71	0.00767	91 312	700	90 966	1 750 053	19.17
72	0.00840	90 612	761	90 237	1 659 086	18.31
73	0.00931	89 851	836	89 439	1 568 850	17.46
74	0.01041	89 015	927	88 559	1 479 410	16.62
75	0.01165	88 088	1 026	87 583	1 390 851	15.79
76	0.01312	87 062	1 142	86 501	1 303 268	14.97
77	0.01494	85 919	1 284	85 291	1 216 766	14.16
78	0.01719	84 636	1 455	83 924	1 131 476	13.37
79	0.01985	83 181	1 651	82 372	1 047 552	12.59
80	0.02284	81 530	1 862	80 617	965 180	11.84
81	0.02623	79 667	2 089	78 642	884 563	11.10
82	0.03018	77 578	2 341	76 429	805 920	10.39
83	0.03489	75 237	2 625	73 949	729 491	9.70
84	0.04041	72 612	2 934	71 171	655 542	9.03
85	0.04684	69 677	3 264	68 073	584 371	8.39
86	0.05417	66 414	3 598	64 643	516 297	7.77
87	0.06245	62 816	3 923	60 881	451 654	7.19
88	0.07188	58 893	4 233	56 801	390 773	6.64
89	0.08248	54 660	4 508	52 427	333 972	6.11
90	0.09452	50 152	4 740	47 798	281 545	5.61
91	0.10775	45 412	4 893	42 975	233 747	5.15
92	0.12274	40 518	4 973	38 036	190 772	4.71
93	0.14087	35 545	5 007	33 043	152 736	4.30
94	0.16370	30 538	4 999	28 030	119 693	3.92
95	0.18515	25 539	4 729	23 144	91 663	3.59
96	0.20732	20 810	4 314	18 614	68 518	3.29
97	0.23017	16 496	3 797	14 551	49 905	3.03
98	0.25370	12 699	3 222	11 039	35 353	2.78
99	0.27788	9 477	2 634	8 112	24 314	2.57
100	0.30268	6 844	2 071	5 763	16 202	2.37
101	0.32806	4 772	1 566	3 950	10 439	2.19
102	0.35398	3 207	1 135	2 607	6 489	2.02
103	0.38038	2 072	788	1 652	3 882	1.87
104	0.40722	1 284	523	1 003	2 230	1.74
105 ～	1.00000	761	761	1 227	1 227	1.61

（厚生労働省ウェブサイトhttps://www.mhlw.go.jp/toukei/saikin/hw/life/life17/dl/life17-07.pdf より転載。）

第 7 章 持戻し免除の意思表示の推定

◆本章で取り扱う制度と段階的進行モデルとの時間的関係◆

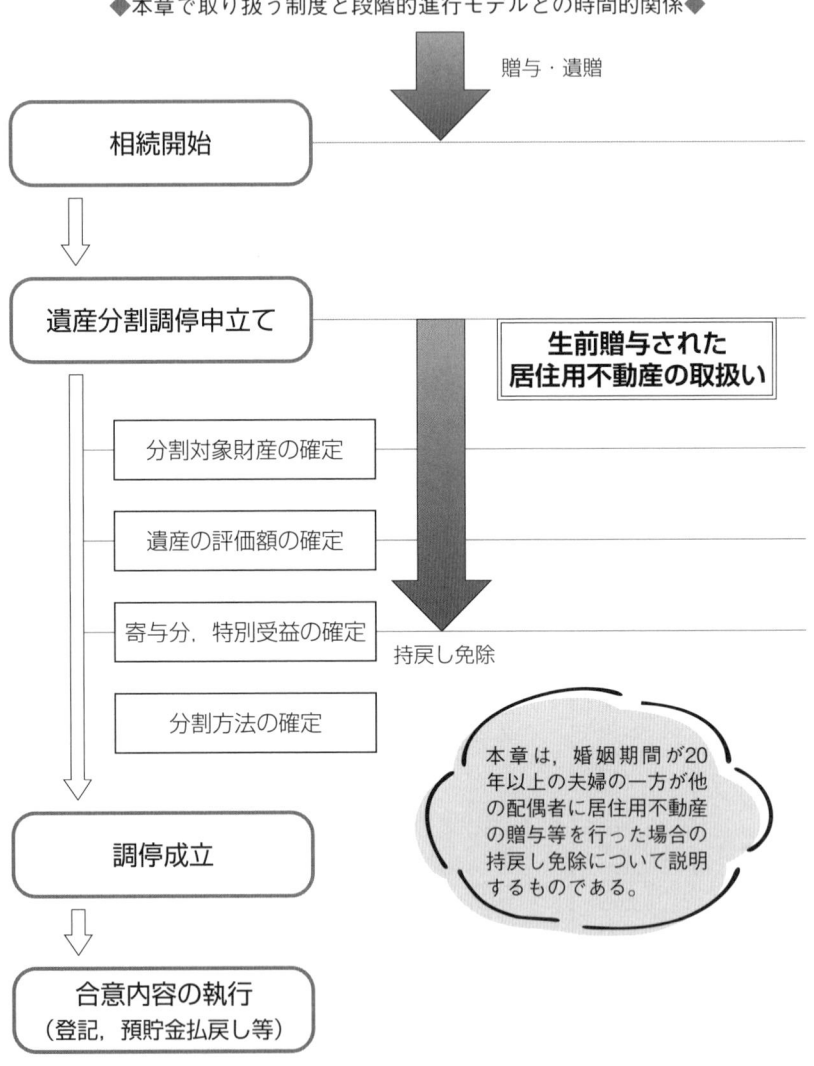

1　意　義

⑴　相続税法上の特例制度

　婚姻期間の長い老齢の夫婦の一方が他方に対して居住用不動産の贈与等をする場合には，通常それまでの長年の貢献に報いるとともに，その老後の生活の安定を図る趣旨で行われる事情がある。そして，現行の相続税法上においても，配偶者に対する贈与に対して特別な配慮をするものとして，贈与税の特例制度が設けられている（相続税法21条の6）。そこで，民法上も，配偶者に対し居住用不動産の贈与等がされた場合について，同様の観点から一定の優遇措置を講ずることは，相続税法における贈与税の特例とあいまって配偶者の生活保障をより厚くするものといえる。

> 【相続税法上の贈与税の特例制度（相続税法21条の6）】
> 　相続税法上の贈与税の特例制度は，婚姻期間が20年以上の夫婦間で，居住用不動産等の贈与が行われた場合において，基礎控除に加え最高2000万円の控除を認めるというものであり，配偶者の死亡により残された他方配偶者の生活について配慮するものである。

⑵　立法趣旨

　婚姻期間が20年以上の夫婦の一方が他の一方に対して居住用不動産の贈与等をした場合については，通常それまでの貢献に報いるとともに，老後の生活を保障する趣旨で行われるものと考えられ，遺産分割における配偶者の相続分を算定するに当たり，居住用不動産の価額を控除してこれを減少させる意図は有していない場合が多いといえる（『一問一答』57，58頁）。

　改正法は，これらの点を考慮して，配偶者間の居住用不動産の贈与等が行われた場合について持戻し免除の意思表示があったものと推定する規定を設けた（民903条4項）。

2 要 件

(1) 婚姻期間が20年以上の夫婦であること

① 婚姻の意義

婚姻期間が20年以上の夫婦であることを要する。

これは，相続税法21条の6と同様の要件を設けるものであり，通常，長期間婚姻関係にある夫婦については，一方配偶者の財産形成における他方配偶者の貢献・協力の度合いが高く，そのような関係にある夫婦が行った贈与等は，類型的にそれまでの長年の貢献に報いるとともに，その老後の生活を保障する趣旨で行われる場合が多いと考えられること等を考慮したものである。

同一の当事者間で結婚，離婚，結婚を繰り返している場合であっても，婚姻期間が通算して20年以上となっていれば，この要件を満たすものと考えられる（『概説』42頁）。

設例7－1 **事実婚の期間算入の当否**

事実婚の期間が通算して20年以上の場合においても，民法903条4項が適用されるか。

【解 説】

20年の期間を算定する際に事実婚の期間を含めることはできない（『概説』42頁）。民法903条4項の規定は，あくまでも遺産分割における規定であり，遺産分割の対象となる配偶者は，法律上の夫婦の一方当事者である必要がある。

② 婚姻期間20年の基準時

居住用不動産の贈与又は遺贈時に婚姻期間が20年以上であることを要する。例えば，婚姻後5年目に贈与がなされ，相続開始時には婚姻期間が20年以上になっていたとしても，本条は適用されない。

(2) 居住用不動産の贈与又は遺贈がされたこと

① 居住用不動産

贈与等の目的物が「居住用不動産」である場合に限られる。

　　居住用不動産は，生活の本拠となるもので，老後の生活保障とい
　う観点から特に重要なものであり，その贈与等は，類型的に相手方
　配偶者の老後の生活保障を考慮して行われる場合が多いと考えられ
　るからである。

② 居宅兼店舗

　　居宅兼店舗については，様々な形態のものがあり得るが，同項の
　適用があるかどうかは，当該不動産の構造や形態，被相続人の遺言
　の趣旨等によって判断されることになる。なお，同項の規定の適用
　がない場合でも，個別具体的な事案に応じて，黙示の持戻し免除の
　意思表示を認定することができる場合もあり得る。

設例7−2　居住用不動産の認定

　次の各場合において，居住用不動産と認められるか。
1　構造上一体となっている3階建ての建物の1階部分の一部で店を営み，
　その余の部分は居住の用に供していた場合
2　構造上住居用部分と店舗部分が分離されており，居住用部分がいわゆる
　離れのような形態となっている場合
3　構造上建物は一体となっているが，その大部分を店舗が占めている場合

【解　説】
　不動産の構造や形態，被相続人の遺言の趣旨等によって判断されることになる。
1については，居住用不動産と認められる。2・3については，建物全体を居住
用不動産とみることはできない。なお，『概説』45頁は，居住用部分がいわゆる
離れのような形態となっている場合においては，居住用部分に限って居住用不動
産と認めることもあり得るとしている。

③ 居住用要件の認定基準時

　　居住用要件の判断の基準時は，贈与等をした時点を基準時とすべ
　きであると解される。民法903条4項は，贈与等を行った被相続人
　の持戻し免除の意思を推定する規定であるからである。

　　もっとも，贈与等が行われた時点で，現に居住の用に供していな
　かったとしても，贈与等の時点で近い将来居住の用に供する目的が

あったと認められる場合には，「居住の用に供されている」という
要件に該当する余地はある。

設例7－3　居住用不動産の複数回の贈与

> 被相続人Aは，20年の婚姻期間を経過した後，妻Wに対し，甲地にある
> 居住用不動産の贈与をしたが，その後，転居をし，乙地に居住した。そして，
> Aは，その後，Wに対し，乙地にある居住用不動産を贈与した。甲地の居住
> 用不動産の贈与につき民法903条4項が適用されるのか。

【解　説】

民法903条4項は適用されない。

一度，居住用不動産の贈与をした者が，転居をし，その後，転居先においても
居住用不動産を贈与した場合には，先の贈与については相手方配偶者の老後の生
活保障のために与えたという趣旨は撤回されたものと考えられる。

また，贈与税の特例（相続税法21条の6）は，一生に一回しか使うことができ
ないこととされており，二度目以降については通常の贈与税が課されることにな
るから，同一の当事者間で，頻繁に居住用不動産の贈与が行われるということは
通常想定し難いと考えられる。

④　居住用不動産の購入資金の贈与

　ア　相続税法上における贈与税の特例

　　　相続税法は，婚姻期間が20年以上である配偶者から，前記の居
　　住用不動産の贈与を受けた場合だけでなく，(ｱ)金銭の贈与を受け，
　　(ｲ)その金銭で居住用不動産を取得した場合で，(ｳ)その贈与を受け
　　た年の翌年3月15日までにその居住用不動産の取得に充てた部分
　　の金額の限度で，贈与税の特例の適用を受けることができると規
　　定している（相続税法21条の6）。

　イ　問題点

　　　配偶者から，居住用不動産の贈与を受けた場合だけでなく，金
　　銭の贈与を受け，その金銭で居住用不動産を取得した場合におい
　　ても，民法903条4項が適用されるか。

　ウ　問題の所在

　　　民法903条4項は，贈与等の対象財産を居住用不動産に限定し，

居住用不動産の購入資金についてはその対象財産に含めていない。

（理　由）

　仮に，居住用不動産の購入資金についても同項の適用対象に含めることとすると，実際にその資金が居住用不動産の購入に使われなかった場合にも，同規定が適用されることになると，他の共同相続人に与える影響も大きくなるし，後に居住用不動産の購入資金に使われないことをもって，その推定を覆す事情があるといえるか等をめぐって，当事者が主張・立証を繰り返すことが予想されるからである。

エ　結　論

　居住用不動産の購入資金の贈与がされ，これについて贈与税の特例が適用されるケースについては，実質としては，居住用不動産の贈与がされたと評価することができ，同項の規定を適用することができる場合が多い。また，適用がないとしても，居住用不動産の購入資金の贈与については，黙示の持戻し免除の意思表示を認定することができる事案が多い（『概説』46-47頁参照）。

(3) 贈与又は遺贈されたこと

　相続税法上の贈与税の特例とは異なり，同項の対象となる法律行為には，居住用不動産の贈与だけでなく，その遺贈も含まれる。

設例7－4 **特定財産承継遺言と持戻し免除**

> 特定財産承継遺言が行われた場合においても，民法903条4項を適用できるのか。

【解　説】

　民法903条4項は，「贈与」「遺贈」と規定していることから，直接適用することはできない。

　しかし，居住用不動産について特定財産承継遺言がされ，遺産分割方法の指定とあわせて相続分の指定がされたと解される場合には，そのような遺言をした遺言者の意図は，基本的には，遺産分割における配偶者の取り分をその分減らす意図は有していないと考えられるから，残余の遺産における分割協議等では，居住

用不動産については別枠として取り扱うことになると考えられる（209頁参照）。
　居住用不動産について特定財産承継遺言がされた場合については，同項の規定を直接適用することはできないものの，結果的には，同項の規定を適用したのと同様の結果になる場合が多い（『概説』47-48頁参照）。

3　効　果

(1)　持戻し免除の意思の推定

　民法903条4項の要件を満たす贈与等が行われた場合には，被相続人が，当該贈与等について民法903条1項の規定を適用しない旨の意思表示，すなわち，持戻し免除の意思表示をしたものと推定される。これにより，遺産分割において当該遺贈又は贈与を特別受益として扱わずに計算をすることができ，配偶者の遺産分割における取得額が増えることとなる。

(2)　例　外

①　被相続人による異なる意思表示

　　本項は，あくまでも推定規定であるから，被相続人が異なる意思を表示している場合（持戻し免除を認めない，黙示の意思表示も含む。）には，本規定は適用されないことになる。

②　遺言による意思表示の要否

　　持戻し免除を認めない意思表示については，必ずしも遺言による必要はないと考えられる。

4　配偶者居住権への準用

　婚姻期間が20年以上の夫婦間で，配偶者居住権の遺贈がされた場合についても，民法903条4項の規定が準用される（民1028条3項）。
　すなわち，婚姻期間が20年以上の夫婦において，被相続人が配偶者に配偶者居住権の遺贈又は死因贈与をした場合には，これらの遺贈等は特別受益とは取り扱われない。

第3 遺産の分割に関連する手続

第8章 特別寄与料

◆本章で取り扱う制度と段階的進行モデルとの時間的関係◆

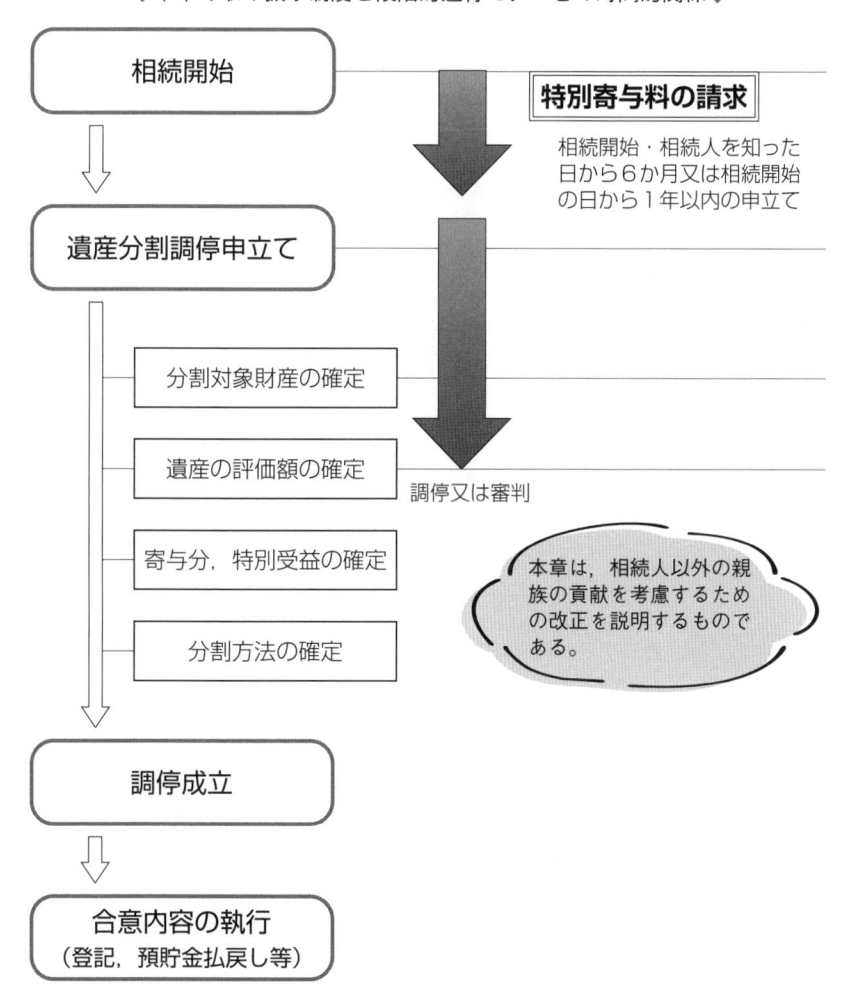

1　意　義

　特別寄与料制度とは，相続人ではない被相続人の親族が被相続人の療養看護に努めるなどの貢献を行った場合に，このような貢献をした者が，その貢献に応じた額の金銭（特別寄与料）の支払を請求することができるとする制度（民1050条）である。すなわち，被相続人の財産の維持又は増加について特別の寄与をした者（特別寄与者）がいる場合には，その者にも相続財産の分配にあずかることを認めることが実質的公平の理念に適うとの考えに基づくものである。

※　本書においては，相続人以外の者の貢献を考慮するための方策としての「特別の寄与」の制度については，「特別寄与料」と定義づけている。

2　特別寄与料請求権の法的性質

　特別寄与料は，寄与分と同様，家庭裁判所が合目的的に裁量権を行使する形成的処分（寄与分につき，最三小決昭和60年7月4日判タ570号47頁）であり，貢献があったことや相続開始といった要件が満たされることにより未確定の権利が生じるが，具体的な権利は協議又は審判によって初めて形成される。

> **裁判例 1**　最三小決昭和60年7月4日（判タ570号47頁）─────────
>
> 　「家事審判法9条1項乙類9号の2所定の寄与分を定める処分にかかる審判は，家庭裁判所が共同相続人の実質的な衡平を実現するため合目的的に裁量権を行使してする形成的処分であって，その事件の性質は本質的に非訟事件というべきであるから，その裁判が公開の法廷における対審および判決によらないでされたからといって憲法32条，82条に違反することにはならないことは，前記判例の趣旨に照らして明らかである。」

3　要　件

(1)　**被相続人の親族であり，相続人でないこと**

①　請求権者

　　特別寄与料を請求できる者の範囲は，相続人以外の被相続人の親族（六親等内の血族，配偶者，三親等内の姻族（民725条））である。

　　ただし，相続放棄をした者，相続人の欠格事由に該当する者（民891条）又は廃除によってその相続権を失った者を除く。

【被相続人の親族に限定した理由】

　請求権者の範囲を被相続人の親族に限定したのは，内縁の配偶者や同性のパートナー等についても請求権者の範囲に含めるとすると，その該当性をめぐって当事者間で主張立証が繰り返されるなどして相続をめぐる紛争がいっそう複雑化，長期化するおそれがあるからである（『一問一答』181頁）。

---

②　基準時

　　「被相続人の親族」に当たるか否かを判断する基準時は，被相続人の相続開始時とするのが相当である。そうすると，離婚により，被相続人の相続開始時には親族でなくなっていた者は，特別寄与料の請求権者ではないことになるが，このような結論は，被相続人の意思及び特別寄与料の請求権者を親族に限定した趣旨に沿うものと考えられる。

(2)　**無償で療養看護，その他の労務を提供したこと**

①　労務の提供

　　療養看護は，「労務の提供」の例示として挙げられているものであり，寄与行為の態様は，「労務の提供」に限定され，被相続人に対する財産上の給付は，対象とならないと考えられる。したがって，特別寄与料の対象となる主な寄与行為の類型は，療養看護型及び家業従事型になると考えられる。

　　なお，「財産管理型」の寄与も，労務の提供と評価される場合で

あれば，特別寄与料の射程に入ることも考えられるが，財産出資型の寄与は排除される。

② 無償要件

特別寄与者が被相続人から対価を得ていたときは，特別寄与料の請求は認められない（無償要件）。被相続人が特別寄与者の貢献に報いるために同人に対し契約や遺言により利益を与えている場合には，無償とはいえない（「部会資料」19-1・8頁）。

(3) 被相続人の財産の維持又は増加

特別寄与者の行為によって，その行為がなかったとすれば生じたはずの被相続人の積極財産の減少や消極財産（債務）の増加が阻止され，又はその行為がなかったとすれば，生じなかったはずの被相続人の積極財産の増加や消極財産の減少がもたらされることが必要である。

(4) (2)と(3)の因果関係

特別寄与者の行為が財産上の効果と結びつかない場合，すなわち，精神的な援助・協力が存在するだけでは，特別寄与料は認められない。

(5) 特別の寄与

① 特別寄与料における「特別の寄与」の意義

貢献の程度が一定程度を超えることを意味し，「その者の貢献に報いるのが相当と認められる程度の顕著な貢献があったこと」を意味するものと解すべきである。

【留意点】

寄与分の要件における「特別の寄与」は，一般に，寄与の程度が被相続人と相続人の身分関係に基づいて通常期待される程度の貢献を超えるものであることを意味すると解されている。これは，通常期待される程度の貢献については，相続分に基づく財産の取得をもって満足すべきものと考えられる。

これに対し，特別寄与料の請求権者は，相続人ではなく，被相続人に対して民法上の義務を負わない者も含まれていることから，同様の解釈をすることは相当ではない。

そこで，特別寄与料における「特別の寄与」とは，その者の貢献に

報いるために一定の財産を与えることが実質的公平の理念に適うとともに，被相続人の推定的意思にも合致すると考えられる場合に，制度の適用範囲を限定するために設けられたものである。したがって，この制度における「特別の寄与」とは，民法904条の2の寄与分とは異なり，実質的公平の理念及び被相続人の推定的意思という制度趣旨に照らし，その者の貢献に報いるのが相当と認められる程度の顕著な貢献があったことをいう。

したがって，特別寄与料における「特別の寄与」と民法904条の2の寄与分の要件における「特別の寄与」は，その意味が異なる。

② 特別寄与料における「特別の寄与」の認定

被相続人との身分関係等（例えば，被相続人の親の場合と従兄妹の場合）によって，認定基準に違いはない。

③ 基準時

対象となる寄与行為は，相続開始時までのものである。

4　権利行使期間

(1)　調停・審判の申立て期間

家庭裁判所に対する調停・審判の申立ては，特別寄与者が相続の開始及び相続人を知った時から6か月以内又は相続開始の時から1年以内にしなければならない（民1050条2項，いずれも除斥期間）。最長で相続開始時から1年となる。

(2)　相続人が複数いる場合の取扱い

特別寄与者は，その選択に従い，相続人の一人又は数人に対して特別寄与料の支払を請求することができる。

【相続人全員を相手方にする必要がない理由】

必ず相続人の全員に対して請求しなければならないとすると，特別寄与者が権利を行使することが困難になるおそれがあり，また，特別寄与者の配偶者などの金銭請求をする必要のない相続人も相手方とし

なくてはいけないという不都合があるからである。

(3) 権利行使の手続

特別の寄与に関する処分（家事法18節の2）については，寄与分における規定（民904条の2第4項）とは異なり，遺産分割手続から独立しており，特別寄与者は，遺産分割に関する事件が家庭裁判所に係属していない場合であっても，家庭裁判所に対して特別寄与料の額を定めることを請求することができる（『一問一答』193頁）。

5 特別寄与料の額

(1) 特別寄与料の支払

一次的には当事者間の協議により決められることになるが，当事者間に協議が調わないとき又は協議をすることができないときは，特別寄与者は，家庭裁判所に対して協議に代わる処分を請求することができる（民1050条2項）。

(2) 特別寄与料の額

被相続人が相続開始の時に有していた財産の価額から遺贈の価額を控除した残額を超えることができない（民1050条4項）。これは，相続人が相続財産から受ける利益を超えて特別寄与料の支払義務を負うことになるのは相当ではないという考慮に基づくものであり，寄与分の上限額（民904条の2第3項）と同様の規定である。

(3) 相続分に応じた負担

特別寄与料は，本来は，相続財産が負担すべき性質のものであり，各相続人は，特別寄与者の貢献によって維持又は増加した相続財産をその相続分に従って承継しているのであるから，相続財産に関する負担である特別寄与料も相続分に応じて負担すべきものと考えられる。そして，相続人が複数いる場合には，各相続人は特別寄与料の額にその相続人の相続分を乗じた額を負担する（民1050条5項）。

設例 8 － 1　特別寄与料の負担割合

> 1　遺言により相続分が指定されている場合における各相続人の特別寄与料の支払義務の負担割合はどうなるか。
> 2　相続財産の全てを相続人に遺贈した場合の特別寄与料の支払義務の負担割合はどうなるか。

【解　説】

1　相続分の指定がされていないときは法定相続分により，相続分の指定がされているときは指定相続分の割合により，特別寄与料の支払義務を負担するのが相当である。

　　相続分の指定がされている場合には，各相続人がその指定相続分に応じて特別寄与料を負担するのが相続人間の公平に適うものと考えられる。相続分の指定により一切財産を相続しない者が特別寄与料の支払義務のみを負担するのは相当でない。

2　特別寄与料は，被相続人が相続開始の時に有していた財産の価額から遺贈の価額を控除した残額を超えることはできない（民1050条4項）ので，特別寄与料はない。

6　特別寄与料の額の算定方法

⑴　家庭裁判所の考慮事項

　寄与の時期，方法及び程度，相続財産の額その他一切の事情を考慮して，特別寄与料の額を定める（民1050条3項）。

　そこで考慮される一切の事情には，上記のもののほか，相続債務の額，被相続人による遺言の内容，各相続人の遺留分，特別寄与者が生前に受けた利益（対価性を有するものを除く。）等が含まれるものと考えられる。

　なお，相続債務の額は，一切の事情として考慮されるところ，相続財産が債務超過であることは，特別寄与料の請求を否定する方向に働く事情になると考えられる。

⑵　特別寄与料の額の算定方法

　寄与分における算定方法が参考になり，療養看護型の場合，被相続人が「要介護度2」以上の状態にある場合の介護報酬が一つの目安になる。

　寄与分算定の実務においては，相続人は，看護や介護の専門家ではないこと等の事情を考慮し，裁量割合として，通常は，介護報酬の0.5から0.8程度の間で適宜修正されており，0.7あたりを平均的な数値として，前記裁量割合を乗じて減額している。

（例）療養看護型の寄与分＝介護報酬相当額×療養看護の日数×裁量割合（0.5〜0.8）

設例8−2　特別寄与料における介護報酬の当てはめ

　療養看護型の特別寄与料の場合においても裁量割合を考慮するのか。

【解　説】

　特別寄与料の場合も，特別寄与者は扶養義務を負っていない場合がある等の事情があること，介護の専門家ではないこと，その他寄与行為の態様等の個別具体的な事情を考慮して，裁量割合を定めるのが相当である。寄与分算定における0.5から0.8程度の裁量割合の幅が参考となる。

7　調停手続

(1)　申立手続

①　管　轄

　請求をする**相手方である相続人**（相手方が複数いる場合は，そのうちの一人）の住所地を管轄する家庭裁判所又は当事者が合意で定める家庭裁判所（家事法245条）である。

　なお，特別の寄与に関する処分の事件（以下「特別寄与料請求事件」という。）の管轄は，前記のとおり，相手方である相続人の住所地を管轄する家庭裁判所であるが，寄与分を定める処分の調停事件と異なり，遺産分割調停事件が係属している裁判所の管轄に属することにはならないので，遺産分割調停事件と特別寄与料請求事件の管轄裁判所が同一であるとは限らないことになる。したがって，両事件を同一の裁判所で進行させるのが相当と考えられる場合には，自庁処理や移送を検討することとなる。

② **審理方法**

　法律上は，遺産分割事件との併合や，他の相続人に対する特別寄与料請求事件の併合審理は求められていない。したがって，家庭裁判所の裁量において併合の当否を判断することとなる。

　例えば，次のような場合には，遺産分割事件と併合（移送）することなく，単独で進めることが相当である。

ア　相続財産の範囲・額に争いがなく，相手方においても申立人による特別の寄与を認めていることがうかがわれるなど，早期に調停が成立すると想定される場合（紛争性が低い場合）

イ　特別寄与者の状況に照らし，早期解決が必要である場合

ウ　特別の寄与がないことが資料の上からも明らかであるなど，請求が認められないと考えられる場合

【併合（移送）に関する視点】

1　特別寄与料の額を定めるに当たっては，相続財産の額を考慮するが，その他の事情，すなわち，特別の寄与の時期，方法及び程度，相続債務の額，被相続人による遺言の内容，各相続人の遺留分，特別寄与者が生前に受けた利益，その他一切の事情も考慮して，特別寄与料の額を定める（民1050条3項）ことからすると，相続財産の額を正確に認定できなくとも，特別寄与料請求事件の管轄裁判所においても，相続財産の概要を認定することができ，特別寄与料の額を定めるに必要な程度で明らかになる場合もあると思われる。したがって，併合及び遺産分割事件の管轄裁判所への移送は慎重に検討されるべきであろう。

2　遺産分割事件と特別寄与料請求事件のいずれも紛争性が高い場合には，遺産の範囲や評価等を固めながら協議を進める必要があること，特別寄与料の額を定めるに当たっては，相続財産の額も考慮することとされていること（民1050条3項），特別寄与料の額についての判断は，相続人ごとに同一になる方が望ましいことからすれば，特別寄与料請求事件と遺産分割事件を併合し，又は，一人の相続人に対する特別寄与料請求事件と他の相続人に対する特別寄与料請求事件を併合することにより，適切な判断及び事件の円滑な処理に資

　する場合もあると考えられる。

③　**当事者**

　ア　申立人

　　相続人以外の被相続人の親族（ただし，相続放棄をした者，欠格事由該当者又は廃除によってその相続権を失った者を除く。）

　イ　相手方

　　被相続人の相続人，相続分譲受人，包括受遺者

④　**申立手数料**

　　申立人1名につき1200円（収入印紙）（民訴費3条1項別表第1，15の2）

⑤　**申立書の記載事項**

　ア　申立人が被相続人の親族であり，相手方が被相続人の相続人であること（家事法49条2項及び家事規則37条1項）

　イ　特別の寄与の時期，方法及び程度その他の特別の寄与の実情

　ウ　相続の開始及び相続人を知った年月日（イ，ウにつき家事規則127条，116条の2）

⑥　**事情説明書の記載事項等**

　（下記ア，イは遺産分割事件が先行して係属していない場合）

　ア　被相続人の遺産（申立人の把握している範囲を記載した遺産目録の提出をできる限り求める。）

　　相続財産の額は特別寄与料の額を定めるに当たって考慮する事情であることから，被相続人の遺産を早期の段階で把握しておくために必要である。

　イ　被相続人の遺産分割及び本件以外の特別寄与料の各審判又は調停事件の表示

　　申立てのあった事件との関連事件を把握しておくことは，併合の当否を判断することや調停の進行上有益と考えられる。

　ウ　特別寄与料の類型（療養看護型，家業従事型等）の明示

　　紛争の概要を知ることは，調停の進行上有益と考えられる。

⑦ 添付書類

ア 申立人，相手方の戸籍謄本（全部事項証明書）

イ 被相続人の死亡の記載のある戸籍（除籍，改製原戸籍）謄本（全部事項証明書）

> **【留意点】**
>
> 特別寄与料は相続分に応じて負担するものであるから，相続分を算出するためには，相続人全員の戸籍謄本が必要になる場合も考えられ，追加提出が求められることがある。

(2) 進行段階

① 主張及び資料の提出

ア 申立人は，寄与の時期，方法及び程度について具体的な主張及び裏付け資料を提出する。

必要な資料については，寄与分における家業従事型，療養看護型等の提出資料が参考となる。具体的には，『実務運用』141・144頁の「特別の寄与　主張のポイント（療養看護型）」及び「特別の寄与　主張のポイント（家業従事型）」とその記載例を参考とされたい。

イ 主に，相手方において，相続財産の額，他の共同相続人の有無を明らかにし，その裏付け資料を提出する（相続財産を把握する資料として，相続税の申告書，相続財産の裏付け資料（相続債務についての資料を含む。），遺産分割協議書，遺言書等）。

ウ 東京家庭裁判所家事第5部による，「特別の寄与　主張のポイント（療養看護型）」及び「同（家業従事型）」，主張整理表，記載例を活用することが有用である。ツールの詳細は，『実務運用』142頁以降を参照されたい。

(3) 特別寄与料請求事件が単独で係属している場合における運用

① 相続財産及びその評価額

遺産分割事件と併合されていない場合には，相続財産（相続債務

も含む。）及びその評価額を明らかにすることが容易ではない場合も想定される。したがって，当事者双方は，相続財産の範囲等が明らかになるように主張，立証に努める必要がある。

【相続財産の範囲や評価を明らかにする必要性】

　「相続財産の額」が，「寄与の時期」などと並列の考慮事情として定められていること（民1050条3項），相続債務の額も考慮すべき「一切の事情」に含まれると考えられること，特別寄与料の額は，相続財産の価額から遺贈の価額を控除した残額を超えることができないとされていること（民1050条4項）からすると，「相続財産の額」は特別寄与料の額の上限を画する意味を有している。したがって，相続財産の範囲や評価，相続債務の額は，特別寄与料の額を定めるに当たっての考慮事情の一つであり，少なくとも特別寄与料の額を定めるに必要な程度で明らかになる必要がある。

設例8−3　前提問題との関係

　相続財産の範囲について争いがある場合，相続財産の範囲の確認訴訟を提起する必要があるか。

【解　説】

　相続財産の範囲については，特別寄与料の額を定めるに当たっての考慮事情の一つにすぎず，前提問題とはいえないから，相続財産の範囲の確認訴訟を提起することについては，確認の利益があるかという点で疑問がある。

　②　相続人の範囲に争いがある場合

　　相続人が数人ある場合には，各相続人は，特別寄与料の額に法定相続分ないし指定相続分の規定により算定した相続分を乗じた額を負担する（民1050条5項）とされていることから，相続人の範囲に争いがある場合には，相続分が確定せず，当該相手方が負担すべき特別寄与料の額が定まらないことになる。

　　この場合，最終的には，人事訴訟等の判決によって定められた相続人の範囲を基に，特別寄与料の額を定めることになると考えられる。

しかし，上記判決の確定を待つと紛争の解決が遅延することが想定される。したがって，相続人の範囲に争いがある状況を踏まえた上で，申立人と相手方の間で早期に合意ができないかを検討するのが相当な場合が多いと考えられる（なお，人事訴訟等が提起された場合においても，特別寄与料の請求においては，権利行使の期間として，除斥期間の定めがあるので，同事件の取下げについては慎重な検討が必要である。）。

(4) **特別寄与料請求事件と遺産分割事件が同時に係属している場合における運用**

① 特別寄与料請求事件について，早期の調停成立が見込めそうな事案の場合

特別寄与料請求事件を先行して進めることが考えられる。

【遺産分割事件との併合】

特別寄与料請求事件と遺産分割事件を併合するか否かが問題となるが，併合しない場合には，特別寄与料請求事件において，戸籍等の資料が十分に提出されているかを確認しておく必要がある。場合によっては，一旦併合した上で，審理の段階に応じて分離することも考えられる。特別寄与料の支払義務を負う金額が先行して確定されれば，相続人間の遺産分割の紛争解決を促進することにもなると思われる。

---

② 特別寄与料請求事件についても紛争性が高い事案の場合

両事件を併合した上で，遺産分割事件における遺産の範囲や評価等を明らかにし，その結果を考慮しながら，特別の寄与についての協議も本格化させるという進行が考えられる。

【併合審理の意義と留意点】

1 「特別の寄与」の考慮事情である相続財産については，遺産分割における遺産の範囲及び評価が確定することによって明らかになる。

2 遺産分割事件の調停の当初から特別寄与料についての協議を本格化させると，当事者間の感情的な対立を深める場合があり，「段階

的進行モデル」に沿った遺産分割事件の進行に支障が生じることが懸念される。遺産分割における遺産の範囲及び評価を確定させることが重要である。

③ 　遺産分割調停事件において，遺産の範囲等の前提問題が争われ，民事訴訟が提起されるような事案における審理方針

　特別寄与料請求事件につき，調停を単独で先行させて解決するように努めるのが相当である。遺産分割事件の進行を待つのは相当ではない。

（理　由）

ア　特別寄与料請求事件においては，相続財産や相続債務は考慮すべき事情という位置付けであり，遺産の範囲が正確に確定していなくても特別寄与料の判断が可能な場合も多いと考えられる。

イ　特別寄与料請求事件の進行について，遺産の範囲に関する訴訟が確定するのを待つと解決までに時間を要する。

ウ　遺産の範囲に関する訴訟が提起された場合，遺産分割事件は取下げとなることがほとんどであるところ，特別寄与料の請求については，除斥期間があることから，取り下げずに審理が止まり，事件は係属したままになるという問題が生ずる。

(5)　**終局段階**

① 　調停の成立

　特別寄与料に関する処分は，家事事件手続法別表第 2 の審判事件であり，給付内容を明確に記載する。

> ┄┄ **調停条項例** ┄┄
>
> 「相手方は，申立人に対し，特別寄与料として○万円を支払うこととし，これを○年○月○日までに，申立人の指定する○○の口座に振り込んで支払う。」

② 　申立ての取下げ

　遺産分割の調停事件と同様である。なお，取下げがあった部分に

ついては，初めから係属していなかったものとみなされる（家事法273条2項，民訴262条1項）ことから，除斥期間の定めがある特別寄与料請求事件の取下げについては慎重な検討が必要である。

8　審判手続

⑴　管　轄

　相続開始地（被相続人の最後の住所地）の家庭裁判所（家事法216条の2）又は当事者が合意で定める家庭裁判所（家事法66条1項）である。

⑵　併　合

　遺産分割事件や他の相続人に対する特別寄与料請求事件と併合することは必要的ではないが，「特別の寄与」の主張内容やその根拠等を検討した上で，併合の当否を判断することとなる。

⑶　進　行

　親族間における紛争をできる限り円満に解決するという要請は，特別寄与料請求事件においても同様であると考えられることからすれば，調停に付して（家事法274条1項），調停を先行させることが相当な場合が多いと想定される。

⑷　審判移行後に相続人の数に変動があった場合

　審判移行した後に，相続人の数に変動が生じても，特別寄与料の総額に変動はなく，相続人相互の負担割合が変化するのみであり，戸籍など，手持の資料で審判することは可能である。後日，人事訴訟等で相続人の数に変動が生じ，特別寄与料の負担額が減少した相続人は，特別寄与者に対し，不当利得に基づく返還請求をするのか，他の相続人に対し償還請求するのか，今後の実務によるところである。

⑸　主文等

　家庭裁判所は，特別の寄与に関する処分の審判において，当事者に対し，金銭の支払を命ずることができる（家事法216条の3）とされている。

⋯ 主　文 ⋯⋯⋯⋯⋯⋯⋯⋯⋯⋯⋯⋯⋯⋯⋯⋯⋯⋯⋯⋯⋯

「相手方は，申立人に対し，〇万円を支払え。」

【注意点】

主文には，「相手方は，申立人に対し，〇万円を支払え。」と記載し，各相続人に対する個別の請求権の決定のみを審判事項として掲げるべきである。

「申立人の特別寄与料の額を〇万円と定める。」のような主文を定めると，特別寄与者の請求権の全相続人に対する総額の決定が審判事項であることになり，一人の相続人に対して行われた審判が他の相続人との関係で効力を持ってしまうことになりかねないからである。

(6)　**不服申立て**

①　特別の寄与に関する処分の審判

申立人及び相手方が，即時抗告をすることができる（家事法216条の4）。

②　特別の寄与に関する処分の申立てを却下する審判

申立人が，即時抗告をすることができる（家事法216条の4）。

(7)　**申立ての取下げ**

審判がされるまでの間は，相手方の同意を得ることなく取下げをすることが可能である（家事法82条2項）。審判がされた後，審判が確定するまでの間の取下げは，相手方の同意を得なければ効力が生じない。

なお，特別寄与料の請求には除斥期間の定めがあるので，取下げについては慎重な検討が必要である。

9　重要論点

(1)　**財産権との重複行使の可否**

特別寄与者について，準委任契約等の財産法上の請求権が成り立ち得る場合でも，特別寄与料請求事件の申立てをすること自体は否定されな

い（ただし，二重取りは許されない。）。

(2)　遺産分割との関係

　特別寄与料請求事件は，遺産分割事件と別個独立の事件である。
また，特別寄与者から請求を受ける前に行われた遺産分割は，特別寄与
料の請求によっては，その効力に影響を受けない。

(3)　除斥期間を徒過した申立ての扱い

①　調停申立ての場合

　　受付段階で，申立人に対し，期間を徒過していることを伝えるが，
それでも申立てを維持する場合には，徒過した事由を記載した上申
書の提出を促すなどした上で，進行については，担当裁判官の判断
によることになると思われる。

　　具体的には，上申書の記載から，相手方が調停で応じる可能性が
あると判断される場合や，申立期間を徒過したことについて酌むべ
き事情があるとうかがわれる場合には，期日指定をして調停手続を
進める（ただし審判移行はしない。）という運用も考えられる。

　　他方で，相手方が不出頭の可能性が極めて高い場合や，申立て前
の当事者間の交渉等からおよそ調停で合意する見込みがない（相続
人の範囲に争いがある場合，除斥期間を理由に特別寄与料を支払わないと
明確に拒否されている場合等）といった場合には，特別寄与料につい
ては，法律関係の早期安定を図るという要請が強いことからすれば，
期日を指定せず，取下げの意思を確認した上で，調停を不成立にし，
却下する方向で運用するのが相当である。『実務運用』122・123頁
においては，「調停をしない措置をとることも考えられる。」として
いるが，私見は異なる。

②　審判申立ての場合

　　期日を指定せずに取下げの意思を確認した上で，取下げをしない
場合は却下する方向で運用するのが相当である。

⑷ **相続人以外の者がした貢献を，相続人の寄与分において考慮する従前の運用との関係**

① 問題点

相続人以外の者がした貢献（相続人である子の妻が，被相続人の療養看護等をした場合）について，従前は，相続人の履行補助者による寄与と評価して相続人自身の寄与に含めて評価する余地があるとされていたことは，前記のとおりである。

そこで，相続人以外の者の貢献を考慮するための方策としての特別寄与料（「特別の寄与」の制度）が新設されたことにより，従前の考え方に変更があるかが問題となり得る。

② 結論

特別寄与料の制度が適用されるようになった後も，相続人ではない親族の寄与について，引き続き相続人の寄与に含めて評価する余地があると解するのが相当である。

③ 理由

新しい制度ができて，相続人以外の親族は，特別寄与料として請求が可能になったのであるから，特別寄与料の請求をすべきであるともいえる。

しかしながら，被相続人の遺産の存否等の問題が争われるようになり，相続人以外の親族が，特別寄与料の請求をしようと考えたときには，既に特別寄与料請求の除斥期間（相続の開始及び相続人を知った時から6か月以内又は相続開始の時から1年以内とされているので，最長で相続開始時から1年）が経過しており，家庭裁判所への申立てができなくなっている事例が頻出することが想定される。

この場合，上記の原則論により，従前の考え方を否定する立場に立つと，相続人以外の親族の貢献については，相続人自身の寄与に含めて評価することも，特別寄与料の請求も，いずれもできないこととなり，新しい制度ができたことにより，かえって相続人以外の親族の貢献を考慮できない場合が生じるともいえ，このような結論は相当とは言い難い。

⑸ **特別寄与者の死亡による承継について**

　特別の寄与の申立て後に，申立人が死亡した場合，受継の問題で処理する。

⑹ **相続分に変動があった場合の特別寄与料の支払義務**

　① **相続放棄**

　　相続人のうち，相続放棄をした者がいる場合には，同放棄によって変動した後の相続分に従って，各相続人は特別寄与料の支払義務を負う。

　② **相続分の放棄**

　　相続分の放棄がなされた場合であっても，当該相続人は，特別寄与料の支払義務を負うと解するのが相当であるとの見解が有力である（『実務運用』123・124頁参照）。

【理　由】

ア　相続分の放棄をした場合であっても，相続債務を免れるものではないところ，特別寄与料の支払も各相続人の債務であること

イ　相続分の放棄は，遺産分割事件における裁判所に対する意思表示であるから，相続分の放棄をしたことによって別事件である特別寄与料の支払義務を免れることができるかは疑問であること

（私　見）

　相続分を放棄して相続財産にあずかれない相続人が特別寄与料を負担することには疑問がある。事例の集積を待ちたい。

【理　由】

1　特別寄与料は，遺産分割とは別途に解決される事件類型であり，特別寄与料の債務名義は相続開始後に形成されること

2　特別寄与料は，相続人ではないという形式的な理由で，相続財産の分配にあずかり得ないことに対する不公平感を解消する性質のものであり，特別寄与料は，本来，相続財産が負担すべき性質のものであること

3　各相続人が法定相続分又は指定相続分に応じて特別寄与料を負担

するのは，特別寄与者の貢献によって維持又は増加した相続財産をその相続分に応じて承継するものであるから，相続財産に関する特別寄与料も相続分に応じて負担するものと考えられること
4　民法1050条4項は，相続人が相続財産から現に受ける利益の価額を上限にしていること

③　相続分の譲渡

相続分の譲受人が譲渡後の相続分割合により特別寄与料の支払義務を負うと考えられる。相続分の譲渡は，積極財産のみならず債務も承継するから，相続分を譲り受けた者は，譲渡後の相続分割合により特別寄与料の支払義務も承継すると考えるのが相当であるからである。

なお，相続分の譲渡は，債務の負担について，債権者を害さないために，譲渡人において併存的に当該債務を負担すると解されていることからすれば，特別寄与者が相続分譲渡人に対して，譲渡前の相続分を前提に特別寄与料の支払を請求することは否定されないと考えられる。そして，譲渡人が支払った場合，譲受人に対する求償が可能であると解される。

(7)　特別寄与料を取得した場合の課税

特別寄与者は，特別寄与料の額に相当する金額を被相続人から遺贈により取得したことになる。法定相続人ではない者に対する遺贈があった場合における第三者に対する税金は，贈与税ではなく相続税とされるところ（相続税法4条2項），特別寄与者に対し相続税が課されるのであれば，特別寄与者は被相続人の一親等の血族，配偶者ではないから，本来の相続税額の2割が加算される（相続税法18条1項）ものと考えられる。このように，特別寄与料については課税されることに留意する必要がある。

第3編
遺言と遺留分に関する改正

【家庭裁判所の手続と遺言の内容による整理】

※　この整理は，「民法及び判例に現れる遺言の内容」（11章冒頭図参照）を本書に現れる解説等に基づき分類して，家庭裁判所による解決の要否を検討するための素材とするものである。視覚的な分かりやすさを優先しており，確立した手順や分類を整理したものではないので留意されたい。

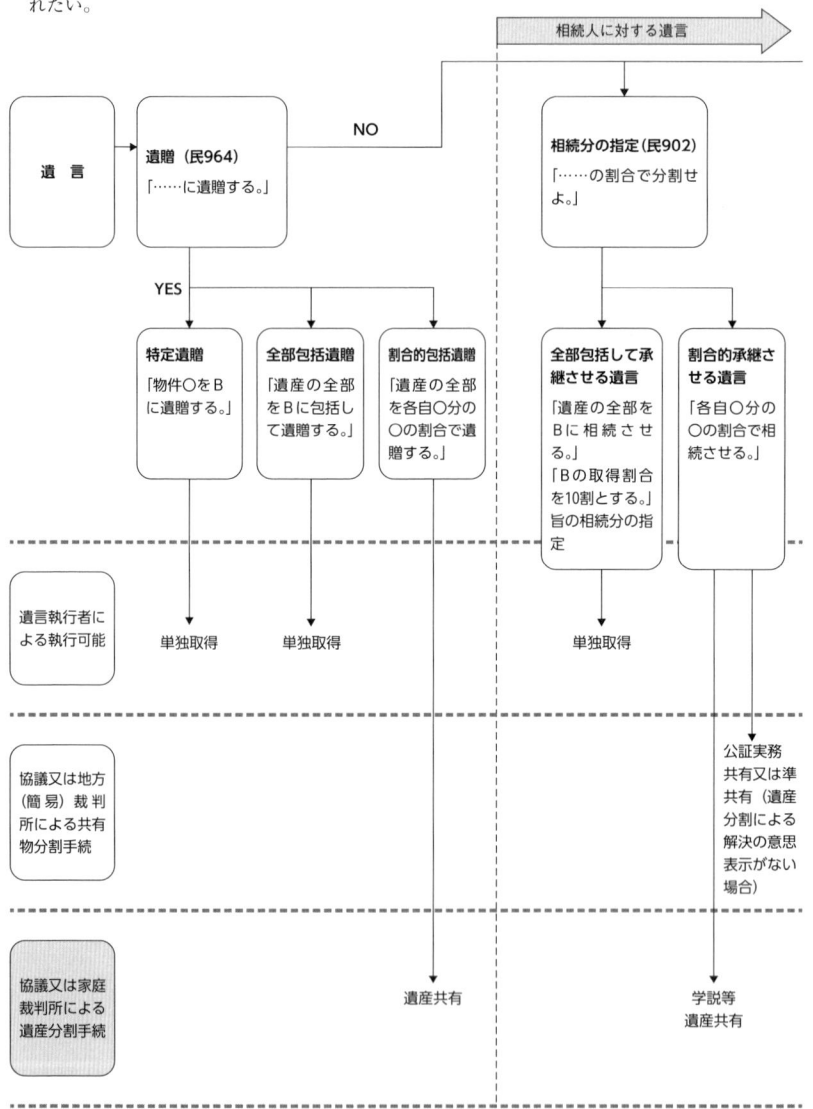

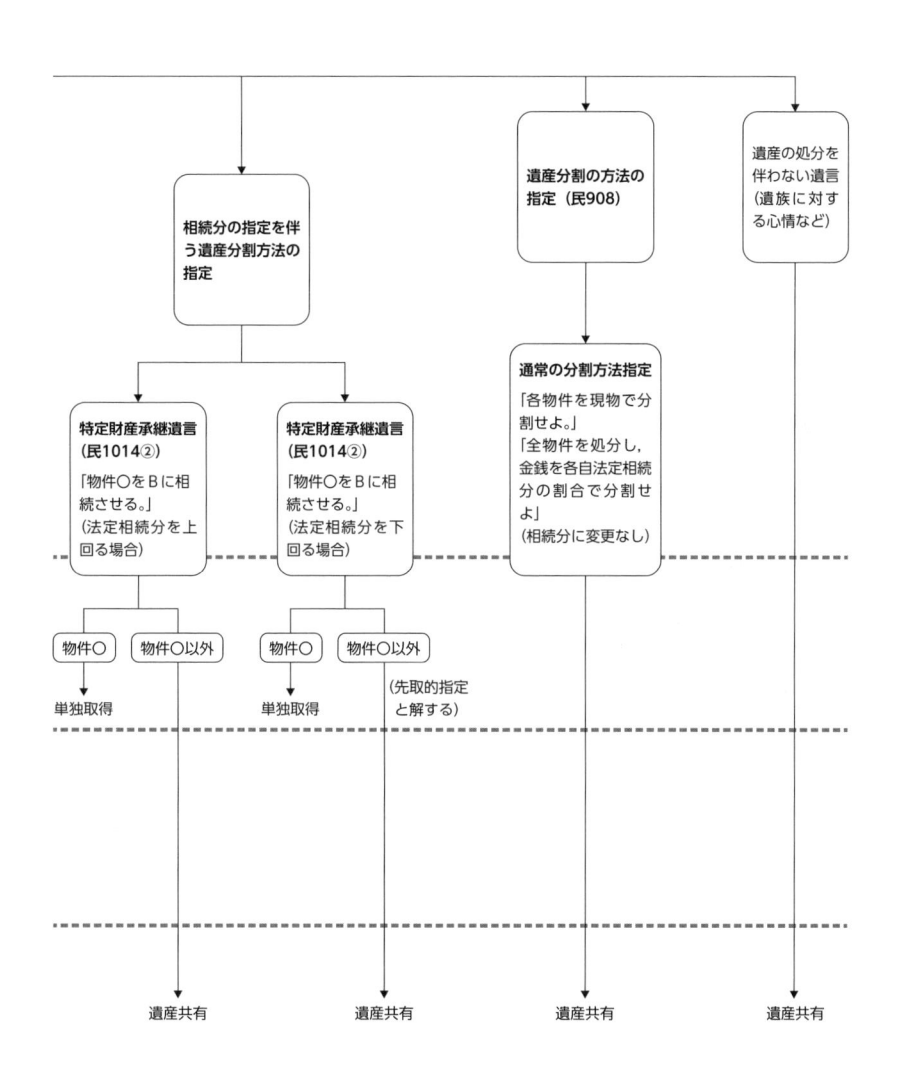

━━ 第1 遺言・遺言執行に関する手続 ━━

第9章 自筆証書遺言の方式緩和

1 意 義

　改正前民法下においては，遺言者は，遺言書の全文を自分で書かなければならないものとされていたが，改正前の厳格な方式は，遺言者の負担となり，自筆証書遺言の利用が阻害されているとの指摘を受けていた。そこで，民法968条2項は，自筆証書遺言に相続財産等の目録を添付する場合には，その目録については自書を要しないとし，自筆証書遺言の方式を緩和することにした。

2 内 容

(1) 財産目録の方式の緩和

　自筆証書遺言の相続財産の特定に必要な事項（財産目録）については，自筆を要しない（民968条2項）。パソコンによる作成や遺言者以外の者による代筆のほか，不動産の全部事項証明書や預貯金通帳の写しの添付も有効である。

(2) 各葉への署名押印

　自書によらない財産目録の「各葉」（財産目録の全ての用紙）には，署名押印が必要となる（民968条2項）。「各葉」に署名押印をすることを要件としたのは，自書によらない財産目録を差し替えるなどして遺言書を偽造変造することが容易になることを防止するためである。

　また，自書によらない記載がその両面にある場合には，その両面に署名押印をすることが必要である（各頁という文言を用いるのと同じである。）。財産目録の裏面が白紙である場合，裏面に他の財産を記載する方法で遺

言書を変造することを防止しようとするものである（『一問一答』101頁参照）。

(3)　押　印

　押印は，認め印でも差し支えなく，押印は，財産目録の各用紙にされれば足り，本文と財産目録との間や，財産目録の各用紙の間に契印をする必要はない（『概説』87頁）。

3　財産目録中の記載の加除その他の変更に関する規定

　財産目録中の記載の加除その他の変更は，遺言者が，変更の場所を指示し，これを変更した旨を付記して特にこれに署名し，かつ，その変更の場所に印を押さなければ，その効力を生じない（民968条3項）。

設例9−1　自筆証書遺言と財産目録①

　自筆証書遺言に添付する財産目録をパソコンで作成し，署名押印した後にその目録に誤記があることを発見した。誤記の部分のみを訂正するには，どのようにしたらよいのか。

【解　説】

　財産目録中の記載の一部を訂正する場合には，適宜の方法で訂正した上で，例えば，「本目録第三行目中，二文字削除，二文字追加」等と訂正場所を指示した上でそれを訂正する旨文言を付記した上で署名し，さらに訂正箇所に押印する必要がある（『一問一答』109頁）。

設例9−2　自筆証書遺言と財産目録②

　遺言者は，既に作成した遺言のうち，財産目録（の部分）を破棄して新しい財産目録を添付することで，自書によらない財産目録の差し替えをしたい。このような差し替えが認められるか。

【解　説】

　認められない。
　単に古い財産目録を破棄して新しい財産目録を添付することで，あたかも作成

時から差し替え後の財産目録が添付されていたような遺言書を作出できない。

　財産目録を差し替える場合にも，民法968条3項に定める方式で行う必要がある。すなわち，旧目録を斜線等で抹消した上でその斜線上に抹消印を押し，新目録の紙面上に追加印を押した上でこれを添付し，さらに，本文が記載された紙面上に「旧目録を削除し，新目録を追加した」旨の訂正文言を記載，遺言者自らが署名することが必要である（『一問一答』109頁）。

第10章　自筆証書遺言に係る遺言書の保管制度の創設

1　意　義

　遺言書保管法は，高齢社会の進展等の社会経済情勢の変化に鑑み，相続をめぐる紛争を防止する観点から，法務局において自筆証書遺言に係る遺言書を保管する制度である（制度の具体的規定は，巻末の遺言書保管法を参照されたい。）。

2　概　要

(1)　遺言書保管制度

　自筆証書遺言に係る遺言書の保管制度は，遺言者が遺言書保管所において，自筆証書遺言に係る遺言書の保管を申請することができるとする制度であり，遺言書保管法は，申請手続，遺言書の保管，遺言書に係る情報の管理，遺言者の死亡後の相続人等による遺言書保管事実証明書（遺言書保管所における関係遺言書の保管の有無等を明らかにした証明書）又は遺言書情報証明書（遺言書の画像情報等を用いた証明書）の交付請求手続等を定めた（『一問一答』208頁以下参照）。

(2)　家庭裁判所での検認の要否

　遺言書保管法により遺言書保管所に保管されている遺言書については，家庭裁判所で行う自筆証書遺言書の検認の手続（民1004条1項）は不要とされた（遺言書保管法11条）。

3　遺言書の保管を行う機関

　遺言書の保管を行う公的機関については，全国一律にサービスを提供する必要があることなどの理由から，法務局とすることとなった。遺言

書保管法では，全国の法務局のうち，法務大臣の指定する法務局が遺言書保管所として遺言書の保管に関する事務をつかさどることとしている（遺言書保管法2条）。

4　保管の申請

(1)　遺言者による保管の申請
　遺言者が遺言書保管所に自ら出頭して保管の申請を行わなければならない（遺言書保管法4条6項）。
(2)　遺言書の要式
　保管の申請をすることができる遺言書は，法務省令で定める様式に従って作成した無封の遺言書でなければならない（遺言書保管法4条2項）。

5　遺言書の保管方法

　遺言書保管官は，遺言書の原本を保管するとともに，その画像情報等を磁気ディスクをもって調製する遺言書保管ファイルに電磁的に記録することにより遺言書に係る情報の管理を行うものとされる（遺言書保管法7条1項・2項）。

第11章 遺言による分割方法

【民法及び判例に現れる遺言の内容】

※ この図は、改正民法及び従前の判例に現れる遺言の内容について、その関連性を視覚的にイメージ化したものであり、確立した分類を整理したものではないので留意されたい。

遺　言

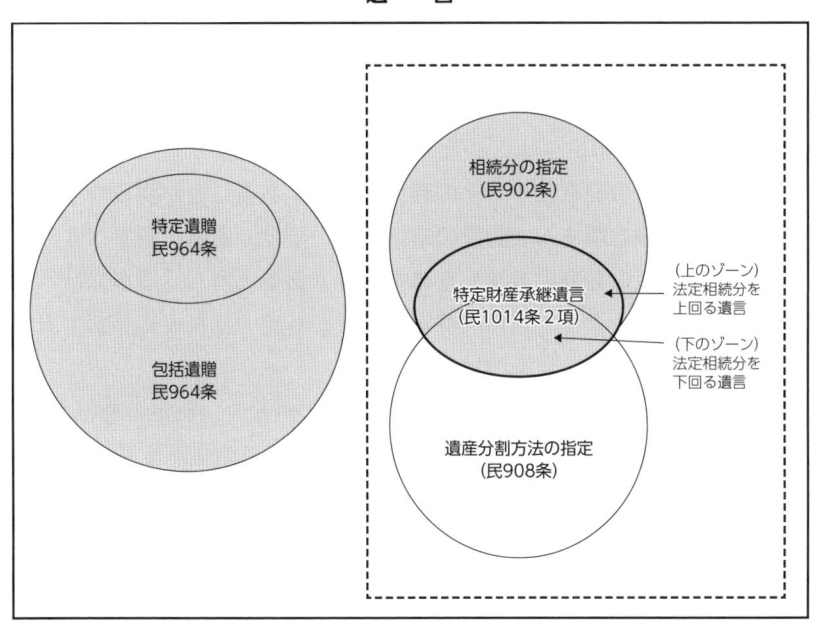

- 相続分の指定（民902条）
- 特定遺贈 民964条
- 包括遺贈 民964条
- 特定財産承継遺言（民1014条2項）
- （上のゾーン）法定相続分を上回る遺言
- （下のゾーン）法定相続分を下回る遺言
- 遺産分割方法の指定（民908条）

⬭ 民法規定の遺言の内容

⬬ 受遺者として遺留分侵害額請求を受ける遺言（民1046①）

⌐ ¬ 相続人に対する遺言　　※182頁図の矢印部分と対応している。

1　特定財産承継遺言（「相続させる」旨の遺言）

⑴　「相続させる」旨の遺言の意義

①　公証実務

　　わが国の公正証書遺言作成の実務（公証実務）では，これまで，「特定の遺産を，特定の相続人に，相続させる」旨の遺言が奨励されてきた経緯があった。それは，「特定遺贈と同様の処理をしつつ，登録免許税において相続人に有利な取扱いをする」という要因があった。

②　「相続させる」旨の遺言の法的意味

　　このような遺言の法的意味をどのように捉えるかについて議論がなされていたところ，判例（最二小判平成3年4月19日民集45巻4号477頁）は，「相続させる」旨の遺言につき，遺産分割効果説を採用し，**遺言書の記載から，その趣旨が遺贈であることが明らかであるか又は遺贈と解すべき特段の事情がない限り，遺贈と解すべきではなく，遺産の分割の方法を定めた遺言である**と解し，遺産分割手続を要することなく，当然に特定の遺産が特定の相続人に移転するとして，実務上の決着をつけた。

　　そして，公証実務においては，「特定の遺産を，特定の相続人に，相続させる」旨の遺言だけではなく，「すべての遺産を特定の相続人に，相続させる」旨の遺言（全部包括相続させる遺言）も行われるに至ったが，判例（最三小判平成21年3月24日民集63巻3号427頁）は，これについても，全部包括遺贈ではなく，遺産分割方法の指定であると理解し，そこには相続分の指定（特定の相続人の相続分を100パーセントとする指定）が含められていると解している。

③　定義の多様性

　　このように，「相続させる」旨の遺言は，当初の「特定の遺産を，特定の相続人に，相続させる」旨の遺言だけではなく，概念は多義に使用され，実務において，両者等を含めるかたちで，いわゆる「相続させる」旨の遺言と定義付けられてきたという経緯がある（二

宮・461頁）。

④　改正法

　　前記平成３年判決によれば，「相続させる」旨の遺言は，遺産分割方法の指定がされたと解すべきものと遺贈と解すべきものの２つに分かれることになり，この点につき，改正法は，**遺産の分割の方法の指定として特定の財産を共同相続人の一人又は数人に承継させる旨の遺言**と解すべきものにつき，「特定財産承継遺言」と定義づけ（民1014条２項），かかる遺言による財産の承継を「遺贈」とはみないものとした。

　　なお，特定財産の場合には，「相続させる」，「承継させる」のいずれの文言でも法的効果は同じである（二宮・462頁）。

⑤　相続分の指定との関係

　　他方で，特定の相続人に対し財産の一定割合ないし全てを取得させる趣旨の遺言は，特定財産承継遺言には当たらず，相続分の指定と扱われる（民1046条１項括弧書き）。文言として，「相続させる」が用いられるとしても「相続分の指定」と扱われることになる。

(2)　**類型と遺産分割手続との関係**

①　特定の遺産について相続人に特定財産承継遺言がある場合と遺産分割手続との関係

　　特定の遺産について相続人に「相続させる」「承継させる」旨の遺言（特定財産承継遺言）がされているときは，直ちに当該相続人に相続により所有権が帰属することになるため，当該遺産は遺産分割の対象ではなくなる。

②　包括して「相続させる」旨の遺言と遺産分割手続との関係

　　ア　全財産相続型（全財産をBに「相続させる」旨の遺言）

　　　　全ての遺産について「相続させる」旨の遺言がされている場合には，遺産分割方法の指定がなされ，かつ特定の相続人Bの相続分を全部（100％）とする旨の指定がなされていると解されるから，遺産分割の対象となる遺産が存在しないことになる。したがって，家庭裁判所に遺産分割調停・審判の申立てをしても，実質的な手

続はできない。

イ 割合的相続型（相続人Bに全遺産の5分の2を，同Cに5分の2を，同Dに5分の1をという分数的割合を定めたもの）

個別事案においては，遺言者の意図として，遺産の具体的な分割方法については遺産分割の手続により決定されることを予定しているものか，相続分の指定をも伴うものか，共有取得させる趣旨であるのかなど，その判断が難しい場合がある。

この点につき，遺産分割説と共有説の見解の対立があった。

(ア) 遺産分割説

割合的相続型の遺言をする遺言者としては，特段の事情のない限り，受遺者に対し自己の相続財産全体からその指定した割合による価額相当額を取得させること（遺産の合計額の5分の2，5分の1相当額）を意図しているのであり，改めて遺産分割手続が必要であるとする見解である（『諸問題』70頁，61頁）。

(イ) 共有説

持分として共有取得させるのが遺言者の意思であると解釈し，共有状態の解消は共有物分割手続によるとする見解である（森野俊彦「遺言―『相続させる』旨の遺言について」判例タイムズ臨時増刊996号145頁）。

(ウ) 公正証書遺言の一例と実務

「共有持分は…割合」，「共有持分…割合にて」，「持分均等の割合で」という語が用いられている場合には，共有取得させる趣旨と解することができるとする見解（蕪山嚴ほか『遺言法体系Ⅰ（補訂版）』（慈学社，2015）114頁）があった。

また，実務においても，同様の語が用いられている場合においては，共有取得させる趣旨であると解していた。

【東京公証人会の見解】

東京公証人会によれば，「相続させる」との文言を用いているのであれば，遺産分割手続を経ることなく，受益相続人が被相続人死亡時

に直ちに当該財産を相続により承継する（物権的に取得する）効力を生じるとの見解に基づき公正証書を作成していること，そして「割合的相続させる」の文言に引き続いて「具体的な財産の分配については相続人の協議によって定める。」との文言が付加されているなどの特段の事情のない限り，列挙された個々の財産及びその余の一切の財産につき，遺産分割手続を経ることなく，記載された割合での共有ないし準共有とする趣旨として作成しているとのことである。

(エ)　遺言の解釈と裁判実務

実務においては，「共有持分は…割合」，「共有持分…割合にて」，「持分均等の割合で」の文言が用いられていた場合においては共有取得させる趣旨だと解されていた。しかしながら前記東京公証人会の見解によれば，前記文言がなくとも「相続させる」旨の遺言によって共有又は準共有とする遺産分割方法の指定がなされているから，対象財産は，共有又は準共有となり，その共有等関係の解消は共有物分割の手続で行うことになる。したがって，従前の見解の対立は意義をなくしたことになる。

(3)　第三者に対する対抗要件としての登記との関係

①　改正前民法下における判例

特定の相続人は，登記なくして「相続させる」旨の遺言による物権変動を第三者に対抗することができると解していた（最二小判平成14年６月10日判時1791号59頁，最二小判平成５年７月19日判時1525号61頁）。

最二小判平成５年７月19日（判時1525号61頁）は，甲，乙両名が共同相続したのに，乙が単独相続の登記を経由し，単独所有権を丙に譲渡した場合において，「乙の登記は甲の持分に関する限り無権利の登記であり，登記に公信力なき結果丙も甲の持分に関する限りその権利を取得する由ない」（最二小判昭和38年２月22日（民集17巻１号235頁））を踏襲した。

裁判例2　最二小判平成14年6月10日（判時1791号59頁）──────

　　「『相続させる』趣旨の遺言による権利の移転は，法定相続分又は指定相続
　分の相続の場合と本質において異なるところはない。そして，法定相続分又
　は指定相続分の相続による不動産の権利の取得については，登記なくしてそ
　の権利を第三者に対抗できる。」

②　従前の解釈の問題点

　　このような解釈に対しては，遺言によって利益を受ける相続人
　（受益相続人）は登記等の対抗要件を備えなくても，その権利取得を
　第三者に対抗することができ，早期に登記等の対抗要件を備えよう
　とする動機が働かない結果，遺言による権利変動について登記がさ
　れずに，実体的な権利と公示の不一致が生じる場面が増えることに
　なり，不動産登記制度等の対抗要件制度に対する信頼が害されるお
　それがあった。

③　改正法による第三者の保護

　　改正法は，相続を原因とする権利変動について，これによって利
　益を受ける相続人は，登記等の対抗要件を備えなければ法定相続分
　を超える権利の取得を第三者に主張することはできないと規定した
　（民899条の2）。

※　民法899条の2の「相続による権利の承継」には，遺産分割に
　よるもののほか，特定財産承継遺言や相続分の指定によるものが
　含まれる。

【注意点】

　民法889条の2の規定は，相続により法定相続分を超える部分を取
得した相続人（受益相続人）から第三者に対してその取得を主張する
場合の規定を設けたものである。

　改正前民法下において，判例は，遺産分割による権利の取得が民法
177条の「物権の得喪」や民法178条の「物権の譲渡」に該当すると解
していたが，今回の改正により，遺産分割による権利の承継について
は，民法899条の2第1項が適用されるようになり，改正法施行の前

後で根拠条文が変わることになる。

また，第三者が受益相続人に対してその権利を対抗する場合の根拠規定は，原則として不動産であれば民法177条，動産であれば民法178条，債権であれば民法467条となる。

設例11－1　特定財産承継遺言と第三者対抗問題①

被相続人Ａは，「甲地の権利及びその他一切の財産を妻Ｗに相続させる」旨の遺言を残して死亡した。相続人は，妻Ｗと子Ｂである。Ｗは，前記遺言により，甲地の権利を取得したが，Ｂの債権者であるＤは，Ｂに代位してＢが法定相続分（2分の1）により甲地の権利を相続した旨の登記を経由した上，Ｂの持分に対する仮差押え及び強制執行を申し立て，これに対する仮差押え及び差押えをしたことから，Ｗは，この仮差押えの執行及び強制執行の排除を求めて第三者異議訴訟を提起した。Ｗの請求は認められるか。

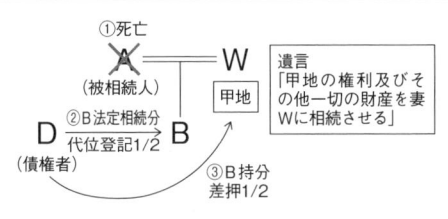

【解　説】

Ｗの請求は認められない。

民法899条の2により，相続を原因とする権利変動について，これによって利益を受ける相続人Ｗは，Ｗの法定相続分2分の1を超える部分（＝Ｂの法定相続分）について，登記等の対抗要件を備えなければ法定相続分を超える権利の取得を第三者Ｄに主張することはできない。

設例11－2　特定財産承継遺言と第三者対抗問題②

被相続人Ａは，「甲地を妻Ｗに相続させる」との自筆証書遺言を残して死亡した。相続人は，妻Ｗと子Ｂ・Ｃである。Ｂは，法定相続分による相続を原因とする共有登記をし，自己の持分をＤに処分し，Ｄは持分権移転登記手続を了している。Ｗは，所有権移転登記なくしてＡからＷへの所有権移転を第三者であるＤに対抗できるか。

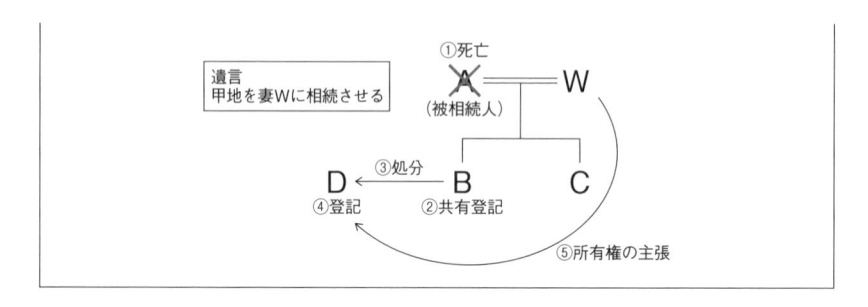

【解 説】

　Wは，Dに対しては，登記をしなければ法定相続分である2分の1の共有持分を超える部分について，その取得を対抗することができない。

　被相続人Aが特定の遺産をWに相続させる遺言（遺産分割方法の指定）がなされた場合，改正前民法下における判例は，Bは無権利者であるとされ，Wは，Bからその法定相続分に相当する4分の1の共有持分を買い受けたDに対し，登記なくして自己の権利取得を対抗することができると解していた。

　しかし，改正法の下では，民法899条の2の第三者に当たるDとの関係では，Bも法定相続分による権利の承継を受けたと扱われる。したがって，Wは，Dに対しては，登記をしなければ法定相続分である2分の1の共有持分を超える部分について，その取得を対抗することができない。

設例11−3　特定財産承継遺言と第三者対抗問題③

　相続により法定相続分を超える部分を取得した相続人（受益相続人）が第三者に対して法定相続分を超える権利の取得を対抗するためには，法定相続分を超える持分について対抗要件を備えれば，その全体について第三者に対抗することができるのか。

【解 説】

　受益相続人が第三者に対して法定相続分を超える権利の取得を対抗するためには，取得した権利の全体について登記等の対抗要件を備える必要がある。

⑷　特定財産承継遺言による債権承継

①　意　義

　　改正法は，特定財産承継遺言により法定相続分を超える債権の承継がされた場合には，民法467条に規定する方法のほか，当該債権を承継する相続人（受益相続人）の債務者に対する通知により対抗

要件を具備することを認めた（民899条の2第2項）。

② **受益相続人による債務者に対する通知**

　特定財産承継遺言により法定相続分を超える債権の承継がされた場合，受益相続人は，民法467条に規定する方法，すなわち，「譲渡人に相当する共同相続人全員の債務者に対する通知」又は「債務者の承諾」により対抗要件を具備することができる。

　しかし，被相続人は，既に死亡しており，相続人もどのような状況の下で遺言がされたかを認識していない場合が多い。また，受益相続人以外の相続人に債務者に対する通知を期待することは困難である。さらに，受益相続人以外の相続人は対抗要件の具備に協力すべき義務を負わないから，対抗要件の具備について受益相続人以外の相続人の協力が得られない場合に備えて，別の手段を設けておく必要がある。

　そこで，改正法は，相続による債権の承継の場合には，受益相続人の通知により対抗要件を具備することを認めた（民899条の2第2項）。

　なお，受益相続人の債務者に対する通知としては，通知の際，遺言の内容又は遺産分割の内容を明らかにすることが必要である。

設例11−4 **受益相続人の債務者に対する通知**

　受益相続人が遺言の内容を明らかにしたと認められる場合とは，どのような場合か。

【解　説】

　受益相続人が遺言の内容を明らかにしたと認められる場合として，債務者に遺言書の原本を提示するか，遺言書の写しを提出する場合においては，同一内容の原本が存在することについて疑義を生じさせない客観性のある書面であることが必要である。公証人によって作成された遺言書の正本又は謄本，自筆証書遺言書の原本，検認調書の謄本に添付された遺言書の写し等がこれに当たると解される。

(5)　**特定財産承継遺言と遺言執行者の職務**

　①　意　義

　　改正法は，特定財産承継遺言がされた場合についても取引の安全等を図る観点から，遺贈や遺産分割と同様に対抗要件主義を導入し，法定相続分を超える権利の承継については，対抗要件の具備なくして第三者に権利の取得を対抗することができないこととし（民899条の2），遺言執行者において，遺言の内容を実現するためにも，速やかに対抗要件の具備をさせる必要性を高めた。

　②　内　容

　　特定財産承継遺言がされた場合について，遺言執行者は，原則として，その遺言によって財産を承継する受益相続人のために対抗要件を具備する権限を有することを明確にした（民1014条2項）。

(6)　**特定財産承継遺言と遺留分侵害額請求との関係**

　特定財産承継遺言により，遺留分を侵害された相続人は遺留分侵害額請求をすることができる（民1047条1項）。

2　相続分の指定

(1)　**相続分の指定の意義**

　遺言による相続分の指定とは，遺言者（被相続人）の意思に基づき，共同相続人の中の一定の者の相続分について法定相続分と異なった割合を定めること（民902条）である。遺産の2分の1や3分の1など，相続財産全体に対する分数的割合で示されるのがこの典型である。これは，形式的画一的な法定相続分によるよりは，被相続人が各共同相続人との親疎の程度など諸事情を考慮して，その具体的実情に応じた合理的配分をすることを相当としたものである。

(2)　**相続分の指定の効果**

　①　効果の発生

　　相続分の指定は，当然に法定相続分の割合を修正する効果を生じ，これにより共同相続人間の遺産分割の割合の基準が定まる。

【注意点】

　相続分の指定は，それ自体によっては，遺産共有の状態に変更を加えるものではなく，各相続人に対し，個々の相続財産に対する具体的権利を取得させる効果を有するものではない。したがって，相続分の指定がされたにとどまる場合は，専ら遺産分割として処理すれば足りる。

② 相続分の指定により法定相続分を超える特定財産を取得した相続人（受益相続人）と第三者対抗要件

　ア　改正前民法下における解釈

　　判例（最二小判平成5年7月19日判時1525号61頁）によると，遺言によって利益を受ける相続人（受益相続人）は登記等の対抗要件を備えなくても，その権利取得を第三者に対抗することができるものと解していた。しかし，この考え方によると，実体的権利と公示の不一致が生じ，遺言の有無及び内容を知ることができない第三者に不測の損害を与えるという問題があった。

　イ　改正の趣旨

　　民法899条の2は，受益相続人が相続分の指定により財産を取得した場合でも，法定相続分を超える部分については，登記等の対抗要件を備えなければ，その権利を第三者に対抗することはできないと規定した。

(3)　**金銭債権の承継**

　金銭債権の承継の扱いは，特定財産承継遺言における規定と同様である。すなわち，相続分の指定により法定相続分を超える債権の承継がされた場合，受益相続人は民法467条に規定する①譲渡人に相当する共同相続人全員の債務者に対する通知，②債務者の承諾により対抗要件を具備することができるほか，改正法は，③当該債権を承継する相続人（受益相続人）の債務者に対する通知により対抗要件を具備することを認めた（民899条の2第2項）。そして，受益相続人の債務者に対する通知としては，通知の際，遺言の内容又は遺産分割の内容を明らかにすることを

要求した（詳細については，『一問一答』166頁参照。）。

> **設例11−5**　相続分の指定と法定相続分を超える部分の差押え
>
> 　被相続人Aが死亡し，B・Cの2名の子がA名義のD銀行に対する3000万円の普通預金を共同相続したが，Aは，遺言により「Bの相続分を3分の2，Cの相続分を3分の1とする」旨の相続分の指定をしていた。ところが，Cに対して1500万円の貸金債権を有しているFは，預金債権のうち，Cの法定相続分に相当する1500万円の準共有持分を差し押さえた。差押命令はD銀行に送達されている。他方，Bは，法定相続分を超える持分を取得したことについて，対抗要件を具備していない。Bは，Fに対し，法定相続分を超える部分につき権利を取得したと主張することができるか。
>
>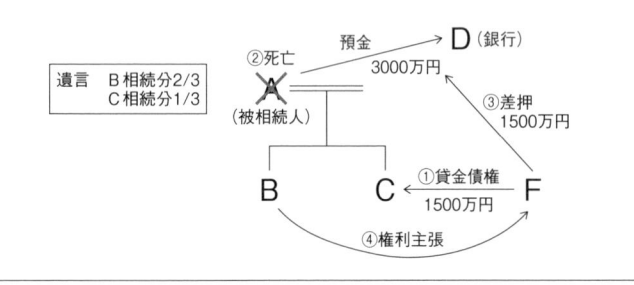

【解　説】

　Bは，Fに対し，法定相続分を超える部分につき権利を取得したと主張することはできない。

　Bは，相続分の指定によりD銀行に対する預金の3分の2を取得したとしても民法899条の2第2項の第三者対抗要件を備える前にFが預金債権に係る持分を差し押さえ，この旨の差押命令がD銀行に送達されている。

⑷　金銭債務の承継

①　改正前民法下における解釈

　相続分の指定がされた場合，相続債権者は，各共同相続人に対し相続分の指定に応じた権利行使をすることになるのかについて，債権者との関係では遺言者に自らが負担した債務の承継の在り方を決める権限はないと解されており，相続分の指定がある場合には，法定相続分からの変更であり，免責的債務引受の要素を持つと捉えれば，債権者の承諾がなければ，相続分の指定をもって債権者に対抗

できないと考えられる（『一問一答』169頁）。そして，判例（最三小判平成21年３月24日民集63巻３号427頁）も同様の解釈を示していた。

裁判例３　最三小判平成21年３月24日（民集63巻３号427頁）————————

　「本件のように，相続人のうちの１人に対して財産全部を相続させる旨の遺言により相続分の全部が当該相続人に指定された場合，…上記遺言による相続債務についての相続分の指定は，相続債務の債権者（以下「相続債権者」という。）の関与なくされたものであるから，相続債権者に対してはその効力が及ばないものと解するのが相当であり，各相続人は，相続債権者から法定相続分に従った相続債務の履行を求められたときには，これに応じなければならず，指定相続分に応じて相続債務を承継したことを主張することはできないが，相続債権者の方から相続債務についての相続分の指定の効力を承認し，各相続人に対し，指定相続分に応じた相続債務の履行を請求することは妨げられないというべきである。」

参　考　『一問一答』170頁————————

　「被相続人は，特定財産承継遺言，相続分の指定を通じて，積極財産の分配の在り方を決めることができるが，積極財産の分配の在り方と離れて相続債務の帰属の在り方を決めることはできないものと考えられている。これは，被相続人には自らが負担した債務に関する処分権限は認められないことを根拠とするものであり，相続債務の帰属の在り方を被相続人が決めることができるとすると，相続人のうち資力がない者に対して積極財産は一切相続させずに，相続債務の全てを帰属させるということも許されることになり，相続債権者の利益を害することになるためである。」

②　改正法の規定

　民法902条の２本文は，相続分の指定がされた場合についても，相続債権者は，各共同相続人に対し，法定相続分に応じてその権利を行使することができると規定し，従前の判例の考え方を明文化した。

　しかし，法定相続分に応じた権利行使を求めるのは，相続債権者の利益を考慮したものであるから，相続債権者は，指定相続分の割合による債務の承継を承認して，全ての債務を承継した相続人に対して相続債務

の全部の履行を請求することもできる（民899条参照）とした。他方，相続債権者が指定相続分の割合による債務の承継を承認した場合には，法定相続分に応じた権利行使はすることができない（民902条の2ただし書）とされる。

設例11−6　相続分の指定と相続債務の支払①

　被相続人Aが死亡し，相続人は妻W，子のB・Cである。AはFから1000万円の借入れをしていた。Aは「全ての遺産をBに相続させる」旨の遺言を残していた。
　FはCに対して法定相続分に相当する250万円の返済を求めた。Cは返済を拒むことができるか。

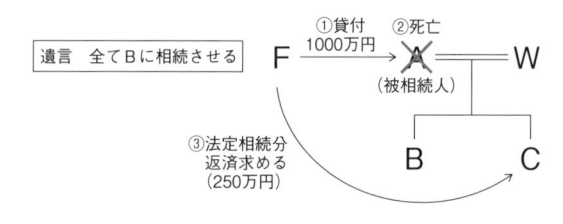

【解　説】

　Cは，Fからの250万円の返済請求を拒むことはできない。
　Fは，各共同相続人に対し，その法定相続分の割合でその権利を行使することができる。各共同相続人は，Fから法定相続分に従った相続債務の履行を求められたときは，これに応じなければならない（潮見・179頁参照）。債務の法定相続分による割合は，Wが500万円，B・Cが各250万円であるから，FがCに対し法定相続分の250万円の返済を求めたときは，これを拒むことはできない。

設例11−7　相続分の指定と相続債務の支払②

　被相続人Aが死亡し，相続人は妻W，子のB・Cである。Aは，Fから1000万円の借入れをしていた。Aは「全ての遺産をBに相続させる」旨の遺言を残していた。
　FはBに対して1000万円全額の返済を求めた。Bは返済を拒むことができるか。

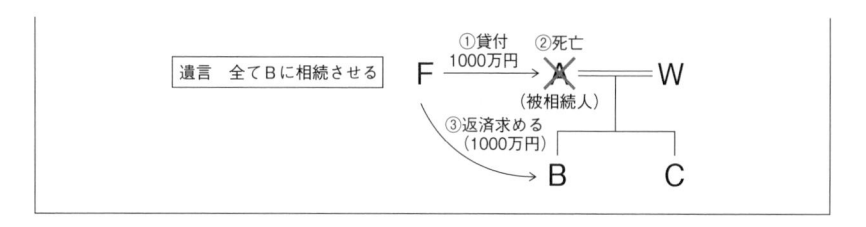

【解　説】

　FがBに対して1000万円全額の返済を求めたときは，Bは，返済を拒むことはできない。

　FがBに対し相続債務についての指定相続分の割合によってその債務を承継することを承諾したときは，Bは指定相続分の割合によってその債務を承継する。

設例11−8　相続分の指定と相続債務の支払③

　被相続人Aが死亡し，相続人は，妻W，子のB・Cである。Aは，Fから1000万円の借入れをしていた。Aは，「全ての遺産をBに相続させる」旨の遺言を残していた。Fは，Cに対して，法定相続分に相当する250万円の返済を求めたところ，Cは，同額を返済した。Fは，Bに対し指定相続分による義務を承継したとして，1000万円の返済を求めることができるか。

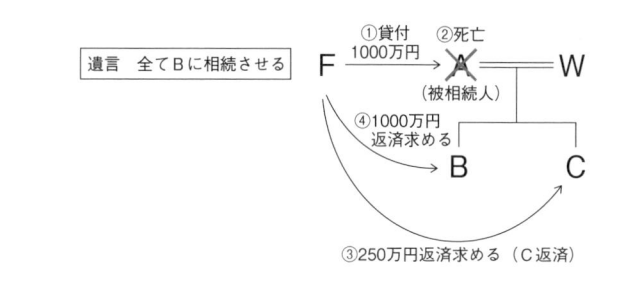

【解　説】

　Fは，Bに対し指定相続分による義務の承継を承諾して返済を求めることができるが，その金額は750万円にとどまる。

　FがCに対し法定相続分による義務を承継したとして，250万円の返済を求めることができるが，他方，FはBに対して指定相続分による義務の承継を承諾して，指定相続分による履行を求めることもできる。もっとも，本問では，Cが250万円を支払っているから，貸金債務は750万円（1000万円−250万円）に縮減している。したがって，Fは，Bに対し，750万円の返済を求めることが

できる。

設例11-9 相続分の指定と相続債務の支払④

被相続人Aが死亡し，相続人は妻W，子のB・Cである。AはFから1000万円の借入れをしていた。Aは「全ての遺産をBに相続させる」旨の遺言を残していた。

FはCに対して250万円の返済を求めたので，Cは，これに応じ，同額を返済した。その後，CはBに対し求償することができるか。

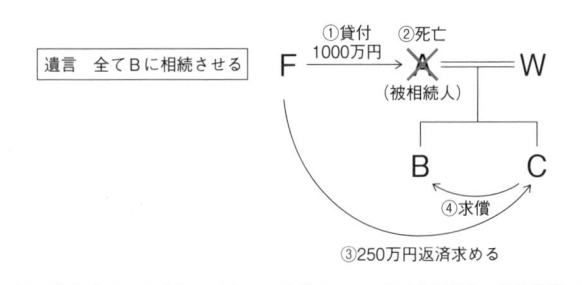

【解　説】

Fに対し250万円の返済をしたCは，Bに対し求償することができる。法定相続分を下回る相続分を指定された相続人が，相続債権者に対して法定相続分に応じた債務の支払をした場合，共同相続人間の求償問題として処理され，法定相続分を上回る相続分を指定された相続人に対し求償権を行使することができる（潮見・180頁参照）。

(5) 相続分の指定と特別受益の関係

被相続人が相続分を指定した場合でも，当該相続人が特別受益としての生前贈与を受けていたときは，具体的相続分の算定に当たっては，民法903条によって算定され，みなし相続財産に乗じる相続分率は指定相続分となると考えられる。

設例11-10 生前贈与に言及しない相続分指定の遺言の解釈

遺言者Aは，相続人Bに対し，生前贈与をしていたにもかかわらず，同生前贈与に言及しないで「遺産は，B：5，C：3，D：2の割合で分けよ。」と相続分を指定する遺言をした。遺言者Aの意思をどのように解するべきか。

【解　説】

Aが設例のように，生前贈与に言及しないで相続分指定の遺言をした場合には，被相続人の死亡時に存在する相続財産を指定相続分の割合によって共同相続人に取得させる意思を有しているとして，特別受益の持戻し免除の意思が認められるかが問題となる。

この点につき，持戻しを免除する意思があると解すべきことが少なくないとする見解（我妻栄＝有泉亨『親族法・相続法（新版民法3）』（一粒社，1992）297頁）もあるが，持戻免除の意思があるか否かは，個別事案の具体的事情により，判断されるべきであろう（『新版　注釈民法(27)』169頁参照）。

(6)　相続分の指定と遺贈との関係

①　全部包括遺贈との関係

ある相続人の相続分を1とし，他の相続人の相続分をゼロと指定する場合は，遺言者の意図するところからみると，包括全部遺贈か，相続分の指定を伴う遺産分割方法の指定の趣旨（いわゆる包括全部「相続させる」遺言）と解するべきである。

②　割合的包括遺贈との関係

被相続人Aが妻Wに5分の2，子Bに5分の1，子Cに5分の2の割合で相続させる旨の遺言においては，上記遺言が（割合的）包括遺贈の趣旨でされたのか，それとも相続分の指定を伴う遺産分割方法の指定の趣旨でされたのかが問題となることがある。

※　包括遺贈と相続分の指定を伴う遺産分割方法の指定の区別の意義については，潮見・464頁が参考となる。なお，割合的相続させる旨の遺言は，公証実務では，物権的共有と解されていることについては，192頁を参照されたい。

(7)　相続分の指定と遺留分侵害

①　遺留分を超える相続分の指定

ア　改正前民法下での解釈

改正前民法は，遺留分減殺の対象は遺贈と贈与に限定し（改正前民1031条），相続分の指定については「遺留分に関する規定に違反することができない」（改正前民902条1項ただし書）と規定していたため，解釈に争いがあった。すなわち，明治民法の起草者は，

遺留分に反する相続分の指定を当然無効と考えていたが，一方，遺留分を侵害する相続分の指定は，当然に無効となるものではなく，遺留分減殺請求の対象となるに過ぎないとの見解が対立していた。

　イ　改正法の規定

　　改正法は，前記規定を削除し，相続分の指定を受けた相続人を受遺者の中に含め（民1046条1項），相続分の指定により遺産を取得した場合，遺留分権利者により遺留分侵害額請求がなされることになった（民1046条）。すなわち，民法1046条1項は，遺留分権利者が受遺者等に対し遺留分侵害額に相当する金銭の支払を請求することができるものとし，受遺者の定義として，「特定財産承継遺言により財産を承継し又は相続分の指定を受けた相続人を含む」とし，これにより，相続分の指定によって利益を受ける相続人が遺留分侵害額の請求の相手方となることを明確にした。

② 遺留分侵害額請求による指定相続分の修正

　ア　改正前民法下における判例

　　相続分の指定が遺留分減殺請求により減殺された場合における指定相続分の修正につき，遺留分割合を超える相続分を指定された相続人の指定相続分が，その遺留分割合を超える部分の割合に応じて修正されるものと判示していた（最一小決平成24年1月26日家月64巻7号100頁）。

　イ　改正法における帰結

　　相続分の指定により遺産を取得した場合，遺留分権利者により遺留分侵害額請求がなされることとしたので，判例が摘示するところの「指定相続分を個別的遺留分の割合にあわせて修正する」という必要はなくなった。

設例11−11　相続分の指定と遺留分侵害額請求

被相続人Ａには，妻Ｗ，子Ｂ・Ｃがいる。Ａは，「ＷとＢの相続分を各２分の１とする」との公正証書遺言を残して死亡した。遺産は1600万円，債務はない。Ｃは，誰に対し，いくらの遺留分侵害額請求をすることができるか。

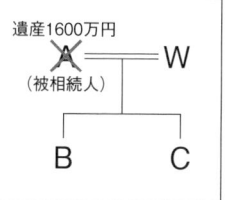

遺産1600万円

（被相続人）Ａ ＝ Ｗ

Ｂ　　Ｃ

【解　説】

民法1047条による計算

(1)　Ｃの遺留分割合：1/2×1/4（法定）＝1/8
　　Ｃの遺留分額：1600万円×1/8＝200万円
　　Ｃが取得した財産：0円→遺留分侵害額＝200万円

(2)	遺留分割合	遺留分額	指定相続分の額	民法1047①の「目的の価額」
W	1/2×1/2=1/4	1600万円×1/4=400万円	1600万円×1/2=800万円	800万円−400万円=400万円…a
B	1/4×1/2=1/8	1600万円×1/8=200万円	1600万円×1/2=800万円	800万円−200万円=600万円…b

(3)　W，BはCに対し，「目的の価額」の割合に応じて負担する（民1047①Ⅱ）
　　Wの負担額：200万円×（400万円(a)／（400万円(a)＋600万円(b)））
　　　　　　　＝80万円
　　Bの負担額：200万円×（600万円(b)／（400万円(a)＋600万円(b)））
　　　　　　　＝120万円
（詳細については第15章を参照されたい。）

【参　考】

改正前の遺留分減殺請求の考え方（判例）

①　Ｃの遺留分割合：1/4（法定）×1/2=1/8

②　遺留分割合　　　　　　　指定相続分が遺留分を超える部分
　W　1/2×1/2=1/4　　　1/2−1/4=1/4…a
　B　1/4×1/2=1/8　　　1/2−1/8=3/8…b

③　W，Bの遺留分を超える部分の割合
　W：(1/4(a)) ／ (1/4(a)+3/8(b)) ＝ (1/4) ／ (5/8) =8/20
　B：(3/8(b)) ／ (1/4(a)+3/8(b)) ＝ (3/8) ／ (5/8) =12/20

上記により修正された指定相続分

```
W：8/20×1/8＝1/20
    1/2−1/20＝9/20
B：12/20×1/8＝3/40
    1/2−3/40＝17/40
W：B：C＝9/20：17/40：1/8
    ＝18/40：17/40：5/40
でさらに遺産分割する。
```

3 遺産分割方法の指定

⑴ 意　義

　従来，遺産分割方法の指定は，遺産分割の全般的指針を指示している
ものであり，それ自体では分割の効力（権利移転の効力）を生じるもので
はないと解するのが一般であった。すなわち，分割の方法が遺言で指定
されただけであり，この指定によって当然に分割の効果が生じるもので
ないと解された。そうすると，遺産分割方法の指定は，法定相続分をそ
のままにしておいて，法定相続分の範囲内で，相続財産をどのように配
分するかについての方法（現物分割，換価分割，代償分割のいずれにするか）
を指定するものと解された（潮見・291頁以下参照）。

　しかし，判例（最二小判平成3年4月19日民集45巻4号477頁）によって，
「相続させる」旨の遺言は，その性質としては遺産分割方法の指定であ
り（被相続人の意思として合理的な遺産の分割の方法としての財産の承継を定
めるもの），しかも，それ自体に直接権利移転の効力（物権的効力）が肯
定されるとの解釈が示されたので，遺産分割方法の指定であっても，権
利移転の効力が肯定される場合があることとなった（『諸問題』45頁参照）。

⑵　相続分の指定との併存

　遺産分割方法の指定は，相続分の変更を伴わない場合もあるが，指定
に従って遺産を分割することにより相続分の変更を伴うと解釈される場
合もある。

①　特定財産承継遺言がされた場合において，その特定の財産の価額が当該相続人の法定相続分を超える場合

相続分の指定を含む遺産分割方法の指定とみるべきである。

設例11−12　遺産分割方法の指定と相続分の変更

被相続人Ａが「甲不動産をＣに譲る」との公正証書遺言を残して死亡し，相続人は子のＢ，Ｃである。甲不動産はＡの全財産の４分の３の価値を占める物件である。

上記遺言をどのように解すべきか。

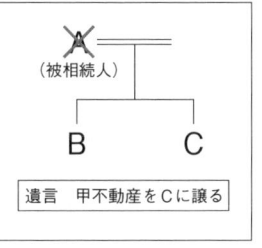

【解　説】

Ａの遺言は，特定の遺産（甲不動産）を特定の相続人Ｃに「相続させる」旨の遺言であり，その特定の遺産の価額は当該相続人の法定相続分を超えているから，相続分の指定を含む遺産分割方法の指定とみるべきである。

このような遺言においては，①Ｃについて遺言により相続分の指定がされ，かつ②遺言で示された特定承継財産で当該指定相続分を満たすように分割方法の指定がされていると解される（潮見・296頁参照）。

Ｃには，Ａの残りの遺産についての相続分はなく，Ｂが残りを取得することになる。

裁判例 4　東京高判昭和45年３月30日（高民23巻２号135頁）──────

「被相続人が自己の所有に属する特定の財産を特定の共同相続人に取得させる旨の指示を遺言でした場合に，……一般には遺産分割に際し特定の相続人に特定の財産を取得させるべきことを指示する遺産分割方法の指定であり，もしその特定の財産が特定の相続人の法定相続分の割合を超える場合には相続分の指定を伴なう遺産分割方法を定めたものであると解するのが相当である。」

②　特定財産承継遺言がされた場合において，その特定の財産の価額が当該相続人の法定相続分を下回る場合

法定相続分を下回るものとする相続分の指定がなされている（限定的指定）と解するべきではなく，余計に与えるという趣旨の先取

的指定と解するのが相当である（潮見・297頁参照）。

　相続人としてB及びCがいる被相続人Aが，Bに対し「遺産の20％をBに与える。」と指定した場合，「Bに20％しか与えない。」という趣旨（限定的指定）ではなく，「Bには20％だけ余計に与える。」（先取的指定）という趣旨であると解すると，Bに対する20パーセントの残り80パーセントをB及びCが法定相続分に応じて40パーセントずつ取得することになる。そうすると，Bの取得分は60パーセントとなる。

(3) 分割方法の指定と遺留分との関係

① 遺留分を超える分割方法の指定

ア　改正前民法下における解釈

　通説は，遺産分割方法の指定（民908条）により，他の相続人の遺留分を侵害する場合があるとし，遺留分侵害がある場合には，遺産分割方法の指定は，遺留分権利者の減殺請求により侵害の限度で効力を失うと解されていた。

イ　改正法の規定

　改正法は，相続分の指定を受けた相続人を受遺者に含めるほか，特定財産承継遺言により財産を承継した者も受遺者の中に含め（民1046条1項），遺留分権利者により遺留分侵害額請求がなされることになった（民1046条）。

　すなわち，民法1046条1項は，遺留分権利者が受遺者等に対し遺留分侵害額に相当する金銭の支払を請求することができるものとし，受遺者の定義として，「特定財産承継遺言により財産を承継し又は相続分の指定を受けた相続人を含む」とし，これにより，相続分の指定を含む遺産分割方法の指定によって利益を受ける相続人も遺留分侵害額の請求の相手方となる。

第12章　遺言の執行

1　遺言執行者の地位，権限の明確化等

(1)　遺言執行者の意義

　遺言の効力が発生した後は，遺言の内容を実現させることになるが，遺言者は既に死亡しているため，遺言者に代わって遺言を執行する者が必要となる。相続人が義務者として手続に関与することが可能であっても（遺贈など），遺言の内容によっては相続人の利益に反するため，相続人以外の者に遺言を執行させた方がよい場合もある。このように遺言の内容を適正に実行させるために特に選任された者を遺言執行者という。

(2)　遺言執行者の立場

　民法1012条1項は，「遺言の内容を実現するため」という文言を加え，また，遺言執行者を「相続人の代理人とみなす」（改正前民1015条）との規定を改め，遺言執行者の職務は，遺言の内容を実現することにあることを明示して，その法的地位を明確にした。

(3)　遺贈の履行

　民法1012条2項は，「遺言執行者がある場合には，遺贈の履行は，遺言執行者のみが行うことができる。」と規定し，特定遺贈がされた場合において，遺言執行者があるときは，遺言執行者のみが遺贈義務者となるとする判例（最二小判昭和43年5月31日民集22巻5号1137頁）を明文化した。

設例12−1　包括遺贈における遺贈の相手方

　包括遺贈がされた場合，包括受遺者は誰に対してその遺贈の履行を求めるのか。

【解　説】

　包括遺贈の受遺者は，遺言執行者又は相続人に対して，その遺贈の履行を求め

ることができる。

　包括遺贈による所有権の移転の登記は，登記権利者として受遺者，登記義務者として遺言執行者又は相続人との共同申請によるべきものとされている（昭和33年4月28日付け民事甲第779号民事局長心得通達）。したがって，相続による権利の移転の登記のように単独申請をすることは認められていない。このため，包括遺贈の受遺者は，遺言執行者又は相続人に対して，その遺贈の履行を求めることができると解される（『一問一答』114頁）。

2 遺言執行の妨害

(1) 妨害行為の禁止

　遺言執行者がある場合には，相続人は，相続財産の処分その他遺言の執行を妨げるべき行為をすることができない（民1013条1項）。この規定は，改正前民法においても規定されていた。

(2) 妨害行為の効力

① 改正前民法下における解釈

　　改正前民法1013条に違反した場合の効果について，判例（大判昭和5年6月16日民集9巻550頁）は，相続人がした処分行為は絶対的に無効であると判示していた。この考え方に対しては遺言の存否及びその内容を知り得ない第三者の取引の安全を図る必要があると指摘されていた。

② 改正法の規定

　　改正法は，遺言執行者がいる場合に相続人が行った遺言の執行を妨げる行為は無効であるが（民1013条2項本文），その相手方が遺言執行者の存在を知らなかった場合については，取引の安全を図るために，その行為の無効を善意の第三者に対抗できないと規定した（同項ただし書）。

設例12−2　遺言執行者と対抗力

　被相続人Aは，「甲地をD
に譲る。この遺言執行者と
してEを選任する。」との公
正証書遺言を残して死亡し
た。しかし，相続人である
Bは，甲地をCに売却した。
取引の相手方Cは，遺言執

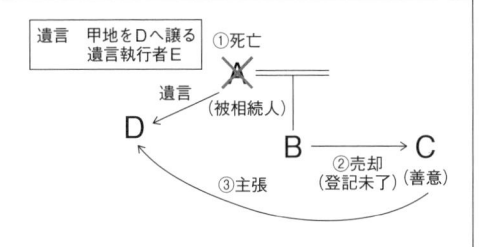

行者Eがおり，その財産の管理処分権が遺言執行者Eにあることを知らな
かった。Cは登記未了である。Cが受遺者Dに対し所有権を主張することが
できるか。

【解　説】

　Cは受遺者Dに対し所有権を主張することはできない。Cが受遺者Dに対して
所有権の取得を対抗するためには，その旨の登記をDより先に有することが必要
である。

　遺言執行者がいる場合に相続人が行った遺言の執行を妨げる行為は原則無効で
あるが，相手方Cが遺言執行者の存在を知らなかった場合には，その行為の無効
を善意の第三者に対抗できない（民1013条2項ただし書）。

　もっとも前記善意の第三者を保護する規定は，相続人Bに処分権限がなかった
ことを治癒するものであり，Cとの関係では，Cへの売却が有効なものとして取
り扱われることになるにすぎない。

　Cが相続人からの権利取得を当然に他の第三者Aに対抗することができるわけ
ではない。

　Bの無権限が治癒されて，処分権限を有していたと取り扱われてもAからD，
Aの相続人BからCへの二重譲渡があったのと同様の状態が作出されるにすぎな
い（『一問一答』174頁）。

(3)　相続債権者や相続人の債権者による権利行使

　相続債権者又は相続人の債権者が相続財産に対して差押え等の権利行
使をした場合については，遺言執行者の有無によってその権利行使の有
効性が左右されることのないようにするため，改正法は，遺言執行者の
存在の有無に関する認識を問わず，相続債権者等の権利行使が妨げられ
ることはない（民1013条3項）と規定した。

第13章 遺贈義務者の引渡義務

1 意 義

遺贈義務者の引渡義務につき，同じく無償行為である贈与の担保責任についての債権法改正との整合を取るため，民法998条は，遺贈が有効であるとき，遺贈義務者は遺贈の目的である物若しくは権利を相続が開始した時（その後に当該遺贈の目的である物又は権利を遺贈の目的として特定した場合にあっては，その特定した時）の状態で，引き渡し，又は移転する義務を負うものとし，遺言者がその遺言に別段の意思を表示したときは，その意思に従うと規定した。

2 内 容

(1) 特定物の遺贈

相続開始時に，①目的物の品質，数量面での欠点・不足があった場合，②目的物上に第三者の権利の負担があった場合，③目的物の一部が他人の所有であった場合において，遺言の内容から遺言者の別段の意思が認められない限り，遺贈義務者にはこれらの不完全さを追完したり，不完全に起因して受遺者に生じた損害を賠償したりする義務はない。

① 目的物の品質，数量面での欠点・不足があった場合

受遺者は，遺贈義務者に対し，目的物の修補，取替え請求，不適合を理由とする損害賠償請求もできない。

② 目的物上に第三者の権利の負担があった場合

受遺者は，遺贈義務者に対し，第三者の権利を消滅させるよう請求することはできないし，第三者の権利の存在を理由として損害賠償を請求することもできない。

③　**目的物の一部が他人の所有であった場合等**

受遺者は，遺贈義務者に対し，真の所有者から所有権を取得して自己に移転するよう請求することはできないし，権利の一部が他人の所有に属することを理由として損害賠償を請求することもできない（佐々木＝潮見・126頁）。

⑵　**不特定物の遺贈**

遺贈義務者は，遺言の内容から遺言者の別段の意思が認められない限り，目的物が特定された時の状態でその特定された物を引き渡し，又は権利を移転すれば足りる。

【参考】遺産分割における相続人の担保責任

1　債権法改正に伴う問題点

民法911条は，債権法改正の前から，「各共同相続人は，他の共同相続人に対して，売主と同じく，その相続分に応じて担保の責任を負う。」と規定しているところ，今回の債権法改正により，売主の担保責任（契約不適合責任）が根本的に改正されたことから，瑕疵ある物を受領した共同相続人が他の相続人に対して追完請求権を有するのか，代金減額に相当する償金請求権を有するのか，履行利益の損害賠償請求権を有するのかという問題となり，前記条文の改正の必要性について検討された。しかし，相続人が負う具体的な責任の内容は解釈に委ねるものとし，今回の改正は見送られた。

2　相続人の担保責任の内容

佐々木＝潮見・128頁は，遺産分割において相続人の担保責任が問題となることは少ないと指摘しており，その理由として「①相続の分野で担保責任が実務上で大きな争点となった例，特に，裁判例が少ないこと，②調停においても，遺産を構成する財産についての権利の瑕疵・物の瑕疵が当事者間で調整要素となる場面は，それほど多くないと思われること」等が挙げられている。

実務においては，段階的進行モデルに基づき調停を運営しているところ，相続人は，遺産を調査し，また評価を定めるに当たっても，現況を検討し，鑑定を実施するに当たっても事前調査を尽くすことから，瑕疵が存在したとしても，それは評価等において解決済みであるし，また，仮に看過した瑕疵があったとしても，瑕疵が存在する財産を取得した相続人がその受けた損失（具体的相続分額とその相続人が実際に取得した財産の差額）について，各相続人にその相続分に応じた責任を負わせることで足り，その余の損害賠償や解除まで認める必要はないと考えられる。そうすると，民法911条は，「売主と同じく」と規定しているが，売主の担保責任に関する規定をそのまま準用することまで意図したものではない（佐々木＝潮見・128頁）と解される。

第2 遺留分に関する手続

第14章 遺留分制度の概説

1 意 義

(1) 定 義

遺留分制度とは，被相続人が有していた相続財産について，その一定割合の承継を一定の法定相続人に保障する制度である（民1042条以下）。

「遺留分」とは，被相続人の財産の中で，法律上その取得が一定の相続人に留保されていて，被相続人による自由な処分（贈与・遺贈）に制限が加えられている持分的利益をいう。

これに対して，遺留分に服さずに被相続人による自由な処分に委ねられている部分のことを「自由分」という。

(2) 趣 旨

本来，被相続人は自己の財産を自由に処分することができるはずである。しかし，他方で，相続制度は遺族の生活保障及び遺産形成に貢献した遺族の潜在的持分の清算などの機能を有している。そこで，民法は，遺留分制度により，被相続人の財産処分の自由と相続人の保護という，相対立する要請の調和を図ることとした。

> **【参 考】遺留分制度の目的**
>
> 潮見教授は，遺留分制度の目的として，被相続人死亡後の近親者の生活保障，遺産の維持・形成への貢献を考慮した遺産の再配分，実質的夫婦共有関係の清算，共同相続人間の公平の確保を挙げている（潮見・508頁参照）。
>
> 実務において遺留分侵害が問題となる事案の多くは，被相続人が遺産を一人又は数人に「相続させる」旨の遺言をすることにより，共同相続人間の公平が確保されない場合において，その不公平を調整する

ことを主眼とする場合が多いところ，「共同相続・均等相続原則のも
とにあるわが国の法定相続制度の基礎をなす公序としての財産分配秩
序を阻害し，遺産を特定の相続人に集中させる遺言の効力を否定する
ことを，遺留分制度が担っていると捉えられている。」との論述は，
実務上，遺留分が争点となる典型例を指摘しており，参考となる。

(3)　遺留分制度の枠組みの変更

①　改正前民法の規定

改正前民法における遺留分制度の枠組みは，被相続人がした贈与
又は遺贈による財産処分が過大であるため，相続人が期待する法定
の遺留分額だけの相続財産が残されていない場合において，遺留分
を侵害する遺贈・贈与を減殺して，その効力を失わせ，これを相続
人に取り戻す（回復する）というものであった。

通説・判例は，遺留分減殺請求権が行使されると，減殺に服する
範囲で遺贈・贈与の効力は消滅し，減殺の対象となった財産に対す
る権利は当然に遺留分権利者に復帰する（形成権＝物権説）と解して
いた。そして，遺留分権利者は遺留分に相当する持分の返還を求め
ることになるが，一方で，改正前民法1041条は，例外的に，減殺請
求の相手方は価額で弁償することも許されるとしていた。

②　問題の所在

前記のような現物返還の構成によると，遺留分減殺請求権の行使
により，遺留分を侵害する遺贈や贈与は，侵害の限度で失効し，遺
贈や贈与の目的物は受遺者・受贈者と減殺請求者との共有関係にな
る。

しかし，「このような帰結は，遺贈等の目的財産が事業用財産で
あった場合には円滑な事業承継を困難にするものであり，また，共
有関係の解消をめぐって新たな紛争を生じさせる」と指摘されてい
た（『一問一答』122頁）。また，「現行の遺留分制度は，遺留分権利者
の生活保障や遺産の形成に貢献した遺留分権利者の潜在的持分の清
算等を目的とする制度となっており，その目的を達成するために，

必ずしも物権的効果まで認める必要はなく，遺留分権利者に遺留分侵害額に相当する価値を返還させることで十分ではないか」と指摘されていた（『一問一答』122頁）。

③　改正法の規定

改正法は，遺留分制度を大きく見直し，遺留分に関する権利行使により物権的効果に代えて金銭債権が発生する（民1046条1項）ものとし，それに伴い，用語及び規定の整備を行っている。すなわち，改正前の民法における「減殺」という文言を用いないものとし，「減殺の請求権」という文言については「遺留分侵害額の請求権」と改めるなどしている。

【基本的枠組み】

ア　遺留分権の行使（遺留分侵害額請求の意思表示）によって，遺留分侵害額に相当する金銭の給付を目的とする金銭債権が生じる。

イ　遺留分侵害額請求を受けた受遺者または受贈者が金銭を準備できない場合には，受遺者等は，裁判所に対して，金銭債務の全部又は一部の支払につき相当の期限の許与を求めることができる。

---

(4)　遺留分の侵害

①　定　義

遺留分の侵害とは，被相続人が自由分を超えて処分をなし，その結果，相続人が現実に受ける相続利益が法定の遺留分額に満たない状態をいう。

②　遺留分侵害の対象

ア　遺留分侵害の対象

遺留分侵害があって初めて遺留分侵害額請求権が成立するが，その対象は，遺贈（民1046条1項），贈与（同），特別受益の持戻し免除（民903条3項），共同相続人の担保責任の免除（民914条），相続分の指定，遺産分割方法の指定が挙げられる。

民法1046条1項は，相続分の指定を受けた相続人と特定財産承

継遺言により財産を承継した相続人につき「受遺者」に含めるものと規律した。

イ　相続人の遺留分を侵害する遺贈・贈与の効力

　(ア)　改正前民法下における解釈

　　　改正前民法964条ただし書は，包括遺贈又は特定遺贈につき，「遺留分に関する規定に違反することができない」と規定していたところ，判例（最三小判昭和35年7月19日民集14巻9号1779頁）は，「遺留分に反する譲渡行為であってもそのため当然無効となるものではなく減殺請求に服するにすぎない。」と判示し，減殺請求があったときに遺留分を侵害する部分に限り無効になると解していた。

　(イ)　改正法の規定

　　　改正法は，遺留分制度を見直し，遺留分に関する権利行使によって生ずる権利を金銭債権化したことから，遺留分を侵害する包括遺贈又は特定遺贈を無効とする必要はなくなり，遺留分侵害者に対して金銭請求をすれば足りることとなり，改正前民法964条ただし書は削除された。

ウ　特別受益の持戻し免除及び共同相続人の担保責任の免除

　　遺留分と関わる規定がない。しかし，「遺留分権利者は遺留分を超える受益をした相続人に対し，遺留分侵害額請求をすることができる」（二宮・484頁）と解される。

エ　相続分の譲渡と遺留分侵害となる「贈与」

　　227頁参照。

(5)　相続開始前の遺留分権の行使

　遺留分侵害額請求権は，相続が開始して初めて認められる。遺留分権利者は，相続開始前は何ら具体的な請求権を有せず，遺留分の保全行為もできない。裁判例としては，将来の遺留分減殺請求権を保全するための仮登記請求を認めなかった判例（大決大正6年7月18日民録23輯1161頁）がある。

2　遺留分の割合（遺留分率）

⑴　改正の経緯

①　改正前民法における規定

　　改正前民法1028条は，「被相続人の財産の3分の1，同2分の1」と規定し，遺留分の帰属範囲とその割合を定め，遺留分の割合についても総体的遺留分率を定めたものであるとされた。そのため，同条だけでは，個々の遺留分権利者が取得することができる財産の価額（遺留分）は明らかにはならず，共同相続の場合は，計算上の数値としてしか意味をなさないものとなっていた。

> **【改正前民法での遺留分の計算方法】**
> 　改正前民法においては，個々の遺留分権利者の遺留分の額は，1029条（遺留分の算定）の規定によって計算された遺留分を算定するための財産の価額に，1028条に規定する総体的遺留分率を乗じ，かつ1044条の規定によって準用される900条（法定相続分）及び901条（代襲相続人の相続分）の規定によって算定される遺留分権利者の相続分を乗ずることで明らかになった。

②　改正法の規定

　　改正法では，遺留分侵害額請求権の行使によって生ずる権利を金銭債権化するのに併せて遺留分に関する規定を平易かつ簡明にする観点から，遺留分の計算方法を明らかにし，改正前民法1028条から1041条を削除し，民法1042条から1049条の規定を設けた。

> **【改正法での遺留分の計算方法】**
> 　改正法は，個々の遺留分権利者の遺留分額は，遺留分を算定するための財産の価額に2分の1（直系尊属のみが相続人である場合は3分の1）の割合を乗じた額を単独相続における遺留分の計算方法とし（民1042条1項），共同相続においては，民法900条及び901条により算定した各自の相続分を乗じて求めるものと規定した。

(2)　総体的遺留分

　民法は，遺留分権利者全体に残されるべき遺産全体に対する割合を定めている（総体的遺留分）。

　① 　直系尊属のみが相続人である場合

　　　遺留分権利者全体に残されるべき相続財産の価額の3分の1が遺留分である（民1042条1項1号）。

　② 　それ以外の場合（直系卑属のみの場合，直系卑属と配偶者の場合，直系尊属と配偶者の場合，配偶者のみの場合）

　　　遺留分権利者全体に残されるべき財産財産の価額の2分の1が遺留分である（民1042条1項2号）。

【注意点】

　3分の1，2分の1という割合は，昭和56年1月1日以降に開始した相続につき適用されるものである。それより前の相続については，直系卑属のみが相続人である場合及び直系卑属と配偶者が相続人である場合には2分の1，それ以外の場合には3分の1であった。

---

(3)　個別的遺留分

　① 　意　義

　　　個別的遺留分とは，遺留分権利者個々人に留保された相続財産上の持分的割合をいい，総体的遺留分に各自の法定相続分の割合を乗じたものである。

算定式

個別的遺留分＝遺留分を算定するための財産の価額
　　　　　　　　× （総体的遺留分の割合）× （法定相続分の割合）

---

　② 　効　果

　　　遺留分権利者である個々人は，遺留分を侵害した者に対し，個別的遺留分額に相当する金銭の交付を求める権利を有することになる。

設例14−1　個別的遺留分①

被相続人Ａが死亡した。相続人は妻Ｗと子Ｂ・Ｃ・Ｄである。遺留分権利者は，誰か。また，遺留分の割合はどうなるか。

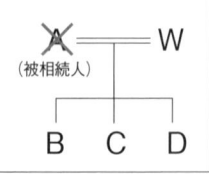

【解　説】

遺留分権利者はＷ，Ｂ，Ｃ，Ｄであり，遺留分の割合は次のようになる。

	総体的遺留分の割合		法定相続分	
Ｗ	1/2	×	1/2	=1/4
Ｂ・Ｃ・Ｄ	各1/2	×	1/2×1/3	=1/12

設例14−2　個別的遺留分②

被相続人Ａには，妻Ｗと子Ｂ・Ｃがいる。しかし，Ｂは，その子K₁，K₂を残して既に死亡していた。この状況でＡが死亡した。遺留分権利者は，誰か。また，遺留分の割合はどうなるか。

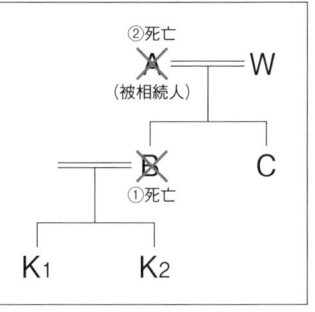

【解　説】

遺留分権利者はＷ，K1，K2，Ｃであり，遺留分の割合は次のようになる。

	総体的遺留分の割合		法定相続分			
Ｗ	1/2	×	1/2			=1/4
Ｃ	1/2	×	1/2	× 1/2		=1/8
K1，K2	各1/2	×	1/2	× 1/2	× 1/2	=1/16

3　遺留分算定の基礎財産

(1)　意　義

遺留分算定の基礎財産とは，遺留分率をもとに相続人各自の遺留分を算

定するときの基礎となる財産をいう。

　改正前後を問わず民法は，遺留分算定の基礎財産を確定する際に，「被相続人が相続時に有していた財産総体を基礎としつつも，一定の計算上の操作をすることにより，遺留分制度が機能するような，また，生前に贈与を受けた者にも相応な配慮をするような制度設計をしている。」（潮見・528頁）。遺留分算定の基礎財産につき，「被相続人が相続開始時に有していた財産総体そのもの」に限定して贈与を加算しないものとすると，被相続人が死亡する直前に所有財産のほとんどを他人に贈与していた場合には，遺留分制度の目的が達成できなくなるからである。

⑵　**遺留分算定の基礎財産の算定方法の規定**

　①　改正前民法

　　ア　遺留分算定の基礎財産

　　　　改正前民法1029条は，その見出しを「遺留分の算定」とし，1項において「遺留分は，被相続人が相続開始の時において有した財産の価額にその贈与した財産の価額を加えた額から債務の全額を控除して，これを算定する」と規定していたが，同条の「遺留分」は「遺留分を算定するための財産の価額」であることには争いがなかった。

　　イ　遺留分算定の基礎財産の時的範囲

　　　　「遺留分を算定するための財産の価額」に算入すべき贈与の価額については，改正前民法1030条は，生前贈与については「相続開始前の一年間にしたものに限り」その価額を算入するものと規定していた。

　　　　しかし，判例（最三小判平成10年3月24日民集52巻2号433頁）及び実務は，同条の規定は，相続人以外の第三者に対して贈与がされた場合に適用されるものであり，相続人に対して生前贈与がされた場合には，その時期を問わず原則としてその全てが遺留分を算定するための財産の価額に算入されるとの立場を採用していた。

裁判例5　最三小判平成10年3月24日（民集52巻2号433頁）——————

　「……民法903条1項の定める相続人に対する贈与は，右贈与が相続開始よりも相当以前にされたものであって，その後の時の経過に伴う社会経済事情や相続人など関係人の個人的事情の変化をも考慮するとき，減殺請求を認めることが右相続人に酷であるなどの特段の事情のない限り，民法1030条の定める要件を満たさないものであっても，遺留分減殺の対象となるものと解するのが相当である。けだし，民法903条1項の定める相続人に対する贈与は，すべて民法1044条，903条の規定により遺留分算定の基礎となる財産に含まれるところ，右贈与のうち民法1030条の定める要件を満たさないものが遺留分減殺の対象とならないとすると，遺留分を侵害された相続人が存在するにもかかわらず，減殺の対象となるべき遺贈，贈与がないために右の者が遺留分相当額を確保できないことが起こり得るが，このことは遺留分制度の趣旨を没却するものというべきであるからである。」

　　しかし，前記判例・実務は，改正前民法1030条の解釈により修正したものの，遺留分算定の基礎財産の内容が明らかではないとの指摘を受けていた。

② 　改正法の規定

　ア　遺留分算定の基礎財産

　　民法1043条は，その見出しを「遺留分を算定するための財産の価額」に改め，1項を「遺留分を算定するための財産の価額は，被相続人が相続開始の時において有した財産の価額にその贈与した財産の価額を加えた額から債務の全額を控除した額とする」と改めることにより，「遺留分を算定するための財産の価額」に算入すべき贈与の価額に関する規定を設け，その実質を明確にした（『一問一答』135頁）。

　イ　遺留分算定の基礎財産の時的範囲

　　民法1044条は，第三者である受遺者等の法的安定性と相続人間の実質的公平という2つの要請を調和する観点から，相続人に対する贈与については相続開始前10年間にしたものに限り算入すると規定した。

【遺留分を算定するための財産の価額を求める計算式】
遺留分を算定するための財産の価額　＝
　　　　相続開始時における被相続人の積極財産の額
　　　　　　＋　相続人に対する生前贈与の額（原則10年以内）
　　　　　　＋　第三者に対する生前贈与の額（原則1年以内）
　　　　　　－　被相続人の債務の額

（『一問一答』134頁）

(3)　基礎財産の確定

①　相続開始時の積極財産

ア　被相続人が相続開始時に有していた積極財産は，遺留分の計算の基礎とされる（民1043条1項）。

【留意点】
　遺贈の目的物である特定物は，被相続人が相続開始時点で有していた財産に含まれる。
　もっとも，潮見・530頁は，特定物の遺贈は，相続開始時点で既に論理的に同時点で有していた財産から離脱するので，特定物は，被相続人が相続開始時点で有していた財産といえるかは疑わしいと指摘している。

イ　条件付権利及び存続期間の不確定な権利であっても，遺留分算定の基礎となる相続財産に含まれるが，その権利の価額は，家庭裁判所の選任した鑑定人の評価に従って定められる（民1043条2項）。

②　贈与財産の加算

ア　民法1044条の「贈与」の意義

　　全ての無償処分を指す。したがって，一般財団法人への財産拠出，信託の設定，無償での債務免除，無償での担保供与も同条の「贈与」に当たる（『新版 注釈民法(28)』463頁）。

イ　相続開始前1年間にされた贈与

遺留分の基礎財産に算入される（民1044条1項前段）。

時期の基準となるのは，贈与契約締結時である。したがって，「相続開始前の1年間にされた贈与」とは，贈与契約が相続開始前の1年間に締結されたことを意味する。1年以上前に締結された贈与契約が相続開始前の1年間に履行された場合は，民法1044条1項前段に該当しない。

ウ　遺留分権利者に損害を加えることを知ってされた贈与

当事者双方が遺留分権利者に損害を加えることを知ってされた贈与については，相続開始の1年前よりも過去にされたものであっても，遺留分算定の基礎財産に算入され，遺留分侵害額請求の対象となる（民1044条1項後段）。

「損害を加えることを知って」とは，遺留分権利者に損害を加えるべき事実を知っていることで足り，損害を与えるという加害の意図や誰が遺留分権利者であるかを知っている必要はない。

エ　相続人に対する特別受益としての贈与の算入

共同相続人の一人に対してなされた贈与は，①「婚姻若しくは養子縁組のため又は生計の資本として受けた贈与」に該当し（民1044条3項の読み替え），かつ②相続開始前の10年間にされたものであれば，特別受益と評価される価額に限り，遺留分算定の基礎財産に算入される（民1044条2項・3項）。

オ　相続人に対する「贈与」

相続人に対する「贈与」の解釈については，民法1044条1項が，贈与は相続開始前の1年間にしたものに限り，その価額を算入すると規定しているところ，相続人以外の第三者に対する贈与については「婚姻若しくは養子縁組のため又は生計の資本として受けた贈与」という限定はなく，全ての贈与が計算の対象となる。

他方，相続人に対する贈与についても同じように全ての贈与を含めるべきであるという考え方（非限定説）もある。しかし，相続人に対する贈与については，人的関係が強い相続人間において，

日常的な生活費の交付との区別が難しい場合が多いことや，非限定説によると贈与の時期によって計算の対象とするか否かを区別することになり，遺留分に関する争点を増やし，徒に紛争を複雑化させるから，相続開始前の1年間にした贈与についても特別受益に該当しなければ計算の対象に含めるべきではないと解される。そこで，民法1044条3項は，相続人に対する贈与については，相続開始前10年間にした贈与で，かつ，特別受益に該当する贈与に限り，遺留分を算定するための財産の価額に含めると規定した。

【参考】相続人に対する贈与について相続開始前10年間にした贈与に限定した趣旨

相続人に対して生前贈与がされた場合に，その時期を問わず，原則としてその全てが遺留分を算定するための財産の価額に算入されるとの立場（非限定説）によると，被相続人が相続開始時の何十年も前にした相続人に対する贈与の存在によって，第三者である受遺者又は受贈者が受ける侵害額請求の範囲が大きく変わることになり得る。

しかし，第三者である受遺者又は受贈者は被相続人による相続人に対する古い贈与の存在を知り得ないのが通常であるから，第三者である受遺者又は受贈者に不測の損害を与え，その法的安定性を害するおそれがある。

そこで，民法1044条3項は，相続人間の実質的公平と第三者である受遺者等の法的安定性という2つの要請を調和する観点から，相続開始前の10年間にされた贈与に限り，遺留分を算定するための財産に含めることにした（『一問一答』135頁）。

③　**相続分の譲渡と遺留分侵害となる「贈与」**

改正前民法下における判例（最二小判平成30年10月19日家判19号32頁）は，共同相続人間においてされた無償による相続分の譲渡に関し，相続分の譲渡は改正前民法903条1項に規定する贈与に当たるとして特別受益と認め，遺留分減殺の対象とした。すなわち，「共同相続人間においてされた無償による相続分の譲渡は，譲渡に係る相続分に含まれる積極財産及び消極財産の価額等を考慮して算定した当

該相続分に財産的価値があるとはいえない場合を除き，上記譲渡を
した者の相続において，民法903条1項に規定する「贈与」に当た
る」と判示した。

裁判例6　最二小判平成30年10月19日（家判19号32頁）────────

　「共同相続人間で相続分の譲渡がされたときは，積極財産と消極財産とを
包括した遺産全体に対する譲渡人の割合的な持分が譲受人に移転し，相続分
の譲渡に伴って個々の相続財産についての共有持分の移転も生ずるものと解
される。

　そして，相続分の譲渡を受けた共同相続人は，従前から有していた相続分
と上記譲渡に係る相続分とを合計した相続分を有する者として遺産分割手続
等に加わり，当該遺産分割手続等において，他の共同相続人に対し，従前か
ら有していた相続分と上記譲渡に係る相続分との合計に相当する価額の相続
財産の分配を求めることができることとなる。

　このように，相続分の譲渡は，譲渡に係る相続分に含まれる積極財産及び
消極財産の価額等を考慮して算定した当該相続分に財産的価値があるとはい
えない場合を除き，譲渡人から譲受人に対し経済的利益を合意によって移転
するものということができる。遺産の分割が相続開始の時に遡ってその効力
を生ずる（民法909条本文）とされていることは，以上のように解すること
の妨げとなるものではない。

　したがって，共同相続人間においてされた無償による相続分の譲渡は，譲
渡に係る相続分に含まれる積極財産及び消極財産の価額等を考慮して算定し
た当該相続分に財産的価値があるとはいえない場合を除き，上記譲渡をした
者の相続において，民法903条1項に規定する「贈与」に当たる。」

④　**負担付贈与**

　ア　改正前民法下における考え方

　　改正前民法1038条は，負担付贈与がされた場合については，そ
　の目的財産の価額から負担の価額を控除したものについて遺留分
　減殺を請求することができると規定していた。

　　しかし，この規定は，遺留分を算定するための財産の額を算定
　するに当たっても同様の扱いをするのかについて，見解が分かれ

ていた。

　イ　改正法の規定

　　民法1045条１項は，解釈上疑義があった負担付贈与がされた場合における規定を設け，負担付贈与がされた場合に遺留分を算定するための財産の価額に加算する贈与の価額は，贈与の目的財産の価額から負担の価額を控除した額とすることにした（『一問一答』138頁）。

⑤　**不相当な対価でなされた有償行為**

　ア　改正前民法下における実務

　　改正前民法1039条は，不相当な対価でなされた有償行為がされた場合については，当事者双方が遺留分権利者に損害を加えることを知ってしたものに限り，これを贈与とみなし，対価を差し引いた残額が贈与として算入され，また，遺留分権利者が減殺請求したときは，その対価を償還しなければならないと規定していた。この規定は，遺留分を算定するための財産の価額を計算する際には対価を控除した残額部分が加算されるが，減殺の対象となる行為はその全体であることが前提とされていた。

　イ　改正法の規定

　　改正法は，不相当な対価でなされた有償行為は，当事者双方が遺留分権利者に損害を加えることを知ってしたものに限り，当該対価を負担の価額とする負担付贈与とみなすこととし，その目的の価額から対価の価額を控除したものを，遺留分を算定するための財産の価額に加算することとした（民1045条２項）。そして，遺留分侵害額の負担割合の基準においても，その目的の価額から対価の価額を控除したものを贈与の目的の価額とみなすとした（民1047条２項，1045条２項準用）。

設例14－3　不相当な対価とみなされる負担付贈与の処理

　被相続人Aの相続人は，子B，Cの二人である。Aは，第三者Dに対し，双方がCの遺留分を侵害することを知りながら，死亡半年前に1000万円の価値のある土地を代金200万円で売却し，また，Bに対し，死亡3年前に3200万円を贈与した。相続開始時の財産はない。Cは遺留分侵害額請求をしたい。民法1045条の処理はどのようになるか。

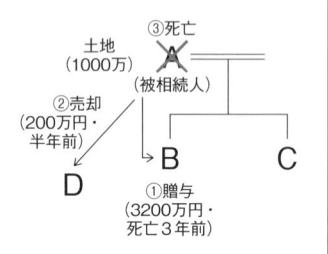

【解　説】

　代金200万円を負担の価額とする負担付贈与とみなし，その目的の価額（1000万円）からその負担の価額（200万円）を控除した額が民法1043条1項の贈与の目的の価額となる。遺留分侵害額請求に係る金銭債務の負担割合については，贈与が複数あるときは，相続開始時に近い贈与から始め，その前の贈与にさかのぼる（民1047条1項3号）。そうすると，Cは，相続開始に近いDに対し800万円の支払を，次に，Bに対し不足額の200万円の支払を求めることになる。

【参　考】

改正前民法1039条の処理

　⑴　A・D間の取引が同法の贈与とみなされる場合，Dは，200万円を支払っているので，対価である200万円を差し引いた残額800万円が贈与として算入される。そうすると，Cの遺留分侵害額は1000万円となる。

　　　（800万円＋3200万円）×1/2×1/2＝1000万円

　⑵　Cは，改正前民法1035条により，まず，Dに対し，土地全部についての減殺請求ができるが，Cは，Dに対し，200万円を償還しなくてはならない。

　　　1000万円－1000万円－200万円＝－200万円

　⑶　Cは，200万円を償還したから，遺留分侵害額につき200万円の満足が得られていない。そこで，Dの贈与より前の贈与であるBに対し，200万円を減殺請求する。

⑥　債務の控除

　　遺留分算定の基礎となる財産額を算定する際には，遺産債務の全

額を相続財産から控除する（民1043条1項）。これは，遺留分制度が
「相続人が現実に取得する価額」を基礎として遺留分権利者に一定
割合を留保する制度であるとの理解に基づく（潮見・538頁参照）。

　ア　債務の範囲

　　遺留分の基礎となる財産から控除される債務とは，被相続人の
　負担した債務を意味する。私法上の債務だけでなく，税金や罰金
　などの公法上の債務も含まれる。

　イ　保証債務の取扱い

　　被相続人が他人の債務のために連帯保証契約を締結していた場
　合などの保証債務については，債務の履行が不確実であったり，
　保証人が複数存在する場合もあるため，常に改正前民法1029条1
　項の債務に含まれると解する必然性はなく，主たる債務者が無資
　力で求償権の行使による填補の実効性がない場合に限り，被相続
　人の財産から控除すれば足りる（東京高判平成8年11月7日判時
　1637号31頁）。

⑷　**基礎財産の評価の基準時と評価方法**

　①　**評価の基準時**

　　相続開始時を基準に評価される。

　　（理　由）

　　ア　遺留分権が具体的に発生するのは相続開始時点である。

　　イ　算定の基礎となる財産の有無と所在を，もっともよく知ること
　　　ができるのは，相続開始時点である。

　　ウ　相続開始時点を基準とすることにより，権利関係が早期に安定
　　　する（潮見・538頁）。

　②　**評価の方法**

　　ア　基礎財産は，基準時点である相続開始時点の客観的価額に基づ
　　　いてその価額を評価する。

　　イ　贈与された金銭については，相続開始時の貨幣価値に換算する。

裁判例7 最一小判昭和51年3月18日（民集30巻2号111頁）

「被相続人が相続人に対しその生計の資本として贈与した財産の価額をいわゆる特別受益として遺留分算定の基礎となる財産に加える場合に，右贈与財産が金銭であるときは，その贈与の時の金額を相続開始の時の貨幣価値に換算した価額をもって評価すべきものと解するのが，相当である。けだし，このように解しなければ，遺留分の算定にあたり，相続分の前渡としての意義を有する特別受益の価額を相続財産の価額に加算することにより，共同相続人相互の衡平を維持することを目的とする特別受益持戻の制度の趣旨を没却することとなるばかりでなく，かつ，右のように解しても，取引における一般的な支払手段としての金銭の性質，機能を損う結果をもたらすものではないからである。これと同旨の見解に立って，贈与された金銭の額を物価指数に従って相続開始の時の貨幣価値に換算すべきものとした原審の判断は，正当として是認することができる。」

ウ　目的物の価値が相続開始後に増減している場合には，相続開始時の原状で評価する。

第15章　遺留分侵害額請求権

1　基本的枠組み

(1)　改正前民法下における考え方

①　減殺の意義

　　改正前民法における遺留分制度の基礎に据えられていたのは，遺留分減殺請求権という枠組みであった。すなわち，被相続人が自由分を超えて贈与や遺贈を行ったため遺留分が侵害されたときに，受遺者や受贈者などに対して，その処分行為の効力を奪うことを遺留分の減殺といい，遺留分減殺を内容とする相続人の権利を遺留分減殺請求権と定義づけていた（『一問一答』156頁）。

②　形成権

　　遺留分減殺請求権の法的性質については，通説・判例は，遺留分減殺請求権行使の効果は形成的であり，遺留分減殺請求権が行使されると，遺留分減殺請求権に服する範囲で遺留分侵害行為（贈与・遺贈）の効力は消滅し，目的物上の権利は当然に遺留分権利者に復帰する（形成権＝物権説）と解されていた。その結果，贈与や遺贈が未履行のときは履行を拒絶することができ，既に履行しているときは返還請求の対象となった。

③　減殺請求をして取り戻した財産の帰属

　　ア　通説・判例は，贈与，特定遺贈，特定の遺産を特定の相続人に相続させる遺言，全部包括遺贈について，遺留分減殺請求の結果として取り戻された財産は，遺留分減殺請求権者の固有財産となり，相続財産には復帰せず，したがって，共同相続の場合であっても遺産分割の対象とならないと解していた（訴訟説・固有財産説）。

　　　　そして，この場合，

　　(ア)　遺留分減殺請求権を行使した者は，訴訟手続において，遺留

　　　　分減殺請求権行使により自己に帰属した持分の確認や，この持
　　　　分に基づく自己への所有権移転登記手続などを求めることがで
　　　　きる

　　(ｲ)　取り戻したのが個別財産上の持分である場合には，その物の
　　　　分割手続は，物権法上の共有物分割手続によることになる

　　としていた。

　イ　また，通説・判例は，割合的包括遺贈，相続分の指定の場合に
　　は，取戻財産が復帰し，遺産分割の対象となると解していた。

④　価額弁償の抗弁

　　改正前民法においては，遺留分減殺請求権が行使されると，遺留
　分を侵害する贈与や遺贈は，侵害の限度で失効し，目的物の返還請
　求を受けた受遺者・受贈者は，現物を返還するのが原則であるが，
　目的物の価額を弁償することによって目的物返還義務を免れること
　ができると規定されていた（改正前民1041条。価額弁償の抗弁）。

(2)　**改正法の枠組み**

　改正法は，遺留分制度を大きく変更し，遺留分に関する権利行使によ
り生ずる権利について，遺留分侵害額請求の意思表示によって，遺留分
侵害額に相当する金銭の給付を目的とする金銭債権が生じるものとし
（民1046条1項），遺留分に関する権利行使につき，遺留分侵害額請求権
の行使と定義した（民1046条1項，1048条）。

　また，遺留分侵害額請求を受けた受遺者又は受贈者が金銭を準備でき
ない場合もあるとして，受遺者等は，裁判所に対して，金銭債務の全部
又は一部の支払につき相当の期限の許与を求めることができると規定し
た（民1047条5項）。

2　遺留分侵害額請求権の行使

(1)　**遺留分侵害額請求権の主体**

　遺留分権利者とその承継人である。承継人には，遺留分権利者の包括
承継人である相続人や包括受遺者，特定承継人も含まれる。

(2) 相手方

遺留分侵害額を負担する受遺者，受贈者及びその包括承継人である。

民法1046条は，受遺者の定義として，「特定財産承継遺言により財産を承継し又は相続分の指定を受けた相続人」を含むと規定していることから，特定財産承継遺言により財産を承継した相続人又は相続分の指定を受けた相続人も，遺留分侵害額の請求の相手方となる（『一問一答』142頁）。

(3) 請求方法

① 意思表示

遺留分侵害額請求権は，形成権であり，意思表示の方法によって行使される。遺留分権利者が受遺者・受贈者に対して遺留分に関する権利を行使する意思表示をしないと，遺留分権利者と受遺者等との間に，遺留分侵害額に相当する金銭債権は発生しない。

遺留分権利者の権利行使はあくまでも形成権の行使であるから，遺留分侵害額（金額）を具体的に示して意思表示をする必要はない（『一問一答』124頁）。

② 訴 え

遺留分侵害額請求権の行使は，訴えの方法による必要はない。遺留分を侵害された者が，遺留分侵害を理由に相手方に対して金銭の給付を求める場合も訴えの方法による必要はない。

【発 展】

訴えの方法により遺留分侵害額請求権を行使した場合，遺留分侵害額請求権自体が訴訟物（訴訟によって確認を求める権利や法律関係のこと）となるものではない。遺留分権利者は，相手方に対して金銭の給付を請求すればよく（給付訴訟），侵害額請求の効果としての金銭給付請求権自体が訴訟物となる。

---

③ 遺産分割協議の申入れと遺留分侵害額請求権行使の意思表示との関係

ア 問題点

遺産分割協議の申入れがなされた場合に，遺留分侵害額請求権

　　行使の意思表示が含まれていると解することができるかについて
　は，遺贈の効力を争っているかどうかで解釈が異なる。すなわち，
　遺留分侵害額請求は，被相続人による遺贈，贈与等が有効である
　ことを前提とした上で，遺贈，贈与によって遺留分を侵害された
　ため，受遺者・受贈者等に対して金銭の給付を求めるものである
　ところ（潮見・544頁参照），遺留分侵害額請求権を有する相続人が，
　遺贈の効力を争うことなく，受遺者に遺産分割協議の申入れをし
　たときには，特段の事情のない限り，その申入れには遺留分侵害
　額請求権行使の意思表示が含まれているものと解することができ
　る。
　　しかし，遺贈の効力そのものを争っている場合には，遺留分侵
　害額請求を主張する前提を欠く。

設例15－1　　**遺産分割協議の申入れと遺留分侵害額請求権行使の意思表示との関係**

　被相続人Aが死亡し，Aの相続人は実子B・C，養子Dである。Aは「遺
産を全てDに相続させる」との公正証書遺言をしていた。遺留分が侵害され
ていることを知ったB・Cは，Dに対し，遺贈の効力を争うことなく，遺産
分割の協議に応じるよう申し入れた。B・Cによる遺産分割の協議の申入れ
には遺留分侵害を理由とする権利主張が含まれているか。

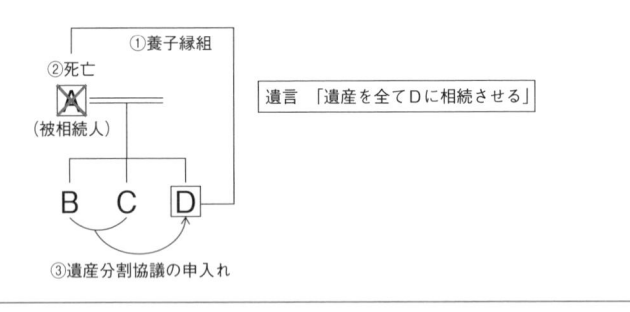

【解　説】
　B・Cの遺産分割の協議の申入れには遺留分侵害を理由とする権利主張が含ま
れている（潮見・545頁参照）。
　遺産の全部が相続人の一部の者に包括遺贈され，かつ，遺留分侵害額請求権を

行使する者が包括遺贈を争っていない場合には，他の相続人が遺産の配分を求めるには，法律上，遺留分侵害額請求による方法しかないので，遺産分割協議の申入れは，遺留分侵害の意思表示を含むものと解するのが合理的である。

裁判例 8 最一小判平成10年 6 月11日 （民集52巻 4 号1034頁）──────

　「遺産分割と遺留分減殺とは，その要件，効果を異にするから，遺産分割協議の申入れに，当然，遺留分減殺の意思表示が含まれているということはできない。しかし，被相続人の全財産が相続人の一部の者に遺贈された場合には，遺贈を受けなかった相続人が遺産の配分を求めるためには，法律上，遺留分減殺によるほかないのであるから，遺留分減殺請求権を有する相続人が，遺贈の効力を争うことなく，遺産分割協議の申入れをしたときは，特段の事情のない限り，その申入れには遺留分減殺の意思表示が含まれていると解するのが相当である。」

【留意点】
　前記平成10年の判例は，改正前民法下の事案につき，遺留分減殺請求の行使が含まれているとしたが，この遺留分侵害額請求権の行使の場合においても同じように解することができると考える。

---

(4)　遺留分侵害額請求権の代位行使

① 　問題点

　　遺留分を侵害された者の債権者は，自己の債権を保全するため，遺留分権利者に代位して，遺留分侵害額請求権を行使することができるか。

② 　判　例

　　改正前民法下における判例は，遺留分減殺請求権が行使上の一身専属性を有するものとみて，債権者による代位行使を否定している。

裁判例 9 最一小判平成13年11月22日 （民集55巻 6 号1033頁）──────

　「遺留分制度は，被相続人の財産処分の自由と身分関係を背景とした相続人の諸利益との調整を図るものである。民法は，被相続人の財産処分の自由

を尊重して，遺留分を侵害する遺言について，いったんその意思どおりの効果を生じさせるものとした上，これを覆して侵害された遺留分を回復するかどうかを，専ら遺留分権利者の自律的決定にゆだねたものということができる（1031条，1043条参照）。そうすると，遺留分減殺請求権は，前記特段の事情がある場合を除き，行使上の一身専属性を有すると解するのが相当であり，民法423条1項ただし書にいう「債務者ノ一身ニ専属スル権利」に当たるというべきであって，遺留分権利者以外の者が，遺留分権利者の減殺請求権行使の意思決定に介入することは許されないと解するのが相当である。」

③ 反対説

判例に対する反対意見として，二宮・486頁，潮見・546頁が参考となる。

(5) 遺留分侵害額請求権の行使により生じた金銭債権

民法1046条1項は，改正前民法1031条を改め，遺留分に関する権利行使により生ずる権利を金銭債権化することとした。そして，その形成権の行使によって発生した金銭債権に係る債務については，期限の定めのない債務となり，遺留分権利者が受遺者等に対して具体的な金額を示してその履行を請求した時点で初めて履行遅滞に陥る（『一問一答』124頁）。

形成権の行使によって発生した金銭債権については，通常の金銭債権と同様に消滅時効にかかることになり，債権法改正の施行前においては10年間の（債権法改正前民167条1項），その施行後においては5年間の消滅時効にかかることになる（民166条1項1号）。

3 遺留分侵害額

(1) 意 義

遺留分権利者が被相続人の財産から遺留分に相当する財産を受け取ることができない場合の不足額を意味する。

(2) 遺留分侵害額の算定式

① 改正の内容

ア 改正前民法は，遺留分侵害額に関する明確な規定はなく，判例により規定の明確化が図られていた。

裁判例10　最三小判平成8年11月26日（民集50巻10号2747頁）

　「被相続人が相続開始の時に債務を有していた場合の遺留分の額は，民法1029条，1030条，1044条に従って，被相続人が相続開始の時に有していた財産全体の価額にその贈与した財産の価額を加え，その中から債務の全額を控除して遺留分算定の基礎となる財産額を確定し，それに同法1028条所定の遺留分の割合を乗じ，複数の遺留分権利者がいる場合は更に遺留分権利者それぞれの法定相続分の割合を乗じ，遺留分権利者がいわゆる特別受益財産を得ているときはその価額を控除して算定すべきものであり，遺留分の侵害額は，このようにして算定した遺留分の額から，遺留分権利者が相続によって得た財産がある場合はその額を控除し，同人が負担すべき相続債務がある場合はその額を加算して算定するものである。」

　イ　改正法では遺留分侵害額の算定方法を明確化し，その計算式を分かりやすく規定した。すなわち，遺留分侵害額は，遺留分の額から，(ｱ)遺留分権利者が生前贈与等を受けている場合には，その価額を控除し，また，(ｲ)遺産分割の対象財産がある場合には，遺産分割手続において遺留分権利者が取得する財産の価額を控除し，さらに，(ｳ)相続債務がある場合には，遺留分権利者が相続によって負担する債務の額を加算することにより求めるものとした（民1046条2項）。

② 　遺留分侵害額を求める計算式

遺留分侵害額
　＝遺留分額
　　　－遺留分権利者が受けた特別受益の額
　　　－遺産分割の対象財産がある場合において遺留分権利者の具体的相続分に相当する額
　　　＋遺留分権利者が負担する債務（遺留分権利者承継債務）

【注意点】
　寄与分による修正はしない。寄与分は家庭裁判所の審判によりはじ

めてその有無及びその額が決定されるものであるからである（潮見・551頁参照）。

　なお，遺留分と寄与分の関係については，二宮・481頁において詳細な検討がなされているので，参考にされたい。

(3)　遺留分権利者が相続・遺贈・贈与によって得た積極財産の控除

　遺留分権利者が相続・遺贈・贈与によって得た額を算定するに当たっては，まず，遺留分権利者が相続・遺贈・贈与によって得た積極財産の額が控除される。

①　遺留分権利者が受けた特別受益の額の控除

　民法1046条2項1号は，遺留分権利者が遺贈又は民法903条1項に規定する贈与（特別受益）を受けていた場合には，その価額を控除すると規定している。

②　遺産分割すべき対象財産がある場合の控除額

　民法1046条2項2号は，遺産分割すべき対象財産がある場合には，遺留分権利者が遺産分割において取得すべき財産の価額を遺留分の額から控除すると規定している。

ア　改正前民法下における実務

　遺産分割すべき対象財産がある場合に，遺留分侵害額をどのように算定すべきかについて，法定相続分を前提に算定すべきとする見解（法定相続分説）と具体的相続分（ただし，寄与分による修正は考慮しない）を前提に算定すべきという見解（具体的相続分説）に分かれていた（『第3版　遺産分割』527頁参照）。

イ　改正法の規定

　改正法は，第900条から第902条まで，第903条及び第904条の規定により算定した相続分に応じて遺留分権利者が取得すべき遺産の価額を控除するものとしており，遺産分割が終了しているか否かにかかわらず，具体的相続分に応じて遺産を分配したとした場合に取得できる遺産の価額を控除することとし，具体的相続分説を採用した（『一問一答』143頁）。

遺留分権利者が相続・遺贈・贈与によって得た額を算定する際の基準は，遺留分権利者の具体的相続分額である。もっとも，具体的相続分をもとに遺留分権利者が相続によって得た積極財産の価額が算定されるといっても，これは，遺留分権利者が得た特別受益が考慮されるということを意味するだけである。

ウ　遺産分割が終了している場合の取扱い

(ア)　改正前民法下における実務

遺産分割が先行して行われている場合につき，①現実に分割された内容を前提に控除すべきであるという見解と，②計算上算定される相続分を前提に控除すべきであるとする見解が存在した。

「遺留分額算定の前提となる当該相続人の相続分額を算出する際に，既に当該相続財産の一部又は全部につき遺産分割が行われていた場合，当該相続人が遺産分割の結果得た相続財産を控除して遺留分侵害額を算出すると解するのが相当である。」として現実に分割された内容を前提に控除すべき見解によるべきである（竹内民生「遺留分」東京弁護士会研修センター運営委員会編『相続紛争処理と弁護士実務』（商事法務，2004）34頁）との見解を採っていた（『第3版 遺産分割』527頁）。

(イ)　改正法の規定

改正法は，遺産分割の対象財産がある場合には，遺産分割が終了しているか否かにかかわらず，具体的相続分に相当する額を控除するものと規定した（民1046条2項2号）。遺産が未分割の場合と既分割の場合で最終的な取得額が異なるのは相当ではない等の理由による。

(4)　相続債務がある場合の加算額

①　改正前民法下における実務

相続人のうちの一人に対して財産全部を「相続させる」旨の遺言がされ，当該相続人が相続債務も全て承継した場合の遺留分侵害額を算定するに当たって加算すべき相続債務の額については，(ア)法定

相続分を前提に算定するという考え方と，(イ)指定相続分を前提に算定するという考え方が対立していた（具体的事例における両説の遺留分侵害額は，『第3版 遺産分割』525頁（設例18-3）に検討したとおりであるので参照されたい）。

判例（最三小判平成21年3月24日民集63巻3号427頁）は，相続人のうちの一人に対して財産全部を「相続させる」旨の遺言がされ，当該相続人が相続債務も全て承継した場合，遺留分侵害額の算定においては，遺留分権利者の法定相続分に応じた相続債務の額を遺留分の額に加算することは許されないと判示した。

裁判例11 最三小判平成21年3月24日（民集63巻3号427頁）――――――――

「相続人のうちの一人に対して財産全部を相続させる旨の遺言がされ，当該相続人が相続債務もすべて承継したと解される場合，遺留分の侵害額の算定においては，遺留分権利者の法定相続分に応じた相続債務の額を遺留分の額に加算することは許されないものと解するのが相当である。遺留分権利者が相続債権者から相続債務について法定相続分に応じた履行を求められ，これに応じた場合も，履行した相続債務の額を遺留分の額に加算することはできず，相続債務をすべて承継した相続人に対して求償し得るにとどまるものというべきである。」

② 改正法の規定

民法1046条2項3号は，判例の見解を採用し，遺留分侵害額を算定するに当たっては，「被相続人が相続開始の時において有した債務のうち，第899条の規定により遺留分権利者が承継する債務（遺留分権利者承継債務）」の額が考慮されるものと規定した（『一問一答』147頁）。すなわち，個々の遺留分権利者の遺留分が侵害された額を算定するに当たっては，遺留分権利者が相続・遺贈・贈与によって得た積極財産の価額を控除した上で，遺留分権利者が相続によって負担すべき債務（遺留分権利者承継債務）の額を加算するものとした（潮見・551頁）。

相続人のうちの一人に対して財産全部を「相続させる」旨の遺言

がされた場合，被相続人は当該相続人に相続債務を相続させる意思があったとみるべきである（相続分の指定がされた場合は相続債務も指定相続分による。）。したがって，遺留分権利者の遺留分侵害額を計算するに当たっては，遺留分権利者の法定相続分に応じた相続債務の額を算入することはできない。

　よって，遺留分権利者が相続によって負担すべき債務の額はゼロとなる。前記平成21年判決と同様の見解である。

設例15-2　相続債務がある場合の遺留分侵害額請求

　被相続人Ａが死亡し，Ａの相続人は子Ｂ・Ｃ・Ｄである。Ａは，自分の全財産をＣに相続させるとの遺言を残して死亡した。Ａの遺産は3000万円であったが，ＡはＦから600万円の借入れをしていた。ＢがＣに対し遺留分侵害額請求をする場合，Ｆに対する債務を考慮することができるか。

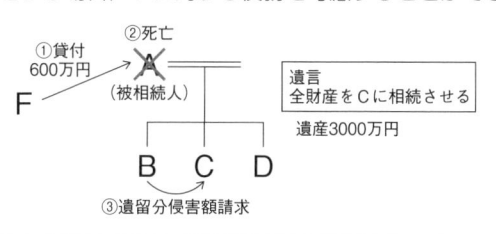

【解　説】
　Ｂが相続により負担すべき債務の額（民法899条の遺留分権利者承継債務）はゼロである。Ｂの遺留分侵害額を算定するに当たり，Ｂの法定相続分に応じた相続債務の額200万円を算入することはできない。

【参考】相続分の指定と遺留分侵害額の算定
　民法1046条２項３号は，相続分の指定がされた場合，指定相続分を前提として遺留分侵害額を算定すべき旨を明らかにする趣旨で，同法899条の規定により「遺留分権利者が承継する債務の額」を加算することとしている。

⑸ **受遺者・受贈者による相続債務の消滅行為の効果（金銭給付義務の消滅請求）**

① **前　提**

　　遺留分侵害額請求を受けた受遺者・受贈者が相続債務を弁済するなどして消滅させた場合，遺留分権利者に対して求償権を取得することになる。もっとも，受遺者・受贈者による相続債務の消滅行為は，遺留分侵害額の算定に影響しない。

② **求償権と遺留分侵害額請求権との相殺処理の限界**

　ア　相続債務を弁済した場合

　　遺留分侵害額請求を受けた受遺者・受贈者が，遺留分権利者が負担する相続債務を弁済した場合，遺留分権利者に対して求償権を取得し，その求償権と遺留分侵害額に係る請求権とを相殺することもできる。

　イ　免責的債務引受をした場合

　　受遺者・受贈者が免責的債務引受をした場合には，受遺者・受贈者は他人の債務を自己の債務として引き受けた上で履行するものであるから，遺留分権利者に対する求償権は発生しない（民472条の3）ので，そもそも求償権が存在しないから相殺による処理はできない。

　ウ　第三者弁済をした場合

　　受遺者・受贈者が第三者弁済をした場合であっても，その債務が弁済期前のものであれば，受遺者・受贈者は弁済期が到来するまでは相殺をすることができないため（民505条1項本文），相殺による処理には限界がある（『概説』136頁）。

③ **受遺者・受贈者の金銭給付義務の消滅（減額）請求**

　　民法1047条3項前段は，相殺処理に限界があることを受け，別の規定を設けた。すなわち，遺留分権利者が承継した相続債務について，受遺者・受贈者が弁済をするなど，その債務を消滅させる行為をした場合には，当該弁済等を行った受遺者・受贈者の請求により，当該消滅した債務の額の限度において，当該受遺者・受贈者が負担

する債務を消滅させることができると規定した（『一問一答』154頁）。

　　前記受遺者・受贈者の金銭給付義務の消滅（減額）請求は形成権である。

④　遺留分権利者に対する求償権の帰趨

　　民法1047条3項後段は，受遺者・受贈者が，遺留分権利者が負担する相続債務を弁済するなどして取得した求償権は，同項前段の規定により消滅した債務の価額の限度において消滅すると規定した。

　　相殺による処理をする場合には，遺留分権利者に対して取得した求償権も対当額で当然に消滅する（民505条1項本文）ことになるが，民法1047条3項前段による消滅請求をすることにより遺留分侵害額に係る債務が消滅した場合に求償権がどうなるかは明らかでないことから，規定を設け，求償権の帰趨を明らかにしたものである（『一問一答』154頁）。

【注意点】
　相続債務を弁済した受遺者・受贈者には，金銭給付義務の消滅（減額）請求をすることが義務づけられているわけではない（潮見・553頁）。

設例15-3　**受遺者・受贈者による相続債務の消滅行為の効果**

　被相続人Aの相続人は，子であるB・C・Dである。Aは「Eに4200万円を遺贈する」との遺言を残して死亡した。Aの遺産総額は6000万円であったが，AはFから600万円を借り入れていた。Eは，Fに対しAの債務600万円を弁済した。

1　Eが相続債務を弁済したことにより，どのような効果が生じるか。

2　Eが相続債務の弁済による金銭給付義務の消滅請求をした場合，どのような効果が生じるか。

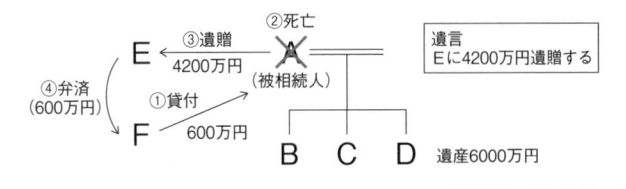

【解　説】

　Eが相続債務の第三者弁済をした場合でも，B・C・DのEに対する遺留分侵害額請求権の額には影響はない。

1　BCDの遺留分侵害額

　　B・C・Dは，Eに対し，各500万円の遺留分侵害額の支払を求めることができる。

　〈計算式〉

　遺産総額6000万円－相続債務600万円＝5400万円

　　B・C・Dの遺留分額　　　　　　　　　　　　　　　　　各900万円
　　　5400万円×1/2×1/3＝900万円

　　B・C・Dの相続による取得額　　　　　　　　　　　　　各600万円
　　　（6000万円－4200万円）×1/3＝600万円

　　B・C・Dの債務負担額　　　　　　　　　　　　　　　　各200万円

　　Aの相続債務600万円は，相続開始により，相続人B・C・Dに分割され，各自200万円の債務を承継する。

　　B・C・Dの遺留分侵害額　　　　　　　　　　　　　　　各500万円
　　　900万円－600万円＋200万円＝500万円

2　Eによる債務の第三者弁済により，Eは，B・C・Dに対し各200万円の求償権を取得するところ，Eが金銭給付義務の消滅（減額）請求をすることにより，消滅した相続債務の額（200万円）限度で求償権は消滅する。したがって，Eは，B・C・Dに対し，300万円に減額することを求めることができる。

　　よって，B・C・DのEに対する遺留分侵害を理由とする金銭給付義務は，300万円に減縮され，他方，EのB・C・Dに対する各200万円の求償権も消滅する。

　（詳細は，潮見・553頁を参照されたい。）

4　遺留分侵害額請求の相手方

⑴　遺留分侵害額請求の相手方

　遺留分を侵害された者は，遺留分を侵害する受遺者，受贈者及びその包括承継人に対して，遺留分侵害額請求をすることができる。

　民法1046条は，受遺者の定義として，「特定財産承継遺言により財産を承継し又は相続分の指定を受けた相続人を含む」と規定していることから，特定財産承継遺言により財産を承継した相続人又は相続分の指定を受けた相続人も，遺留分侵害額の請求の相手方となる（『一問一答』

142頁）。

(2) 受遺者と受贈者の負担額

　遺留分を侵害している者が複数いる場合の金銭債務の負担割合については，改正前の減殺の順序に関する規定を変更する必要性がないから，民法1047条1項は，改正前民法1033条から1035条までの規定と同様の実質を有する規定を設けている（『一問一答』149頁）。

　① 受遺者と受贈者の負担額の上限

　　受遺者・受贈者は，その受けた遺贈又は贈与の目的の価額を限度として遺留分侵害額を負担する（民1047条1項柱書）。受遺者・受贈者は，その受けた遺贈又は贈与の価額を超えて，遺留分侵害額を負担する理由がないからである。

　② 共同相続人に対する遺贈・贈与に関する特則

　　改正法は，受遺者・受贈者が相続人である場合には，遺贈又は贈与の目的の価額から自らの遺留分の額を控除した額を限度として，遺留分侵害額について責任を負う（民1047条1項柱書の3つ目の括弧書）と規定した。

　　これは，負担の上限額について受遺者・受贈者が相続人である場合の特則を設けるものであり，改正前民法1034条における「目的物の価額」の解釈としての判例（最一小判決平成10年2月26日民集52巻1号274頁）の考え方を，明文化したものである（『一問一答』153頁）。

裁判例12　最一小判平成10年2月26日（民集52巻1号274頁）────────

　「相続人に対する遺贈が遺留分減殺の対象となる場合においては，右遺贈の目的の価額のうち受遺者の遺留分額を超える部分のみが，民法1034条にいう目的の価額に当たるものというべきである。けだし，右の場合には受遺者も遺留分を有するものであるところ，遺贈の全額が減殺の対象となるものとすると減殺を受けた受遺者の遺留分が侵害されることが起こり得るが，このような結果は遺留分制度の趣旨に反すると考えられるからである。そして，特定の遺産を特定の相続人に相続させる趣旨の遺言による当該遺産の相続が遺留分減殺の対象となる場合においても，以上と同様に解すべきである。」

設例15－4 共同相続人に対する遺贈・贈与と遺留分侵害額

　被相続人Aの相続人は，妻Wと子B・C・Dである。Aの遺産は9600万円である。Aは「遺産の中から，Wに3200万円，Bに4000万円，Cに1800万円を相続させ，残余はDに相続させる」旨の遺言を残して死亡した。残余の財産の総額は600万円であった。
1　Dの遺留分侵害額はいくらか。
2　W，B及びCがDに対し負担する金銭給付義務はいくらか。

遺産9600万円（残余600万円）

遺言
「Wに3200万円，Bに4000万円，Cに1800万円を相続させ，残余はDに相続させる。」

【解　説】
1　Dの遺留分侵害額
　(1)　妻Wと子B・Cは，特定財産承継遺言に基づき各金員の贈与を受けており，Dの遺留分は侵害されている。
　　　遺留分算定の基礎財産は，遺贈された総額9000万円（3200万円＋4000万円＋1800万円）と残余の遺産の600万円の合計9600万円である。

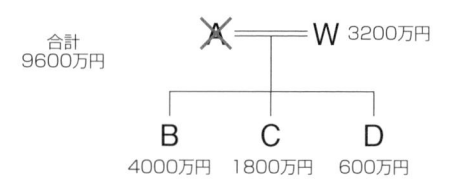

合計
9600万円

3200万円

4000万円　1800万円　600万円

　(2)　W，B，C及びDの各自の個別的遺留分は，次のようになる。
　　　W　9600万円×1/2×1/2＝2400万円
　　　B　9600万円×1/2×1/6＝800万円
　　　C　9600万円×1/2×1/6＝800万円
　　　D　9600万円×1/2×1/6＝800万円
　(3)　Dの遺留分侵害額は，200万円である。
　　　800万円（Dの個別的遺留分）－600万円（残余遺産）＝200万円
2　金銭給付義務
　(1)　W，B及びCの侵害額
　　　受遺者W，B及びCは，遺贈の目的の価額からみずからの遺留分を控除した額を限度として，遺留分侵害額について責任を負う（民1047条1項柱書

の3つ目の括弧書き）から，W，B及びCの侵害額は，Wが800万円，Bが3200万円，Cが1000万円である。

    W：3200－2400＝800万円
    B：4000－800＝3200万円
    C：1800－800＝1000万円

(2)　W，B及びCの負担額

　　複数の遺贈がある場合には，遺留分を超過する価額の割合で遺留分侵害額を負担する（民1047条1項2号）から，W，B及びCは，遺留分侵害額である200万円を，遺留分を超過する価額の割合で負担する。計算式は，以下のとおりである。

    W：200×800/（800＋3200＋1000）＝32万円
    B：200×3200/（800＋3200＋1000）＝128万円
    C：200×1000/（800＋3200＋1000）＝40万円

③　受遺者と受贈者の負担の順序

　　受遺者が先に遺留分侵害額を負担する（民1047条1項1号）。改正前民法1033条の規定を実質的に維持している。特定財産承継遺言による受益相続人と相続分の指定を受けた相続人は，受遺者と同様に扱われる。

④　複数の受遺者がある場合の負担割合

　　遺贈の目的の価額に応じて遺留分侵害額を負担する（民1047条1項2号）。改正前民法1034条の規定を実質的に維持している。

⑤　複数の受贈者がある場合においてその贈与が同時にされた場合の負担割合

　　贈与の目的の価額に応じて遺留分侵害額を負担する（民1047条1項2号）。改正前民法1034条の規定を実質的に維持している。

⑥　複数の受贈者がある場合

　　新しい贈与を受けた者から遺留分侵害額を負担する（民1047条1項3号）。改正前民法1035条の規定を実質的に維持している。

⑦　死因贈与の取扱い

　　改正法は，死因贈与の取扱いが判例又は学説上，固まっていないこともあり，立法的な解決を見送り，死因贈与につき，明文の規定を設けずに解釈問題に委ねた（『一問一答』152頁）。

　対立の背景は，遺贈・贈与の対象財産が相続財産から逸出した時点から分析して，死因贈与の贈与の効力が死亡時に生じ，その時点で相続財産から逸出する点に着目して遺贈と共通すると捉える（遺贈説）のか，それとも，死因贈与が，贈与契約を締結することにより権利義務関係が生じている点に着目し，贈与としての性質を有するとするものの，その効力は死因贈与とは異なり，遺言者の死亡により生じるから遺贈に近いとして，遺贈，死因贈与，贈与と順位をつけるのか（最終贈与説）という点にある。本書は，裁判例の最終贈与説を支持し，死因贈与は，遺贈に次いで，生前贈与より先に，遺留分侵害の対象となると解している。

裁判例13　東京高判平成12年3月8日（判タ1039号294頁）──────

　「死因贈与も，生前贈与と同じく契約締結によって成立するものであるという点では，贈与としての性質を有していることは否定すべくもないのであるから，死因贈与は，遺贈と同様に取り扱うよりはむしろ贈与として取り扱うのが相当であり，ただ民法1033条及び1035条の趣旨にかんがみ，通常の生前贈与よりも遺贈に近い贈与として，遺贈に次いで，生前贈与より先に減殺の対象とすべきものと解するのが相当である。」

⑧　**無資力のリスク（遺留分権利者の負担）**

　受遺者・受贈者の無資力によって生じた損失は遺留分権利者の負担となり，他の受遺者・受贈者に対して支払請求をすることはできない（民1047条4項）。

　「負担の順序は法定されており，当事者の意思により変更できない結果（強行法規だとされる），この順序で負担すべき額が個別的に計算上定まるため，受遺者・受贈者の無資力という偶然の事実によって本来の負担額を超えて負担するのは公平に反するからである」（二宮・482頁）。

5　裁判所による期限の許与

⑴　意　義

　民法1047条5項は，金銭給付の請求を受けた受遺者・受贈者の請求により，裁判所が，金銭債務の全部又は一部の支払につき相当の期限を許与することができると規定した。

　遺留分権利者から金銭請求を受けた受遺者・受贈者が直ちには金銭を準備することができない場合にも，金銭請求を受けた時点から当然に遅延損害金の支払義務を負わせることとすると受遺者・受贈者に酷な場合があることを考慮したものである。

【参考】法制審議会における検討過程（『一問一答』131頁）

　相続関係部会においては，金銭請求を受けた受遺者・受贈者が直ちに金銭を準備できない場合に対処する方策として，金銭債務の支払に代えて遺贈又は贈与の目的物を給付することができるが，裁判所が給付する財産の内容を定めるという制度（甲案）等を検討したが，裁判所の裁量的判断に基づく指定内容は予測可能性を欠くとの批判を受け，採用されなかった。

　そこで，追加試案として，受遺者・受贈者に現物給付の指定権を付与する案が検討されたものの，受遺者等に指定権を与えると，遺留分権利者に不要な財産を押しつけることになり，遺留分権利者の権利を不当に弱めるとの問題点が指摘され，追加試案の考え方も採用されなかった。

⑵　効　果

　裁判所が期限を許与した場合は，当該期限の許与をした金銭債務の全部又は一部について，その弁済期が変更されることになる。この期限が許与されたときは，金銭給付の請求を受けた受遺者・受贈者は，その期限内は金銭債務につき履行遅滞に陥らない（遅延損害金が発生しない。）。したがって，裁判所が，令和2年4月1日まで期限を許与した場合には，遅延損害金が発生するのはその翌日の4月2日午前零時からになる。

⑶　期限の許与の請求の行使方法

　　①　遺留分権利者が金銭支払請求訴訟を提起している場合

　　　　期限の許与の請求につき，抗弁として位置づけるか，独立の訴え

として位置づけるかにつき，見解の相違があるが，受遺者・受贈者は抗弁として主張すればよく，反訴又は別訴の提起を要しないと解される。

【参考】期限の許与の主張の位置づけ（『一問一答』127頁）

当事者の請求により，裁判所が相当の期限を許与することができるとされている制度としては，期限の許与の請求のほか，有益費償還請求がされた場合等があるところ，判例（大阪高判平成24年5月31日判時2157号19頁）は，判決確定後1年間の猶予期間を設けた上で土地の明渡請求を認容した事例において，期限の許与を抗弁と位置づけているが，独立の訴えの提起が必要であると判示した裁判例（大阪高判平成14年6月21日判時1812号101頁）もあり，解釈は固まっていないとされる。

②　受遺者・受贈者が遺留分権利者を相手方として期限の許与を求めて訴訟を提起する場合

期限の許与を求める訴えを提起するもので，形成の訴えとなる（『一問一答』127頁）。

(4)　期限が許与された場合の判決主文

①　無条件の給付請求と期限の許与との関係

遺留分権利者が提起した無条件の金銭請求訴訟について，裁判所が期限を許与する場合，期限を許与した債務の全部又は一部については，弁済期が到来していないことになるから，遺留分権利者の請求をそのまま認容することはできない。しかし，遺留分権利者が提起した無条件の金銭請求訴訟について，裁判所が期限を許与する場合でも，当該期限は資金調達に必要な期間となるから，民事訴訟法135条の要件を満たし，当該請求には，条件到来時の給付を求める請求が包含されていると解され，将来判決をすることも許されることになると解される。

②　遺留分権利者が提起した金銭請求訴訟において，裁判所が許与した期限が口頭弁論終結後に到来する場合における判決主文例

裁判所が将来の給付判決をする場合で，例えば，遺留分侵害額が500万円であり，その期限を令和2年4月1日まで許与する場合は，

下記の例となる（『一問一答』129頁参照）。

> ‥‥主　文‥‥‥‥‥‥‥‥‥‥‥‥‥‥‥‥‥‥‥‥‥‥‥‥‥‥
> 「1　被告は，原告に対し，令和2年4月1日が到来したときは500
> 　　万円及びこれに対する令和2年4月2日から支払済みまで年5分の
> 　　割合による金員を支払え。
> 　2　原告のその余の請求を棄却する。」

③　金銭債務の一部について期限を許与する場合における判決主文例
　　例えば，遺留分侵害額が1000万円のうち，300万円については期限を許与するものとし，金銭請求の日が令和2年4月1日で，裁判所が定めた期限が令和3年4月1日である場合は，下記の例となる（『一問一答』130頁）。

> ‥‥主　文‥‥‥‥‥‥‥‥‥‥‥‥‥‥‥‥‥‥‥‥‥‥‥‥‥‥
> 「1　被告は，原告に対し，700万円及びこれに対する令和2年4月
> 　　2日から支払済みまで年5分の割合による金員を支払え。
> 　2　被告は，原告に対し，令和3年4月1日が到来したときは300
> 　　万円及びこれに対する令和3年4月2日から支払済みまで年5分の
> 　　割合による金員を支払え。
> 　3　原告のその余の請求を棄却する。」

(5)　現物を提供する旨の合意

　遺留分侵害額請求権の当事者が，金銭の支払に代えて現物を提供する旨の合意をすることは，代物弁済の合意として認められる（潮見・559頁）。

6　遺留分侵害と他の制度との関係

(1)　遺留分侵害と遺贈との関係

　219頁参照。

⑵　**遺留分侵害と特定財産承継遺言との関係**

198頁参照。

⑶　**遺留分侵害と相続分の指定との関係**

205頁参照。

⑷　**遺留分侵害と遺産分割方法の指定との関係**

210頁参照。

7　遺留分侵害額請求権の行使の制限

⑴　**遺留分侵害額請求権の消滅時効**

①　**趣　旨**

　　遺留分権利者が，相続の開始及び遺留分を侵害する贈与又は遺贈があったことを知った時から1年間行使しないときは，時効により消滅する（民1048条前段）。法律関係の早期安定の要請に基づく。

②　**時効起算点の問題**

　　「相続の開始及び遺留分を侵害する贈与又は遺贈があったことを知った時」とは，相続の開始と遺留分を侵害する贈与又は遺贈のあったことを知っただけでなく，贈与や遺贈が遺留分額を侵害することを知ることが必要である。

・・

【参考】

　改正前民法1042条における「減殺すべき贈与又は遺贈があったことを知った時」の解釈において，判例（最二小判昭和57年11月12日民集36巻11号2193頁）は，遺留分権利者が単に被相続人の財産の贈与又は遺贈があったことを知るだけでは足りず，それが減殺し得べきものであることも知ることを要すると解していた。そして，贈与又は遺贈の効力について争いがあり，長期間，民事訴訟を経由した結果，それが有効とされた場合に，その後改めて遺留分減殺請求権の行使期間が開始されるのかという問題と関連して，「減殺すべき贈与又は遺贈があったことを知った」とは，何をどの程度に知ったことをいうのかについては見解が分かれていた（『第3版　遺産分割』554頁以下参照）。

　前記判例は，「遺留分権利者が訴訟上無効の主張をしさえすれば，それが根拠のない言いがかりにすぎない場合であっても時効は進行を始めないとするのは相

当でないから，被相続人の財産のほとんど全部が贈与されていて遺留分権利者が右事実を認識しているという場合においては，無効の主張について，一応，事実上及び法律上の根拠があつて，遺留分権利者が右無効を信じているため遺留分減殺請求権を行使しなかつたことがもつとも首肯しうる特段の事情が認められない限り，右贈与が減殺することのできるものであることを知つていたものと推認するのが相当というべきである。」と判示した。

　この論理は，遺留分侵害額請求における遺留分侵害があったことの認識についても及ぼすことができ，遺留分権利者がほぼ全財産に及ぶ贈与・遺贈の事実を知っていれば，遺留分の侵害があるものと推定され，遺留分権利者に贈与・遺贈の無効を信じたことについてもっともと首肯しうる特段の事情があれば，この推定が覆り，その認識がなかったということになる（二宮・490頁参照）。

③　消滅時効の対象

　　1年の消滅時効は，形成権としての遺留分侵害額請求権そのものの，すなわち，遺留分侵害を理由とする侵害額請求の意思表示をすることができる権利である。遺留分侵害額請求の意思表示をした結果として生じる金銭給付請求権は，1048条前段の期間制限に服さない。

④　時効の停止（時効の完成猶予）

　　遺留分侵害額請求においても同様である（『第3版　遺産分割』559頁以下参照）。

(2)　除斥期間

①　規　定

　　遺留分侵害額請求権は，相続開始時から10年を経過すれば消滅する（除斥期間・民1048条後段）。

　　改正前民法1042条の遺留分減殺請求権の除斥期間の立法趣旨とされるところの「相続関係に基づく権利変動は，なるべく短期に決着をつけることによって法律関係の確定や取引の保護を図ろうとする趣旨に出たものと解される。」（我妻栄＝唄孝一『相続法（判例コンメンタール）』（日本評論社，1966）333頁参照）との考え方と同じである。

②　除斥期間経過後における遺留分侵害額請求権の行使

　　改正前民法1042条後段の適用につき，民法160条の法意に照らし，

遺留分権利者が，遺留分減殺請求権を行使することを期待すること
ができない特段の事情が解消された時点から6か月内に同権利を行
使したと認められる場合には，民法1042条後段による遺留分減殺請
求権消滅の効果は生じないものと解するのが相当であると解した裁
判例があるが（仙台高判平成27年9月16日判時2278号67頁），遺留分侵
害額請求権の行使においても同じように解することができると考え
る。

第16章　遺留分侵害額請求調停

1　改正の内容

　改正前民法においては，遺留分減殺請求権の行使により，遺贈又は贈与の一部が無効となり，目的物上の権利は当然に遺留分権利者に復帰する（形成権＝物権説）と解されていたが，改正法は，遺留分制度を見直し，遺留分侵害額請求権の行使により，金銭債権が発生するものとした（民1046条1項）。したがって，改正法においては，「減殺」という文言は用いず，「侵害額の請求」という用語に改められた。これまでの遺留分減殺に関する紛争は，遺留分侵害額に関する紛争として位置づけられることになる。

　改正法では，施行日前に開始した相続については，改正前の法律を適用することとしている。したがって，被相続人が令和元年7月1日より前に死亡している場合は，遺留分減殺請求調停の申立てをすることになる。

2　裁判所の管轄

　遺留分侵害額に関する紛争は，訴訟事項であり，当事者間に協議が調わない場合は，裁判所に訴えを提起して解決を図ることになる。その場合の管轄裁判所は，相続開始の時における被相続人の普通裁判籍の所在地の地方裁判所又は簡易裁判所である（民訴5条14号）。

　しかし，遺留分をめぐる事件は，被相続人の相続に関する紛争であるから，「家庭に関する事件」として家庭裁判所の調停を行うことができる（家事法244条）。そして，家庭裁判所の調停を行うことができる事件については，調停前置主義により，地方裁判所又は簡易裁判所に訴えを提起する前に，まず家庭裁判所の調停を経なければならない（家事法

257条1項)。

> 【家庭に関する事件の意義】
>
> 「家庭に関する事件」とは，親族又はこれに準ずる者との間という一定の身分関係の存在，その間における紛争の存在，人間関係調整の余地の存在の3つの要素を備えている事件をいう（斎藤秀夫・菊池信男編『注解　家事審判法（改訂版）』（青林書院，1992）701頁〔石田敏明〕参照）。

3 家事調停事件の申立て

⑴ 申立ての趣旨

遺留分権利者が遺留分侵害額請求権を行使した上で，受遺者又は受贈者に対し，侵害額に相当する金銭の支払を請求することになる。ただし，民事訴訟における請求の趣旨のように，具体的な給付内容までは求めていないのが実務の取扱いであり，申立ての趣旨として，例えば，「相手方は，申立人に対し，遺留分侵害額に相当する金銭を支払うとの調停を求める」と記載することになる。

⑵ 申立権者

遺留分権利者（民1042条，1046条）である。

⑶ 管　轄

相手方の住所地を管轄する家庭裁判所又は当事者が合意で定める家庭裁判所（家事法245条1項）となる。民事訴訟法で認められている被相続人の相続開始の時の住所地（民訴5条14号）に管轄はない。

⑷ 手数料

申立手数料として，1件につき1200円分の収入印紙を申立書に貼付する。

⑸ 申立書関係

申立書の書式及び記載例については，東京家庭裁判所ウェブサイトの書式及び記載例を参照されたい。

⑹　調停申立てに必要な証拠関係書類

基本的に遺産分割調停事件の申立てに必要な書類と同じである。

① 　戸籍関係（全部事項証明書を含む）

　ア　被相続人（被代襲者）が生まれてから死亡するまでの間に在籍した全戸籍の除籍謄本・改製原戸籍謄本（写し）

　イ　相続人全員の戸籍謄本（写し）

② 　遺言書又は遺言書の検認調書謄本の写し

③ 　遺産関係

　　遺留分額の算定には，被相続人の遺産の価額，贈与した財産の価額，債務の額を明らかにする必要があるため，それぞれの事実関係が明らかとなる資料を提出し，かつ，遺産分割調停申立てに準じて，遺産目録，遺贈又は贈与目録，債務目録を提出する（家事規則102条1項）必要がある。

【必要な証拠資料（全て写し）の例】

　ア　登記簿謄本又は全部事項証明書（取得後3か月以内）

　イ　固定資産評価証明書（直近の年度のもの）

　ウ　預貯金の通帳又は相続開始時の残高証明書

　エ　株式，国債，投資信託等の内容を示す文書

　オ　贈与財産の内容を示す文書

　カ　消費貸借契約書

　キ　担保設定契約書

　ク　債務引受書

---

④ 　遺留分侵害額請求権を行使したことを疎明する資料

　　遺留分侵害額の請求は，相手方に対する請求の意思表示によって行使されるので，調停を申し立てただけでは相手方に対する意思表示とはならない。したがって，遺留分侵害額請求権行使の意思表示が相手方に到達したことを疎明する資料（直ちに取調べができる証拠のことで，一般的には書類である。）が必要である。内容証明郵便の場合は，配達証明も必要である。

(7)　調停申立て時の留意事項

①　遺留分侵害額請求権行使の時期

遺留分侵害額請求権は行使時期が定められているため，申立書には侵害額請求権行使の時期，方法等を明確に記載する必要がある。

②　申立書への遺留分侵害額請求権行使の意思表示の記載

遺留分侵害額請求権行使の意思表示は，申立書に記載する方法ではなく別途の方法で行うべきである（ただし，家庭裁判所の手続案内あるいは申立書受付時にこのような記載があることが判明していても，権利行使に関わる法律問題のため，裁判所から別途の方法で行うようにとの積極的な指導はしていない。）。

【重要点】

民事訴訟では，訴状に遺留分侵害額請求権行使の意思表示を記載したり，被告の抗弁として答弁書に同様の意思表示を記載することがある。これは，民事訴訟法の送達手続や受領書面の提出により，侵害額請求権行使の意思表示を記載した書面を相手方へ送付した事実（すなわち意思表示が到達した事実）が訴訟記録上明らかになることを前提とした行為である。

しかし，家事調停の場合，申立書の写しを相手方に送付することとされているが，送達手続までは要求されておらず，また，受領書面の提出も義務付けられていないため，相手方が調停に出頭しない場合，侵害額請求権行使の意思表示が相手方に到達したか否かが不明なまま手続が進行することが考えられ，時には消滅時効にかかる可能性もある。

4　調停条項例

> **調停条項**
>
> 「相手方は，申立人に対し，遺留分侵害額に相当する金銭として，1000万円の支払義務があることを認め，うち700万円を令和〇年〇月〇日限り，うち300万円を令和〇年〇月〇日限り，申立人名義の〇銀行〇支店の普通預金口座（口座番号〇〇〇〇〇〇〇）に振り込む方法により支払う。」

【巻末資料１】　民法及び家事事件手続法の一部を改正する法律（平成30年法律
　　　　　　　　第72号）（抄）

（中略）
附　則
（施行期日）
第１条　この法律は，公布の日から起算して１年を超えない範囲内において政令
　で定める日から施行する。ただし，次の各号に掲げる規定は，当該各号に定め
　る日から施行する。
　一　附則第30条及び第31条の規定　公布の日
　二　第１条中民法第968条，第970条第２項及び第982条の改正規定並びに附則
　　第６条の規定　公布の日から起算して６月を経過した日
　三　第１条中民法第998条，第1000条及び第1025条ただし書の改正規定並びに
　　附則第７条及び第９条の規定　民法の一部を改正する法律（平成29年法律第
　　44号）の施行の日
　四　第２条並びに附則第10条，第13条，第14条，第17条，第18条及び第23条か
　　ら第26条までの規定　公布の日から起算して２年を超えない範囲内において
　　政令で定める日
　五　第３条中家事事件手続法第３条の11及び第３条の14の改正規定並びに附則
　　第11条第１項の規定　人事訴訟法等の一部を改正する法律（平成30年法律第
　　20号）の施行の日又はこの法律の施行の日のいずれか遅い日
（民法の一部改正に伴う経過措置の原則）
第２条　この法律の施行の日（以下「施行日」という。）前に開始した相続につ
　いては，この附則に特別の定めがある場合を除き，なお従前の例による。
（共同相続における権利の承継の対抗要件に関する経過措置）
第３条　第１条の規定による改正後の民法（以下「新民法」という。）第899条の
　２の規定は，施行日前に開始した相続に関し遺産の分割による債権の承継がさ
　れた場合において，施行日以後にその承継の通知がされるときにも，適用する。
（夫婦間における居住用不動産の遺贈又は贈与に関する経過措置）
第４条　新民法第903条第４項の規定は，施行日前にされた遺贈又は贈与につい
　ては，適用しない。
（遺産の分割前における預貯金債権の行使に関する経過措置）
第５条　新民法第909条の２の規定は，施行日前に開始した相続に関し，施行日
　以後に預貯金債権が行使されるときにも，適用する。
２　施行日から附則第１条第３号に定める日の前日までの間における新民法第
　909条の２の規定の適用については，同条中「預貯金債権のうち」とあるのは，
　「預貯金債権（預金口座又は貯金口座に係る預金又は貯金に係る債権をいう。
　以下同じ。）のうち」とする。

（自筆証書遺言の方式に関する経過措置）

第6条　附則第1条第2号に掲げる規定の施行の日前にされた自筆証書遺言については，新民法第968条第2項及び第3項の規定にかかわらず，なお従前の例による。

（遺贈義務者の引渡義務等に関する経過措置）

第7条　附則第1条第3号に掲げる規定の施行の日（以下「第3号施行日」という。）前にされた遺贈に係る遺贈義務者の引渡義務については，新民法第998条の規定にかかわらず，なお従前の例による。

2　第1条の規定による改正前の民法第1000条の規定は，第3号施行日前にされた第三者の権利の目的である財産の遺贈については，なおその効力を有する。

（遺言執行者の権利義務等に関する経過措置）

第8条　新民法第1007条第2項及び第1012条の規定は，施行日前に開始した相続に関し，施行日以後に遺言執行者となる者にも，適用する。

2　新民法第1014条第2項から第4項までの規定は，施行日前にされた特定の財産に関する遺言に係る遺言執行者によるその執行については，適用しない。

3　施行日前にされた遺言に係る遺言執行者の復任権については，新民法第1016条の規定にかかわらず，なお従前の例による。

（撤回された遺言の効力に関する経過措置）

第9条　第3号施行日前に撤回された遺言の効力については，新民法第1025条ただし書の規定にかかわらず，なお従前の例による。

（配偶者の居住の権利に関する経過措置）

第10条　第2条の規定による改正後の民法（次項において「第4号新民法」という。）第1028条から第1041条までの規定は，次項に定めるものを除き，附則第1条第4号に掲げる規定の施行の日（以下この条において「第4号施行日」という。）以後に開始した相続について適用し，第4号施行日前に開始した相続については，なお従前の例による。

2　第4号新民法第1028条から第1036条までの規定は，第4号施行日前にされた遺贈については，適用しない。

（家事事件手続法の一部改正に伴う経過措置）

第11条　第3条の規定による改正後の家事事件手続法（以下「新家事事件手続法」という。）第3条の11第4項の規定は，附則第1条第5号に掲げる規定の施行の日前にした特定の国の裁判所に特別の寄与に関する処分の審判事件（新家事事件手続法別表第2の15の項の事項についての審判事件をいう。）の申立てをすることができる旨の合意については，適用しない。

2　施行日から第3号施行日の前日までの間における新家事事件手続法第200条第3項の規定の適用については，同項中「民法第466条の5第1項に規定する預貯金債権」とあるのは，「預金口座又は貯金口座に係る預金又は貯金に係る債権」とする。

（家事事件手続法の一部改正に伴う調整規定）

第12条　施行日が人事訴訟法等の一部を改正する法律の施行の日前となる場合には，同日の前日までの間における新家事事件手続法第216条の2及び別表第2の規定の適用については，同条中「審判事件」とあるのは「審判事件（別表第2の15の項の事項についての審判事件をいう。）」と，同表中「第197条」とあるのは「第197条，第216条の2」とする。

（中略）

【巻末資料２】 民法及び家事事件手続法の一部を改正する法律 新旧対照条文

一 民法（明治29年法律第89号）

（下線部分は改正部分）

新　法	旧　法
目次 　第５編　（略） 　　第３章　（略） 　　　第１節　総則（第896条－第899条 　　　　の２） 　　　第８章　配偶者の居住の権利 　　　　第１節　配偶者居住権（第1028条 　　　　　－第1036条） 　　　　第２節　配偶者短期居住権（第 　　　　　1037条－第1041条） 　　　第９章　遺留分（第1042条－第1049 　　　　条） 　　　第10章　特別の寄与（第1050条） 　　　　第１節　（略） 　　（相続財産に関する費用） 第885条　（略） （削る） 　　（共同相続における権利の承継の対抗 　　要件） 第899条の２　相続による権利の承継 　は，遺産の分割によるものかどうかに 　かかわらず，次条及び第901条の規定 　により算定した相続分を超える部分に 　ついては，登記，登録その他の対抗要 　件を備えなければ，第三者に対抗する 　ことができない。 　２　前項の権利が債権である場合におい 　て，次条及び第901条の規定により算 　定した相続分を超えて当該債権を承継 　した共同相続人が当該債権に係る遺言 　の内容（遺産の分割により当該債権を 　承継した場合にあっては，当該債権に 　係る遺産の分割の内容）を明らかにし	目次 　第５編　（同左） 　　第３章　（同左） 　　　第１節　総則（第896条－第899 　　　　条） 　　（新設） 　　　第８章　遺留分（第1028条－第1044 　　　　条） 　　（新設） 　　　　第１節　（同左） 　　（相続財産に関する費用） 第885条　（同左） ２　前項の費用は，遺留分権利者が贈与 　の減殺によって得た財産をもって支弁 　することを要しない。 （新設）

て債務者にその承継の通知をしたとき
は，共同相続人の全員が債務者に通知
をしたものとみなして，同項の規定を
適用する。

（遺言による相続分の指定）
第902条　被相続人は，前二条の規定に
かかわらず，遺言で，共同相続人の相
続分を定め，又はこれを定めることを
第三者に委託することができる。

2　（略）

（相続分の指定がある場合の債権者の
権利の行使）
第902条の2　被相続人が相続開始の時
において有した債務の債権者は，前条
の規定による相続分の指定がされた場
合であっても，各共同相続人に対し，
第900条及び第901条の規定により算定
した相続分に応じてその権利を行使す
ることができる。ただし，その債権者
が共同相続人の一人に対してその指定
された相続分に応じた債務の承継を承
認したときは，この限りでない。

（特別受益者の相続分）
第903条　共同相続人中に，被相続人か
ら，遺贈を受け，又は婚姻若しくは養
子縁組のため若しくは生計の資本とし
て贈与を受けた者があるときは，被相
続人が相続開始の時において有した財
産の価額にその贈与の価額を加えたも
のを相続財産とみなし，第900条から
第902条までの規定により算定した相
続分の中からその遺贈又は贈与の価額
を控除した残額をもってその者の相続
分とする。

2　（略）
3　被相続人が前二項の規定と異なった
意思を表示したときは，その意思に従
う。

（遺言による相続分の指定）
第902条　被相続人は，前二条の規定に
かかわらず，遺言で，共同相続人の相
続分を定め，又はこれを定めることを
第三者に委託することができる。ただ
し，被相続人又は第三者は，遺留分に
関する規定に違反することができな
い。

2　（同左）

（新設）

（特別受益者の相続分）
第903条　共同相続人中に，被相続人か
ら，遺贈を受け，又は婚姻若しくは養
子縁組のため若しくは生計の資本とし
て贈与を受けた者があるときは，被相
続人が相続開始の時において有した財
産の価額にその贈与の価額を加えたも
のを相続財産とみなし，前三条の規定
により算定した相続分の中からその遺
贈又は贈与の価額を控除した残額を
もってその者の相続分とする。

2　（同左）
3　被相続人が前二項の規定と異なった
意思を表示したときは，その意思表示
は，遺留分に関する規定に違反しない

	範囲内で，その効力を有する。
4　婚姻期間が20年以上の夫婦の一方である被相続人が，他の一方に対し，その居住の用に供する建物又はその敷地について遺贈又は贈与をしたときは，当該被相続人は，その遺贈又は贈与について第１項の規定を適用しない旨の意思を表示したものと推定する。	（新設）
（遺産の分割前に遺産に属する財産が処分された場合の遺産の範囲）	
第906条の２　遺産の分割前に遺産に属する財産が処分された場合であっても，共同相続人は，その全員の同意により，当該処分された財産が遺産の分割時に遺産として存在するものとみなすことができる。	（新設）
2　前項の規定にかかわらず，共同相続人の一人又は数人により同項の財産が処分されたときは，当該共同相続人については，同項の同意を得ることを要しない。	
（遺産の分割の協議又は審判等）	（遺産の分割の協議又は審判等）
第907条　共同相続人は，次条の規定により被相続人が遺言で禁じた場合を除き，いつでも，その協議で，遺産の全部又は一部の分割をすることができる。	第907条　共同相続人は，次条の規定により被相続人が遺言で禁じた場合を除き，いつでも，その協議で，遺産の分割をすることができる。
2　遺産の分割について，共同相続人間に協議が調わないとき，又は協議をすることができないときは，各共同相続人は，その全部又は一部の分割を家庭裁判所に請求することができる。ただし，遺産の一部を分割することにより他の共同相続人の利益を害するおそれがある場合におけるその一部の分割については，この限りでない。	2　遺産の分割について，共同相続人間に協議が調わないとき，又は協議をすることができないときは，各共同相続人は，その分割を家庭裁判所に請求することができる。
3　前項本文の場合において特別の事由があるときは，家庭裁判所は，期間を定めて，遺産の全部又は一部について，その分割を禁ずることができる。	3　前項の場合において特別の事由があるときは，家庭裁判所は，期間を定めて，遺産の全部又は一部について，その分割を禁ずることができる。
（遺産の分割前における預貯金債権の行使）	

第909条の2　各共同相続人は，遺産に属する預貯金債権のうち相続開始の時の債権額の3分の1に第900条及び第901条の規定により算定した当該共同相続人の相続分を乗じた額（標準的な当面の必要生計費，平均的な葬式の費用の額その他の事情を勘案して預貯金債権の債務者ごとに法務省令で定める額を限度とする。）については，単独でその権利を行使することができる。この場合において，当該権利の行使をした預貯金債権については，当該共同相続人が遺産の一部の分割によりこれを取得したものとみなす。

（新設）

（包括遺贈及び特定遺贈）
第964条　遺言者は，包括又は特定の名義で，その財産の全部又は一部を処分することができる。

（包括遺贈及び特定遺贈）
第964条　遺言者は，包括又は特定の名義で，その財産の全部又は一部を処分することができる。ただし，遺留分に関する規定に違反することができない。

（自筆証書遺言）
第968条　自筆証書によって遺言をするには，遺言者が，その全文，日付及び氏名を自書し，これに印を押さなければならない。

（自筆証書遺言）
第968条　（同左）

2　前項の規定にかかわらず，自筆証書にこれと一体のものとして相続財産（第997条第1項に規定する場合における同項に規定する権利を含む。）の全部又は一部の目録を添付する場合には，その目録については，自書することを要しない。この場合において，遺言者は，その目録の毎葉（自書によらない記載がその両面にある場合にあっては，その両面）に署名し，印を押さなければならない。

（新設）

3　自筆証書（前項の目録を含む。）中の加除その他の変更は，遺言者が，その場所を指示し，これを変更した旨を付記して特にこれに署名し，かつ，その変更の場所に印を押さなければ，そ

2　自筆証書中の加除その他の変更は，遺言者が，その場所を指示し，これを変更した旨を付記して特にこれに署名し，かつ，その変更の場所に印を押さなければ，その効力を生じない。

の効力を生じない。
（秘密証書遺言）
第970条　（略）
2　第968条第３項の規定は，秘密証書
　による遺言について準用する。
　（普通の方式による遺言の規定の準
　用）
第982条　第968条第３項及び第973条か
　ら第975条までの規定は，第976条から
　前条までの規定による遺言について準
　用する。
　（遺贈義務者の引渡義務）
第998条　遺贈義務者は，遺贈の目的で
　ある物又は権利を，相続開始の時（そ
　の後に当該物又は権利について遺贈の
　目的として特定した場合にあっては，
　その特定した時）の状態で引き渡し，
　又は移転する義務を負う。ただし，遺
　言者がその遺言に別段の意思を表示し
　たときは，その意思に従う。

第1000条　削除

　（遺言執行者の任務の開始）
第1007条　（略）
2　遺言執行者は，その任務を開始した
　ときは，遅滞なく，遺言の内容を相続
　人に通知しなければならない。
　（遺言執行者の権利義務）
第1012条　遺言執行者は，遺言の内容を
　実現するため，相続財産の管理その他
　遺言の執行に必要な一切の行為をする
　権利義務を有する。
2　遺言執行者がある場合には，遺贈の

　（秘密証書遺言）
第970条　（同左）
2　第968条第２項の規定は，秘密証書
　による遺言について準用する。
　（普通の方式による遺言の規定の準
　用）
第982条　第968条第２項及び第973条か
　ら第975条までの規定は，第976条から
　前条までの規定による遺言について準
　用する。
　（不特定物の遺贈義務者の担保責任）
第998条　不特定物を遺贈の目的とした
　場合において，受遺者がこれにつき第
　三者から追奪を受けたときは，遺贈義
　務者は，これに対して，売主と同じ
　く，担保の責任を負う。
2　不特定物を遺贈の目的とした場合に
　おいて，物に瑕疵があったときは，遺
　贈義務者は，瑕疵のない物をもってこ
　れに代えなければならない。
　（第三者の権利の目的である財産の遺
　贈）
第1000条　遺贈の目的である物又は権利
　が遺言者の死亡の時において第三者の
　権利の目的であるときは，受遺者は，
　遺贈義務者に対しその権利を消滅させ
　るべき旨を請求することができない。
　ただし，遺言者がその遺言に反対の意
　思を表示したときは，この限りでな
　い。
　（遺言執行者の任務の開始）
第1007条　（同左）
（新設）

　（遺言執行者の権利義務）
第1012条　遺言執行者は，相続財産の管
　理その他遺言の執行に必要な一切の行
　為をする権利義務を有する。

（新設）

履行は，遺言執行者のみが行うことが
できる。

3　（略）

（遺言の執行の妨害行為の禁止）

第1013条　（略）

2　前項の規定に違反してした行為は，
無効とする。ただし，これをもって善
意の第三者に対抗することができな
い。

3　前二項の規定は，相続人の債権者
（相続債権者を含む。）が相続財産につ
いてその権利を行使することを妨げな
い。

（特定財産に関する遺言の執行）

第1014条　（略）

2　遺産の分割の方法の指定として遺産
に属する特定の財産を共同相続人の一
人又は数人に承継させる旨の遺言（以
下「特定財産承継遺言」という。）が
あったときは，遺言執行者は，当該共
同相続人が第899条の2第1項に規定
する対抗要件を備えるために必要な行
為をすることができる。

3　前項の財産が預貯金債権である場合
には，遺言執行者は，同項に規定する
行為のほか，その預金又は貯金の払戻
しの請求及びその預金又は貯金に係る
契約の解約の申入れをすることができ
る。ただし，解約の申入れについて
は，その預貯金債権の全部が特定財産
承継遺言の目的である場合に限る。

4　前二項の規定にかかわらず，被相続
人が遺言で別段の意思を表示したとき
は，その意思に従う。

（遺言執行者の行為の効果）

第1015条　遺言執行者がその権限内にお
いて遺言執行者であることを示してし
た行為は，相続人に対して直接にその
効力を生ずる。

（遺言執行者の復任権）

第1016条　遺言執行者は，自己の責任で
第三者にその任務を行わせることがで

2　（同左）

（遺言の執行の妨害行為の禁止）

第1013条　（同左）

（新設）

（新設）

（特定財産に関する遺言の執行）

第1014条　（同左）

（新設）

（新設）

（新設）

（遺言執行者の地位）

第1015条　遺言執行者は，相続人の代理
人とみなす。

（遺言執行者の復任権）

第1016条　遺言執行者は，やむを得ない
事由がなければ，第三者にその任務を

きる。ただし，遺言者がその遺言に別段の意思を表示したときは，その意思に従う。

2　前項本文の場合において，第三者に任務を行わせることについてやむを得ない事由があるときは，遺言執行者は，相続人に対してその選任及び監督についての責任のみを負う。

第5節　（略）
（撤回された遺言の効力）
第1025条　前三条の規定により撤回された遺言は，その撤回の行為が，撤回され，取り消され，又は効力を生じなくなるに至ったときであっても，その効力を回復しない。ただし，その行為が錯誤，詐欺又は強迫による場合は，この限りでない。

第8章　配偶者の居住の権利
第1節　配偶者居住権
（配偶者居住権）
第1028条　被相続人の配偶者（以下この章において単に「配偶者」という。）は，被相続人の財産に属した建物に相続開始の時に居住していた場合において，次の各号のいずれかに該当するときは，その居住していた建物（以下この節において「居住建物」という。）の全部について無償で使用及び収益をする権利（以下この章において「配偶者居住権」という。）を取得する。ただし，被相続人が相続開始の時に居住建物を配偶者以外の者と共有していた場合にあっては，この限りでない。

一　遺産の分割によって配偶者居住権を取得するものとされたとき。

二　配偶者居住権が遺贈の目的とされたとき。

2　居住建物が配偶者の財産に属することとなった場合であっても，他の者がその共有持分を有するときは，配偶者居住権は，消滅しない。

3　第903条第4項の規定は，配偶者居

行わせることができない。ただし，遺言者がその遺言に反対の意思を表示したときは，この限りでない。

2　遺言執行者が前項ただし書の規定により第三者にその任務を行わせる場合には，相続人に対して，第105条に規定する責任を負う。

第5節　（同左）
（撤回された遺言の効力）
第1025条　前三条の規定により撤回された遺言は，その撤回の行為が，撤回され，取り消され，又は効力を生じなくなるに至ったときであっても，その効力を回復しない。ただし，その行為が詐欺又は強迫による場合は，この限りでない。

（新設）

住権の遺贈について準用する。
　（審判による配偶者居住権の取得）
第1029条　遺産の分割の請求を受けた家
　庭裁判所は，次に掲げる場合に限り，
　配偶者が配偶者居住権を取得する旨を
　定めることができる。
　一　共同相続人間に配偶者が配偶者居
　　住権を取得することについて合意が
　　成立しているとき。
　二　配偶者が家庭裁判所に対して配偶
　　者居住権の取得を希望する旨を申し
　　出た場合において，居住建物の所有
　　者の受ける不利益の程度を考慮して
　　もなお配偶者の生活を維持するため
　　に特に必要があると認めるとき（前
　　号に掲げる場合を除く。）。
　（配偶者居住権の存続期間）
第1030条　配偶者居住権の存続期間は，
　配偶者の終身の間とする。ただし，遺
　産の分割の協議若しくは遺言に別段の
　定めがあるとき，又は家庭裁判所が遺
　産の分割の審判において別段の定めを
　したときは，その定めるところによ
　る。
　（配偶者居住権の登記等）
第1031条　居住建物の所有者は，配偶者
　（配偶者居住権を取得した配偶者に限
　る。以下この節において同じ。）に対
　し，配偶者居住権の設定の登記を備え
　させる義務を負う。
2　第605条の規定は配偶者居住権につ
　いて，第605条の4の規定は配偶者居
　住権の設定の登記を備えた場合につい
　て準用する。
　（配偶者による使用及び収益）
第1032条　配偶者は，従前の用法に従
　い，善良な管理者の注意をもって，居
　住建物の使用及び収益をしなければな
　らない。ただし，従前居住の用に供し
　ていなかった部分について，これを居
　住の用に供することを妨げない。
2　配偶者居住権は，譲渡することがで

きない。

3 配偶者は，居住建物の所有者の承諾を得なければ，居住建物の改築若しくは増築をし，又は第三者に居住建物の使用若しくは収益をさせることができない。

4 配偶者が第1項又は前項の規定に違反した場合において，居住建物の所有者が相当の期間を定めてその是正の催告をし，その期間内に是正がされないときは，居住建物の所有者は，当該配偶者に対する意思表示によって配偶者居住権を消滅させることができる。

（居住建物の修繕等）

第1033条 配偶者は，居住建物の使用及び収益に必要な修繕をすることができる。

2 居住建物の修繕が必要である場合において，配偶者が相当の期間内に必要な修繕をしないときは，居住建物の所有者は，その修繕をすることができる。

3 居住建物が修繕を要するとき（第1項の規定により配偶者が自らその修繕をするときを除く。），又は居住建物について権利を主張する者があるときは，配偶者は，居住建物の所有者に対し，遅滞なくその旨を通知しなければならない。ただし，居住建物の所有者が既にこれを知っているときは，この限りでない。

（居住建物の費用の負担）

第1034条 配偶者は，居住建物の通常の必要費を負担する。

2 第583条第2項の規定は，前項の通常の必要費以外の費用について準用する。

（居住建物の返還等）

第1035条 配偶者は，配偶者居住権が消滅したときは，居住建物の返還をしなければならない。ただし，配偶者が居住建物について共有持分を有する場合

　は，居住建物の所有者は，配偶者居住
　権が消滅したことを理由としては，居
　住建物の返還を求めることができな
　い。
2　第599条第1項及び第2項並びに第
　621条の規定は，前項本文の規定によ
　り配偶者が相続の開始後に附属させた
　物がある居住建物又は相続の開始後に
　生じた損傷がある居住建物の返還をす
　る場合について準用する。
　（使用貸借及び賃貸借の規定の準用）
第1036条　第597条第1項及び第3項，
　第600条，第613条並びに第616条の2
　の規定は，配偶者居住権について準用
　する。
　　　第2節　配偶者短期居住権
　（配偶者短期居住権）
第1037条　配偶者は，被相続人の財産に
　属した建物に相続開始の時に無償で居
　住していた場合には，次の各号に掲げ
　る区分に応じてそれぞれ当該各号に定
　める日までの間，その居住していた建
　物（以下この節において「居住建物」
　という。）の所有権を相続又は遺贈に
　より取得した者（以下この節において
　「居住建物取得者」という。）に対し，
　居住建物について無償で使用する権利
　（居住建物の一部のみを無償で使用し
　ていた場合にあっては，その部分につ
　いて無償で使用する権利。以下この節
　において「配偶者短期居住権」とい
　う。）を有する。ただし，配偶者が，
　相続開始の時において居住建物に係る
　配偶者居住権を取得したとき，又は第
　891条の規定に該当し若しくは廃除に
　よってその相続権を失ったときは，こ
　の限りでない。
　一　居住建物について配偶者を含む共
　　同相続人間で遺産の分割をすべき場
　　合　遺産の分割により居住建物の帰
　　属が確定した日又は相続開始の時か
　　ら6箇月を経過する日のいずれか遅

い日

二　前号に掲げる場合以外の場合　第
3項の申入れの日から6箇月を経過
する日

2　前項本文の場合においては，居住建
物取得者は，第三者に対する居住建物
の譲渡その他の方法により配偶者の居
住建物の使用を妨げてはならない。

3　居住建物取得者は，第1項第1号に
掲げる場合を除くほか，いつでも配偶
者短期居住権の消滅の申入れをするこ
とができる。

　（配偶者による使用）

第1038条　配偶者（配偶者短期居住権を
有する配偶者に限る。以下この節にお
いて同じ。）は，従前の用法に従い，
善良な管理者の注意をもって，居住建
物の使用をしなければならない。

2　配偶者は，居住建物取得者の承諾を
得なければ，第三者に居住建物の使用
をさせることができない。

3　配偶者が前二項の規定に違反したと
きは，居住建物取得者は，当該配偶者
に対する意思表示によって配偶者短期
居住権を消滅させることができる。

　（配偶者居住権の取得による配偶者短
　期居住権の消滅）

第1039条　配偶者が居住建物に係る配偶
者居住権を取得したときは，配偶者短
期居住権は，消滅する。

　（居住建物の返還等）

第1040条　配偶者は，前条に規定する場
合を除き，配偶者短期居住権が消滅し
たときは，居住建物の返還をしなけれ
ばならない。ただし，配偶者が居住建
物について共有持分を有する場合は，
居住建物取得者は，配偶者短期居住権
が消滅したことを理由としては，居住
建物の返還を求めることができない。

2　第599条第1項及び第2項並びに第
621条の規定は，前項本文の規定によ
り配偶者が相続の開始後に附属させた

物がある居住建物又は相続の開始後に
生じた損傷がある居住建物の返還をす
る場合について準用する。
　（使用貸借等の規定の準用）
第1041条　第597条第3項，第600条，第
616条の2，第1032条第2項，第1033
条及び第1034条の規定は，配偶者短期
居住権について準用する。

第9章　（略） 　（遺留分の帰属及びその割合） 第1042条　兄弟姉妹以外の相続人は，遺 留分として，次条第1項に規定する遺 留分を算定するための財産の価額に， 次の各号に掲げる区分に応じてそれぞ れ当該各号に定める割合を<u>乗じた額を</u> 受ける。 　一　直系尊属のみが相続人である場合 　　3分の1 　二　前号に掲げる場合以外の場合　2 　　分の1 2　相続人が数人ある場合には，前項各 号に定める割合は，これらに第900条 及び第901条の規定により算定したそ の各自の相続分を乗じた割合とする。 　（遺留分を算定するための財産の価 　額） 第1043条　遺留分を算定するための財産 の価額は，被相続人が相続開始の時に おいて有した財産の価額にその贈与し た財産の価額を加えた額から債務の全 額を控除した額とする。 2　（略） 第1044条　贈与は，相続開始前の1年間 にしたものに限り，前条の規定により その価額を算入する。当事者双方が遺 留分権利者に損害を加えることを知っ て贈与をしたときは，1年前の日より 前にしたものについても，同様とす る。 2　第904条の規定は，前項に規定する 贈与の価額について準用する。	第8章　（同左） 　（遺留分の帰属及びその割合） 第1028条　兄弟姉妹以外の相続人は，遺 留分として，次の各号に掲げる区分に 応じてそれぞれ当該各号に定める割合 <u>に相当する額</u>を受ける。 　一　直系尊属のみが相続人である場合 　　<u>被相続人の財産の</u>3分の1 　二　前号に掲げる場合以外の場合　<u>被</u> 　　<u>相続人の財産の</u>2分の1 （新設） 　（遺留分の算定） 第1029条　遺留分は，被相続人が相続開 始の時において有した財産の価額にそ の贈与した財産の価額を加えた額から 債務の全額を<u>控除して，これを算定す</u> <u>る</u>。 2　（同左） 第1030条　贈与は，相続開始前の1年間 にしたものに限り，前条の規定により その価額を算入する。当事者双方が遺 留分権利者に損害を加えることを知っ て贈与をしたときは，1年前の日より 前にしたものについても，同様とす る。 （新設）

３　相続人に対する贈与についての第１項の規定の適用については，同項中「１年」とあるのは「10年」と，「価額」とあるのは「価額（婚姻若しくは養子縁組のため又は生計の資本として受けた贈与の価額に限る。）」とする。	（新設）
	（遺贈又は贈与の減殺請求） 第1031条　遺留分権利者及びその承継人は，遺留分を保全するのに必要な限度で，遺贈及び前条に規定する贈与の減殺を請求することができる。
（削る）	（条件付権利等の贈与又は遺贈の一部の減殺）
（削る）	第1032条　条件付きの権利又は存続期間の不確定な権利を贈与又は遺贈の目的とした場合において，その贈与又は遺贈の一部を減殺すべきときは，遺留分権利者は，第1029条第２項の規定により定めた価格に従い，直ちにその残部の価額を受贈者又は受遺者に給付しなければならない。
	（贈与と遺贈の減殺の順序）
（削る）	第1033条　贈与は，遺贈を減殺した後でなければ，減殺することができない。
	（遺贈の減殺の割合）
（削る）	第1034条　遺贈は，その目的の価額の割合に応じて減殺する。ただし，遺言者がその遺言に別段の意思を表示したときは，その意思に従う。
	（贈与の減殺の順序）
（削る）	第1035条　贈与の減殺は，後の贈与から順次前の贈与に対してする。
	（受贈者による果実の返還）
（削る）	第1036条　受贈者は，その返還すべき財産のほか，減殺の請求があった日以後の果実を返還しなければならない。
	（受贈者の無資力による損失の負担）
（削る）	第1037条　減殺を受けるべき受贈者の無資力によって生じた損失は，遺留分権利者の負担に帰する。
	（負担付贈与の減殺請求）
（削る）	第1038条　負担付贈与は，その目的の価

第1045条　負担付贈与がされた場合にお
　ける第1043条第１項に規定する贈与し
　た財産の価額は，その目的の価額から
　負担の価額を控除した額とする。
２　不相当な対価をもってした有償行為
　は，当事者双方が遺留分権利者に損害
　を加えることを知ってしたものに限
　り，当該対価を負担の価額とする負担
　付贈与とみなす。

　（遺留分侵害額の請求）
第1046条　遺留分権利者及びその承継人
　は，受遺者（特定財産承継遺言により
　財産を承継し又は相続分の指定を受け
　た相続人を含む。以下この章において
　同じ。）又は受贈者に対し，遺留分侵
　害額に相当する金銭の支払を請求する
　ことができる。
２　遺留分侵害額は，第1042条の規定に
　よる遺留分から第１号及び第２号に掲
　げる額を控除し，これに第３号に掲げ
　る額を加算して算定する。
　一　遺留分権利者が受けた遺贈又は第
　　903条第１項に規定する贈与の価額
　二　第900条から第902条まで，第903
　　条及び第904条の規定により算定し
　　た相続分に応じて遺留分権利者が取
　　得すべき遺産の価額
　三　被相続人が相続開始の時において
　　有した債務のうち，第899条の規定
　　により遺留分権利者が承継する債務
　　（次条第３項において「遺留分権利
　　者承継債務」という。）の額
　（受遺者又は受贈者の負担額）
第1047条　受遺者又は受贈者は，次の各
　号の定めるところに従い，遺贈（特定
　財産承継遺言による財産の承継又は相

額から負担の価額を控除したものにつ
いて，その減殺を請求することができ
る。
（不相当な対価による有償行為）
第1039条　（新設）

　　不相当な対価をもってした有償行為
　は，当事者双方が遺留分権利者に損害
　を加えることを知ってしたものに限り，
　これを贈与とみなす。この場合におい
　て，遺留分権利者がその減殺を請求す
　るときは，その対価を償還しなければ
　ならない。

（新設）

（新設）

続分の指定による遺産の取得を含む。以下この章において同じ。）又は贈与（遺留分を算定するための財産の価額に算入されるものに限る。以下この章において同じ。）の目的の価額（受遺者又は受贈者が相続人である場合にあっては，当該価額から第1042条の規定による遺留分として当該相続人が受けるべき額を控除した額）を限度として，遺留分侵害額を負担する。

一　受遺者と受贈者とがあるときは，受遺者が先に負担する。

二　受遺者が複数あるとき，又は受贈者が複数ある場合においてその贈与が同時にされたものであるときは，受遺者又は受贈者がその目的の価額の割合に応じて負担する。ただし，遺言者がその遺言に別段の意思を表示したときは，その意思に従う。

三　受贈者が複数あるとき（前号に規定する場合を除く。）は，後の贈与に係る受贈者から順次前の贈与に係る受贈者が負担する。

2　第904条，第1043条第2項及び第1045条の規定は，前項に規定する遺贈又は贈与の目的の価額について準用する。

3　前条第1項の請求を受けた受遺者又は受贈者は，遺留分権利者承継債務について弁済その他の債務を消滅させる行為をしたときは，消滅した債務の額の限度において，遺留分権利者に対する意思表示によって第1項の規定により負担する債務を消滅させることができる。この場合において，当該行為によって遺留分権利者に対して取得した求償権は，消滅した当該債務の額の限度において消滅する。

4　受遺者又は受贈者の無資力によって生じた損失は，遺留分権利者の負担に帰する。

5　裁判所は，受遺者又は受贈者の請求

により，第1項の規定により負担する債務の全部又は一部の支払につき相当の期限を許与することができる。

（削る）

　　（受贈者が贈与の目的を譲渡した場合等）
第1040条　減殺を受けるべき受贈者が贈与の目的を他人に譲り渡したときは，遺留分権利者にその価額を弁償しなければならない。ただし，譲受人が譲渡の時において遺留分権利者に損害を加えることを知っていたときは，遺留分権利者は，これに対しても減殺を請求することができる。
2　前項の規定は，受贈者が贈与の目的につき権利を設定した場合について準用する。

（削る）

　　（遺留分権利者に対する価額による弁償）
第1041条　受贈者及び受遺者は，減殺を受けるべき限度において，贈与又は遺贈の目的の価額を遺留分権利者に弁償して返還の義務を免れることができる。
2　前項の規定は，前条第1項ただし書の場合について準用する。

　　（遺留分侵害額請求権の期間の制限）
第1048条　遺留分侵害額の請求権は，遺留分権利者が，相続の開始及び遺留分を侵害する贈与又は遺贈があったことを知った時から1年間行使しないときは，時効によって消滅する。相続開始の時から10年を経過したときも，同様とする。

　　（減殺請求権の期間の制限）
第1042条　減殺の請求権は，遺留分権利者が，相続の開始及び減殺すべき贈与又は遺贈があったことを知った時から1年間行使しないときは，時効によって消滅する。相続開始の時から10年を経過したときも，同様とする。

　　（遺留分の放棄）
第1049条　（略）

　　（遺留分の放棄）
第1043条　（同左）

（削る）

　　（代襲相続及び相続分の規定の準用）
第1044条　第887条第2項及び第3項，第900条，第901条，第903条並びに第904条の規定は，遺留分について準用する。
（新設）

　　　　第10章　特別の寄与
第1050条　被相続人に対して無償で療養

看護その他の労務の提供をしたことにより被相続人の財産の維持又は増加について特別の寄与をした被相続人の親族（相続人，相続の放棄をした者及び第891条の規定に該当し又は廃除によってその相続権を失った者を除く。以下この条において「特別寄与者」という。）は，相続の開始後，相続人に対し，特別寄与者の寄与に応じた額の金銭（以下この条において「特別寄与料」という。）の支払を請求することができる。

2　前項の規定による特別寄与料の支払について，当事者間に協議が調わないとき，又は協議をすることができないときは，特別寄与者は，家庭裁判所に対して協議に代わる処分を請求することができる。ただし，特別寄与者が相続の開始及び相続人を知った時から6箇月を経過したとき，又は相続開始の時から1年を経過したときは，この限りでない。

3　前項本文の場合には，家庭裁判所は，寄与の時期，方法及び程度，相続財産の額その他一切の事情を考慮して，特別寄与料の額を定める。

4　特別寄与料の額は，被相続人が相続開始の時において有した財産の価額から遺贈の価額を控除した残額を超えることができない。

5　相続人が数人ある場合には，各相続人は，特別寄与料の額に第900条から第902条までの規定により算定した当該相続人の相続分を乗じた額を負担する。

二　家事事件手続法（平成23年法律第52号）

新　法	旧　法
目次 　第2編　（略） 　　第2章　（略） 　　　第18節　遺留分に関する審判事件 　　　　（第216条） 　　　第18節の2　特別の寄与に関する 　　　　審判事件（第216条の2－ 　　　　第216条の5） 　（相続に関する審判事件の管轄権） 第3条の11　裁判所は，相続に関する審判事件（別表第1の86の項から110の項まで及び133の項並びに別表第2の11の項から15の項までの事項についての審判事件をいう。）について，相続開始の時における被相続人の住所が日本国内にあるとき，住所がない場合又は住所が知れない場合には相続開始の時における被相続人の居所が日本国内にあるとき，居所がない場合又は居所が知れない場合には被相続人が相続開始の前に日本国内に住所を有していたとき（日本国内に最後に住所を有していた後に外国に住所を有していたときを除く。）は，管轄権を有する。 2・3　（略） 4　当事者は，合意により，いずれの国の裁判所に遺産の分割に関する審判事件（別表第2の12の項から14の項までの事項についての審判事件をいう。第3条の14及び第191条第1項において同じ。）及び特別の寄与に関する処分の審判事件（同表の15の項の事項についての審判事件をいう。第3条の14及び第216条の2において同じ。）の申立てをすることができるかについて定めることができる。 5　（略） 　（特別の事情による申立ての却下）	目次 　第2編　（同左） 　　第2章　（同左） 　　　第18節　遺留分に関する審判事件 　　　　（第216条） （新設） 　（相続に関する審判事件の管轄権） 第3条の11　裁判所は，相続に関する審判事件（別表第1の86の項から110の項まで及び133の項並びに別表第2の11の項から14の項までの事項についての審判事件をいう。）について，相続開始の時における被相続人の住所が日本国内にあるとき，住所がない場合又は住所が知れない場合には相続開始の時における被相続人の居所が日本国内にあるとき，居所がない場合又は居所が知れない場合には被相続人が相続開始の前に日本国内に住所を有していたとき（日本国内に最後に住所を有していた後に外国に住所を有していたときを除く。）は，管轄権を有する。 2・3　（同左） 4　当事者は，合意により，いずれの国の裁判所に遺産の分割に関する審判事件（別表第2の12の項から14の項までの事項についての審判事件をいう。第3条の14及び第191条第1項において同じ。）の申立てをすることができるかについて定めることができる。 5　（同左） 　（特別の事情による申立ての却下）

第３条の14　裁判所は，第３条の２から前条までに規定する事件について日本の裁判所が管轄権を有することとなる場合（遺産の分割に関する審判事件又は特別の寄与に関する処分の審判事件について，日本の裁判所にのみ申立てをすることができる旨の合意に基づき申立てがされた場合を除く。）においても，事案の性質，申立人以外の事件の関係人の負担の程度，証拠の所在地，未成年者である子の利益その他の事情を考慮して，日本の裁判所が審理及び裁判をすることが適正かつ迅速な審理の実現を妨げ，又は相手方がある事件について申立人と相手方との間の衡平を害することとなる特別の事情があると認めるときは，その申立ての全部又は一部を却下することができる。

（遺産の分割の審判事件を本案とする保全処分）

第200条　家庭裁判所（第105条第２項の場合にあっては，高等裁判所。次項及び第３項において同じ。）は，遺産の分割の審判又は調停の申立てがあった場合において，財産の管理のため必要があるときは，申立てにより又は職権で，担保を立てさせないで，遺産の分割の申立てについての審判が効力を生ずるまでの間，財産の管理者を選任し，又は事件の関係人に対し，財産の管理に関する事項を指示することができる。

２　（略）

３　前項に規定するもののほか，家庭裁判所は，遺産の分割の審判又は調停の申立てがあった場合において，相続財産に属する債務の弁済，相続人の生活費の支弁その他の事情により遺産に属する預貯金債権（民法第466条の５第１項に規定する預貯金債権をいう。以下この項において同じ。）を当該申立てをした者又は相手方が行使する必要

第３条の14　裁判所は，第３条の２から前条までに規定する事件について日本の裁判所が管轄権を有することとなる場合（遺産の分割に関する審判事件について，日本の裁判所にのみ申立てをすることができる旨の合意に基づき申立てがされた場合を除く。）においても，事案の性質，申立人以外の事件の関係人の負担の程度，証拠の所在地，未成年者である子の利益その他の事情を考慮して，日本の裁判所が審理及び裁判をすることが適正かつ迅速な審理の実現を妨げ，又は相手方がある事件について申立人と相手方との間の衡平を害することとなる特別の事情があると認めるときは，その申立ての全部又は一部を却下することができる。

（遺産の分割の審判事件を本案とする保全処分）

第200条　家庭裁判所（第105条第２項の場合にあっては，高等裁判所。次項において同じ。）は，遺産の分割の審判又は調停の申立てがあった場合において，財産の管理のため必要があるときは，申立てにより又は職権で，担保を立てさせないで，遺産の分割の申立てについての審判が効力を生ずるまでの間，財産の管理者を選任し，又は事件の関係人に対し，財産の管理に関する事項を指示することができる。

２　（同左）

（新設）

があると認めるときは，その申立てにより，遺産に属する特定の預貯金債権の全部又は一部をその者に仮に取得させることができる。ただし，他の共同相続人の利益を害するときは，この限りでない。

４　（略）

（遺言執行者の解任の審判事件を本案とする保全処分）

第215条　家庭裁判所（第105条第２項の場合にあっては，高等裁判所。第３項及び第４項において同じ。）は，遺言執行者の解任の申立てがあった場合において，遺言の内容の実現のため必要があるときは，当該申立てをした者の申立てにより，遺言執行者の解任の申立てについての審判が効力を生ずるまでの間，遺言執行者の職務の執行を停止し，又はその職務代行者を選任することができる。

２～４　（略）

第18節　（略）

第216条　次の各号に掲げる審判事件は，当該各号に定める地を管轄する家庭裁判所の管轄に属する。

一　遺留分を算定するための財産の価額を定める場合における鑑定人の選任の審判事件（別表第１の109の項の事項についての審判事件をいう。）　相続が開始した地

二　（略）

２　（略）

第18節の２　特別の寄与に関する審判事件

（管轄）

第216条の２　特別の寄与に関する処分の審判事件は，相続が開始した地を管轄する家庭裁判所の管轄に属する。

（給付命令）

第216条の３　家庭裁判所は，特別の寄与に関する処分の審判において，当事者に対し，金銭の支払を命ずることが

３　（同左）

（遺言執行者の解任の審判事件を本案とする保全処分）

第215条　家庭裁判所（第105条第２項の場合にあっては，高等裁判所。第３項及び第４項において同じ。）は，遺言執行者の解任の申立てがあった場合において，相続人の利益のため必要があるときは，当該申立てをした者の申立てにより，遺言執行者の解任の申立てについての審判が効力を生ずるまでの間，遺言執行者の職務の執行を停止し，又はその職務代行者を選任することができる。

２～４　（同左）

第18節　（同左）

第216条　次の各号に掲げる審判事件は，当該各号に定める地を管轄する家庭裁判所の管轄に属する。

一　遺留分を算定する場合における鑑定人の選任の審判事件（別表第１の109の項の事項についての審判事件をいう。）　相続が開始した地

二　（同左）

２　（同左）

（新設）

できる。
（即時抗告）
第216条の４　次の各号に掲げる審判に
対しては，当該各号に定める者は，即
時抗告をすることができる。
一　特別の寄与に関する処分の審判
申立人及び相手方
二　特別の寄与に関する処分の申立て
を却下する審判　申立人
（特別の寄与に関する審判事件を本案
とする保全処分）
第216条の５　家庭裁判所（第105条第２
項の場合にあっては，高等裁判所）
は，特別の寄与に関する処分について
の審判又は調停の申立てがあった場合
において，強制執行を保全し，又は申
立人の急迫の危険を防止するため必要
があるときは，当該申立てをした者の
申立てにより，特別の寄与に関する処
分の審判を本案とする仮差押え，仮処
分その他の必要な保全処分を命ずるこ
とができる。

第233条　請求すべき按分割合に関する
処分の審判事件（別表第２の16の項の
事項についての審判事件をいう。）
は，申立人又は相手方の住所地を管轄
する家庭裁判所の管轄に属する。
２・３　（略）
第240条　（略）
２　扶養義務者の負担すべき費用額の確
定の審判事件（別表第２の17の項の事
項についての審判事件をいう。）は，
扶養義務者（数人に対する申立てに係
るものにあっては，そのうちの１人）
の住所地を管轄する家庭裁判所の管轄
に属する。
３～６　（略）

第233条　請求すべき按分割合に関する
処分の審判事件（別表第２の15の項の
事項についての審判事件をいう。）
は，申立人又は相手方の住所地を管轄
する家庭裁判所の管轄に属する。
２・３　（同左）
第240条　（同左）
２　扶養義務者の負担すべき費用額の確
定の審判事件（別表第２の16の項の事
項についての審判事件をいう。）は，
扶養義務者（数人に対する申立てに係
るものにあっては，そのうちの１人）
の住所地を管轄する家庭裁判所の管轄
に属する。
３～６　（同左）

別表第 1　（略）

項	事項	根拠となる法律の規定
	（略）	
109	遺留分を算定するための財産の価額を定める場合における鑑定人の選任	民法第1043条第2項
110	遺留分の放棄についての許可	民法第1049条第1項
	（略）	

別表第 1　（同左）

項	事項	根拠となる法律の規定
	（同左）	
109	遺留分を算定する場合における鑑定人の選任	民法第1029条第2項
110	遺留分の放棄についての許可	民法第1043条第1項
	（同左）	

別表第 2　（略）

項	事項	根拠となる法律の規定
	（略）	
遺産の分割		
（略）	（略）	（略）
特別の寄与		
15	特別の寄与に関する処分	民法第1050条第2項
厚生年金保険法		
16	（略）	（略）
生活保護法等		
17	（略）	（略）

別表第 2　（同左）

項	事項	根拠となる法律の規定
	（同左）	
遺産の分割		
（同左）	（同左）	（同左）
（新設）		
（新設）	（新設）	（新設）
厚生年金保険法		
15	（同左）	（同左）
生活保護法等		
16	（同左）	（同左）

三　不動産登記法（平成16年法律第123号）

新　法	旧　法
（登記することができる権利等） 第3条　登記は，不動産の表示又は不動産についての次に掲げる権利の保存等（保存，設定，移転，変更，処分の制限又は消滅をいう。次条第2項及び第105条第1号において同じ。）についてする。 　一～七　（略） 　八　賃借権 　九　配偶者居住権 　十　採石権（採石法（昭和25年法律第291号）に規定する採石権をいう。第50条及び第82条において同じ。） 　（賃借権の登記等の登記事項） 　（配偶者居住権の登記の登記事項） 第81条の2　配偶者居住権の登記の登記事項は，第59条各号に掲げるもののほか，次のとおりとする。 　一　存続期間 　二　第三者に居住建物（民法第1028条第1項に規定する居住建物をいう。）の使用又は収益をさせることを許す旨の定めがあるときは，その定め	（登記することができる権利等） 第3条　登記は，不動産の表示又は不動産についての次に掲げる権利の保存等（保存，設定，移転，変更，処分の制限又は消滅をいう。次条第2項及び第105条第1号において同じ。）についてする。 　一～七　（同左） 　八　賃借権 （新設） 　九　採石権（採石法（昭和25年法律第291号）に規定する採石権をいう。第50条及び第82条において同じ。） 　（賃借権の登記等の登記事項） （新設）

【巻末資料３】 法務局における遺言書の保管等に関する法律（平成30年法律第73号）

（趣旨）
第１条 この法律は，法務局（法務局の支局及び出張所，法務局の支局の出張所並びに地方法務局及びその支局並びにこれらの出張所を含む。次条第１項において同じ。）における遺言書（民法（明治29年法律第89号）第968条の自筆証書によってした遺言に係る遺言書をいう。以下同じ。）の保管及び情報の管理に関し必要な事項を定めるとともに，その遺言書の取扱いに関し特別の定めをするものとする。

（遺言書保管所）
第２条 遺言書の保管に関する事務は，法務大臣の指定する法務局が，遺言書保管所としてつかさどる。
２ 前項の指定は，告示してしなければならない。

（遺言書保管官）
第３条 遺言書保管所における事務は，遺言書保管官（遺言書保管所に勤務する法務事務官のうちから，法務局又は地方法務局の長が指定する者をいう。以下同じ。）が取り扱う。

（遺言書の保管の申請）
第４条 遺言者は，遺言書保管官に対し，遺言書の保管の申請をすることができる。
２ 前項の遺言書は，法務省令で定める様式に従って作成した無封のものでなければならない。
３ 第１項の申請は，遺言者の住所地若しくは本籍地又は遺言者が所有する不動産の所在地を管轄する遺言書保管所（遺言者の作成した他の遺言書が現に遺言書保管所に保管されている場合にあっては，当該他の遺言書が保管されている遺言書保管所）の遺言書保管官に対してしなければならない。
４ 第１項の申請をしようとする遺言者は，法務省令で定めるところにより，遺言書に添えて，次に掲げる事項を記載した申請書を遺言書保管官に提出しなければならない。
　一 遺言書に記載されている作成の年月日
　二 遺言者の氏名，出生の年月日，住所及び本籍（外国人にあっては，国籍）
　三 遺言書に次に掲げる者の記載があるときは，その氏名又は名称及び住所
　　イ 受遺者
　　ロ 民法第1006条第１項の規定により指定された遺言執行者
　四 前３号に掲げるもののほか，法務省令で定める事項
５ 前項の申請書には，同項第２号に掲げる事項を証明する書類その他法務省令で定める書類を添付しなければならない。

6　遺言者が第1項の申請をするときは，遺言書保管所に自ら出頭して行わなければならない。

（遺言書保管官による本人確認）

第5条　遺言書保管官は，前条第1項の申請があった場合において，申請人に対し，法務省令で定めるところにより，当該申請人が本人であるかどうかの確認をするため，当該申請人を特定するために必要な氏名その他の法務省令で定める事項を示す書類の提示若しくは提出又はこれらの事項についての説明を求めるものとする。

（遺言書の保管等）

第6条　遺言書の保管は，遺言書保管官が遺言書保管所の施設内において行う。

2　遺言者は，その申請に係る遺言書が保管されている遺言書保管所（第4項及び第8条において「特定遺言書保管所」という。）の遺言書保管官に対し，いつでも当該遺言書の閲覧を請求することができる。

3　前項の請求をしようとする遺言者は，法務省令で定めるところにより，その旨を記載した請求書に法務省令で定める書類を添付して，遺言書保管官に提出しなければならない。

4　遺言者が第2項の請求をするときは，特定遺言書保管所に自ら出頭して行わなければならない。この場合においては，前条の規定を準用する。

5　遺言書保管官は，第1項の規定による遺言書の保管をする場合において，遺言者の死亡の日（遺言者の生死が明らかでない場合にあっては，これに相当する日として政令で定める日）から相続に関する紛争を防止する必要があると認められる期間として政令で定める期間が経過した後は，これを廃棄することができる。

（遺言書に係る情報の管理）

第7条　遺言書保管官は，前条第1項の規定により保管する遺言書について，次項に定めるところにより，当該遺言書に係る情報の管理をしなければならない。

2　遺言書に係る情報の管理は，磁気ディスク（これに準ずる方法により一定の事項を確実に記録することができる物を含む。）をもって調製する遺言書保管ファイルに，次に掲げる事項を記録することによって行う。

一　遺言書の画像情報

二　第4条第4項第1号から第3号までに掲げる事項

三　遺言書の保管を開始した年月日

四　遺言書が保管されている遺言書保管所の名称及び保管番号

3　前条第5項の規定は，前項の規定による遺言書に係る情報の管理について準用する。この場合において，同条第5項中「廃棄する」とあるのは，「消去する」と読み替えるものとする。

（遺言書の保管の申請の撤回）

第8条　遺言者は，特定遺言書保管所の遺言書保管官に対し，いつでも，第4条

　　第1項の申請を撤回することができる。

2　前項の撤回をしようとする遺言者は，法務省令で定めるところにより，その旨を記載した撤回書に法務省令で定める書類を添付して，遺言書保管官に提出しなければならない。

3　遺言者が第1項の撤回をするときは，特定遺言書保管所に自ら出頭して行わなければならない。この場合においては，第5条の規定を準用する。

4　遺言書保管官は，遺言者が第1項の撤回をしたときは，遅滞なく，当該遺言者に第6条第1項の規定により保管している遺言書を返還するとともに，前条第2項の規定により管理している当該遺言書に係る情報を消去しなければならない。

（遺言書情報証明書の交付等）

第9条　次に掲げる者（以下この条において「関係相続人等」という。）は，遺言書保管官に対し，遺言書保管所に保管されている遺言書（その遺言者が死亡している場合に限る。）について，遺言書保管ファイルに記録されている事項を証明した書面（第5項及び第12条第1項第3号において「遺言書情報証明書」という。）の交付を請求することができる。

　一　当該遺言書の保管を申請した遺言者の相続人（民法第891条の規定に該当し又は廃除によってその相続権を失った者及び相続の放棄をした者を含む。以下この条において同じ。）

　二　前号に掲げる者のほか，当該遺言書に記載された次に掲げる者又はその相続人（ロに規定する母の相続人の場合にあっては，ロに規定する胎内に在る子に限る。）

　　イ　第4条第4項第3号イに掲げる者

　　ロ　民法第781条第2項の規定により認知するものとされた子（胎内に在る子にあっては，その母）

　　ハ　民法第893条の規定により廃除する意思を表示された推定相続人（同法第892条に規定する推定相続人をいう。以下このハにおいて同じ。）又は同法第894条第2項において準用する同法第893条の規定により廃除を取り消す意思を表示された推定相続人

　　ニ　民法第897条第1項ただし書の規定により指定された祖先の祭祀を主宰すべき者

　　ホ　国家公務員災害補償法（昭和26年法律第191号）第17条の5第3項の規定により遺族補償一時金を受けることができる遺族のうち特に指定された者又は地方公務員災害補償法（昭和42年法律第121号）第37条第3項の規定により遺族補償一時金を受けることができる遺族のうち特に指定された者

　　ヘ　信託法（平成18年法律第108号）第3条第2号に掲げる方法によって信託がされた場合においてその受益者となるべき者として指定された者若し

くは残余財産の帰属すべき者となるべき者として指定された者又は同法第89条第2項の規定による受益者指定権等の行使により受益者となるべき者

ト　保険法（平成20年法律第56号）第44条第1項又は第73条第1項の規定による保険金受取人の変更により保険金受取人となるべき者

チ　イからトまでに掲げる者のほか，これらに類するものとして政令で定める者

三　前2号に掲げる者のほか，当該遺言書に記載された次に掲げる者

イ　第4条第4項第3号ロに掲げる者

ロ　民法第830条第1項の財産について指定された管理者

ハ　民法第839条第1項の規定により指定された未成年後見人又は同法第848条の規定により指定された未成年後見監督人

ニ　民法第902条第1項の規定により共同相続人の相続分を定めることを委託された第三者，同法第908条の規定により遺産の分割の方法を定めることを委託された第三者又は同法第1006条第1項の規定により遺言執行者の指定を委託された第三者

ホ　著作権法（昭和45年法律第48号）第75条第2項の規定により同条第1項の登録について指定を受けた者又は同法第116条第3項の規定により同条第1項の請求について指定を受けた者

ヘ　信託法第3条第2号に掲げる方法によって信託がされた場合においてその受託者となるべき者，信託管理人となるべき者，信託監督人となるべき者又は受益者代理人となるべき者として指定された者

ト　イからヘまでに掲げる者のほか，これらに類するものとして政令で定める者

2　前項の請求は，自己が関係相続人等に該当する遺言書（以下この条及び次条第1項において「関係遺言書」という。）を現に保管する遺言書保管所以外の遺言書保管所の遺言書保管官に対してもすることができる。

3　関係相続人等は，関係遺言書を保管する遺言書保管所の遺言書保管官に対し，当該関係遺言書の閲覧を請求することができる。

4　第1項又は前項の請求をしようとする者は，法務省令で定めるところにより，その旨を記載した請求書に法務省令で定める書類を添付して，遺言書保管官に提出しなければならない。

5　遺言書保管官は，第1項の請求により遺言書情報証明書を交付し又は第3項の請求により関係遺言書の閲覧をさせたときは，法務省令で定めるところにより，速やかに，当該関係遺言書を保管している旨を遺言者の相続人並びに当該関係遺言書に係る第4条第4項第3号イ及びロに掲げる者に通知するものとする。ただし，それらの者が既にこれを知っているときは，この限りでない。

（遺言書保管事実証明書の交付）

第10条　何人も，遺言書保管官に対し，遺言書保管所における関係遺言書の保管

の有無並びに当該関係遺言書が保管されている場合には遺言書保管ファイルに記録されている第7条第2項第2号（第4条第4項第1号に係る部分に限る。）及び第4号に掲げる事項を証明した書面（第12条第1項第3号において「遺言書保管事実証明書」という。）の交付を請求することができる。

2　前条第2項及び第4項の規定は，前項の請求について準用する。

（遺言書の検認の適用除外）

第11条　民法第1004条第1項の規定は，遺言書保管所に保管されている遺言書については，適用しない。

（手数料）

第12条　次の各号に掲げる者は，物価の状況のほか，当該各号に定める事務に要する実費を考慮して政令で定める額の手数料を納めなければならない。

　　一　遺言書の保管の申請をする者　遺言書の保管及び遺言書に係る情報の管理に関する事務

　　二　遺言書の閲覧を請求する者　遺言書の閲覧及びそのための体制の整備に関する事務

　　三　遺言書情報証明書又は遺言書保管事実証明書の交付を請求する者　遺言書情報証明書又は遺言書保管事実証明書の交付及びそのための体制の整備に関する事務

2　前項の手数料の納付は，収入印紙をもってしなければならない。

（行政手続法の適用除外）

第13条　遺言書保管官の処分については，行政手続法（平成5年法律第88号）第2章の規定は，適用しない。

（行政機関の保有する情報の公開に関する法律の適用除外）

第14条　遺言書保管所に保管されている遺言書及び遺言書保管ファイルについては，行政機関の保有する情報の公開に関する法律（平成11年法律第42号）の規定は，適用しない。

（行政機関の保有する個人情報の保護に関する法律の適用除外）

第15条　遺言書保管所に保管されている遺言書及び遺言書保管ファイルに記録されている保有個人情報（行政機関の保有する個人情報の保護に関する法律（平成15年法律第58号）第2条第5項に規定する保有個人情報をいう。）については，同法第4章の規定は，適用しない。

（審査請求）

第16条　遺言書保管官の処分に不服がある者又は遺言書保管官の不作為に係る処分を申請した者は，監督法務局又は地方法務局の長に審査請求をすることができる。

2　審査請求をするには，遺言書保管官に審査請求書を提出しなければならない。

3　遺言書保管官は，処分についての審査請求を理由があると認め，又は審査請求に係る不作為に係る処分をすべきものと認めるときは，相当の処分をしなけ

ればならない。

4　遺言書保管官は，前項に規定する場合を除き，3日以内に，意見を付して事件を監督法務局又は地方法務局の長に送付しなければならない。この場合において，監督法務局又は地方法務局の長は，当該意見を行政不服審査法（平成26年法律第68号）第11条第2項に規定する審理員に送付するものとする。

5　法務局又は地方法務局の長は，処分についての審査請求を理由があると認め，又は審査請求に係る不作為に係る処分をすべきものと認めるときは，遺言書保管官に相当の処分を命じ，その旨を審査請求人のほか利害関係人に通知しなければならない。

6　法務局又は地方法務局の長は，審査請求に係る不作為に係る処分についての申請を却下すべきものと認めるときは，遺言書保管官に当該申請を却下する処分を命じなければならない。

7　第1項の審査請求に関する行政不服審査法の規定の適用については，同法第29条第5項中「処分庁等」とあるのは「審査庁」と，「弁明書の提出」とあるのは「法務局における遺言書の保管等に関する法律（平成30年法律第73号）第16条第4項に規定する意見の送付」と，同法第30条第1項中「弁明書」とあるのは「法務局における遺言書の保管等に関する法律第16条第4項の意見」とする。

（行政不服審査法の適用除外）

第17条　行政不服審査法第13条，第15条第6項，第18条，第21条，第25条第2項から第7項まで，第29条第1項から第4項まで，第31条，第37条，第45条第3項，第46条，第47条，第49条第3項（審査請求に係る不作為が違法又は不当である旨の宣言に係る部分を除く。）から第5項まで及び第52条の規定は，前条第1項の審査請求については，適用しない。

（政令への委任）

第18条　この法律に定めるもののほか，遺言書保管所における遺言書の保管及び情報の管理に関し必要な事項は，政令で定める。

附　則

　この法律は，公布の日から起算して2年を超えない範囲内において政令で定める日から施行する。

事　項　索　引

た行

判 例 索 引

著　者　略　歴

片 岡　　武（かたおか　たけし）

千葉地方裁判所，新潟地方・家庭裁判所長岡支部，旭川地方・家庭裁判所，東京地方裁判所，青森地方・家庭裁判所八戸支部長，東京家庭裁判所，札幌高等裁判所，横浜家庭裁判所，東京家庭裁判所部総括判事（平成31年3月退官）。
現在，東京弁護士会所属弁護士。

管 野　眞 一（かんの　しんいち）

盛岡地方裁判所水沢支部，同一関支部，仙台簡易裁判所，仙台地方裁判所，仙台家庭裁判所，青森家庭裁判所，同八戸支部，盛岡簡易裁判所，盛岡家庭裁判所，盛岡地方裁判所，盛岡家庭裁判所花巻支部，盛岡地方裁判所二戸支部を経て，現在青森地方裁判所十和田支部庶務課長兼主任書記官。

（令和元年9月1日現在）

改正相続法と家庭裁判所の実務

2019年10月3日　初版発行
2020年11月6日　初版第3刷発行

著　者　　片　岡　　　　武
　　　　　管　野　眞　一

発行者　　和　田　　　裕

発行所　日本加除出版株式会社
本　　社　郵便番号 171-8516
　　　　　東京都豊島区南長崎3丁目16番6号
　　　　　TEL（03）3953-5757（代表）
　　　　　　　（03）3952-5759（編集）
　　　　　FAX（03）3953-5772
　　　　　URL www.kajo.co.jp
営　業　部　郵便番号 171-8516
　　　　　東京都豊島区南長崎3丁目16番6号
　　　　　TEL（03）3953-5642
　　　　　FAX（03）3953-2061

組版 ㈱郁文／印刷 ㈱精興社／製本 牧製本印刷㈱